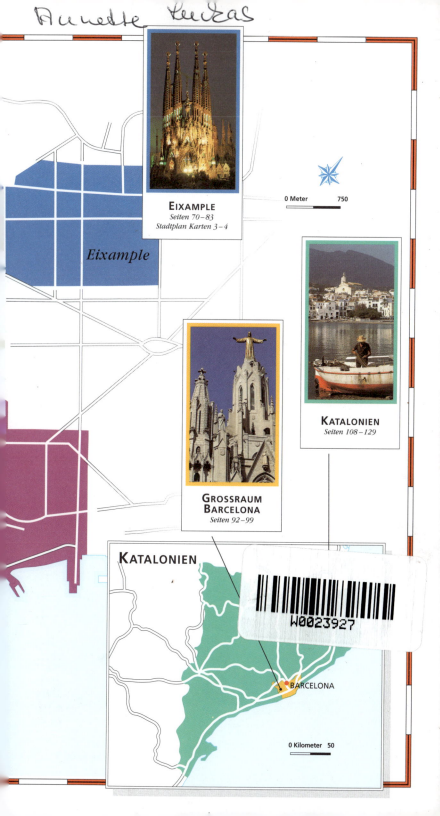

## vis à vis

# Barcelona
## & Katalonien

# VIS À VIS

# BARCELONA & KATALONIEN

*Hauptautor:* ROGER WILLIAMS

DORLING KINDERSLEY
www.dk.com

## Ein Dorling Kindersley Buch

www.dk.com

TEXT
Roger Williams

FOTOGRAFIEN
Max Alexander, Mike Dunning, Heidi Grassley, Alan Keohane

ILLUSTRATIONEN
Stephen Conlin, Isidoro González-Adalid Cabezas
(Acanto Arquitectura y Urbanismo S.L.), Claire Littlejohn,
Maltings Partnership, John Woodcock

KARTOGRAFIE
Jane Hanson, Phil Rose, Jennifer Skelley (Lovell Jones Ltd.),
Gary Bowes, Richard Toomey (ERA-Maptec Ltd.)

REDAKTION UND GESTALTUNG
Dorling Kindersley Ltd., London

•

© 1999 Dorling Kindersley Limited, London
Titel der englischen Originalausgabe:
Eyewitness Travel Guide *Barcelona & Catalonia*
Zuerst erschienen 1999 in Großbritannien
bei Dorling Kindersley Ltd., London
A Penguin Company

•

Für die deutsche Ausgabe:
© 2000 Dorling Kindersley Verlag GmbH, München
**Aktualisierte Neuauflage 2007**

Alle Rechte vorbehalten, Reproduktionen, Speicherung in Datenverarbeitungsanlagen, Wiedergabe auf elektronischen, fotomechanischen oder ähnlichen Wegen, Funk und Vortrag – auch auszugsweise – nur mit Genehmigung des Copyright-Inhabers.

•

ÜBERSETZUNG Pesch & Partner, Bremen
REDAKTIONSLEITUNG Dr. Jörg Theilacker, Dorling Kindersley Verlag
REDAKTION Gerhard Bruschke, München; Brigitte Maier, München
SCHLUSSREDAKTION Bernhard Lück, Augsburg;
Barbara Sobeck, Lindau
SATZ UND PRODUKTION Dorling Kindersley Verlag
LITHOGRAFIE Colourscan, Singapur
DRUCK South China Printing Co., Ltd., Hongkong, China

ISBN-10: 3-928044-09-5
ISBN-13: 978-3-928044-09-7

9 10 11 12 13   10 09 08 07 06

Dieser Reiseführer wird regelmäßig aktualisiert. Angaben wie Telefonnummern, Öffnungszeiten, Adressen, Preise und Fahrpläne können sich jedoch ändern. Der Verlag kann für fehlerhafte oder veraltete Angaben nicht haftbar gemacht werden.
Für Hinweise, Verbesserungsvorschläge und Korrekturen ist der Verlag dankbar. Bitte richten Sie Ihr Schreiben an:
Dorling Kindersley Verlag GmbH
Redaktion Reiseführer
Arnulfstraße 124
80636 München

# INHALT

## BARCELONA UND KATALONIEN STELLEN SICH VOR

Jaume I »der Eroberer«,
Herrscher von Katalonien 1213–76

### VIER TAGE IN BARCELONA *10*

### BARCELONA UND KATALONIEN AUF DER KARTE *12*

### EIN PORTRÄT KATALONIENS *16*

### DAS JAHR IN KATALONIEN *34*

### DIE GESCHICHTE KATALONIENS *40*

Eines der beliebten Cafés an
Barcelonas Altem Hafen

## DIE STADTTEILE BARCELONAS

### BARCELONA IM ÜBERBLICK *50*

◁ Von Gaudí gestaltete Bank im Parc Güell, Barcelona *(S. 1)*; Miravet am Riu Ebre (Ebro), Südkatalonien *(S. 2f)*

Das Städtchen Cadaqués mit seinen weißen Häusern an der Costa Brava

## GRUNDINFORMATIONEN

### PRAKTISCHE HINWEISE
*174*

### REISEINFORMATIONEN
*182*

### STADTPLAN *188*

### TEXTREGISTER *198*

### DANKSAGUNG UND BILDNACHWEIS *205*

### ALTSTADT *52*

### EIXAMPLE *70*

### MONTJUÏC *84*

### GROSSRAUM BARCELONA *92*

### DREI SPAZIERGÄNGE *100*

## ZU GAST IN BARCELONA

### ÜBERNACHTEN *132*

### RESTAURANTS, CAFÉS UND BARS
*142*

### SHOPPING *154*

### UNTERHALTUNG
*162*

### SPORT UND AKTIVURLAUB *170*

*Pa amb tomàquet* – mit Tomate und Olivenöl eingeriebenes Brot

### SPRACHFÜHRER *207*

### SCHNELLBAHNEN IN BARCELONA
*Hintere Umschlaginnenseite*

Eindrucksvolles Buntglasdach des Palau de la Música Catalana

## KATALONIEN

### VIER PROVINZEN (LLEIDA, GIRONA, BARCELONA, TARRAGONA) SOWIE ANDORRA *108*

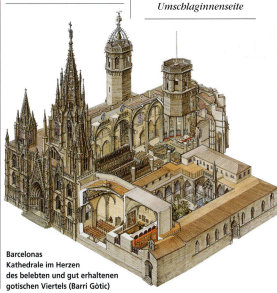

Barcelonas Kathedrale im Herzen des belebten und gut erhaltenen gotischen Viertels (Barri Gòtic)

# BENUTZERHINWEISE

Dieser Reiseführer soll Ihren Besuch in Barcelona und Katalonien zu einem Erlebnis machen. *Barcelona und Katalonien stellen sich vor* beschreibt geografische, historische und kulturelle Zusammenhänge. Der Abschnitt *Barcelona im Überblick* zeigt die Hauptattraktionen der Stadt. Die Kapitel *Altstadt, Eixample* und *Montjuïc* behandeln Barcelonas schönste Stadtteile. Sehenswertes außerhalb der Stadt finden Sie unter *Großraum Barcelona*. *Katalonien* informiert über die vier Provinzen, *Zu Gast in Barcelona* über Restaurants, Hotels und Unterhaltung. Die *Grundinformationen* enthalten viele praktische Tipps.

## BARCELONA UND KATALONIEN

Die Region ist in fünf Gebiete unterteilt – drei zentrale Stadtteile Barcelonas, Sehenswertes im Großraum Barcelona und die Provinzen Kataloniens. Nach der Einleitung finden Sie in jedem Kapitel einen Überblick der Sehenswürdigkeiten. Zu den Attraktionen der Umgebung gibt es eine Regionalkarte.

**Jedes Kapitel** hat eine Farbkodierung, damit Sie sich schnell zurechtfinden.

**Orientierungskarten** zeigen die Lage des beschriebenen Stadtteils oder der Region.

### 1 Stadtteilkarte
*Alle Sehenswürdigkeiten sind auf der Stadtteilkarte eingezeichnet und nummeriert. Man findet sie zusätzlich auch im Stadtplan (S. 188–197).*

**»Sehenswürdigkeiten auf einen Blick«** listet die Attraktionen (Gebäude, Museen, Plätze, Parks, Viertel etc.) auf.

### 2 Detailkarte
*Aus der Vogelperspektive wird der farbig hervorgehobene Kern eines Stadtteils detailgetreu mit allen Gebäuden gezeigt.*

**Routenempfehlungen** führen durch die interessantesten Straßen des Viertels.

**Sterne** markieren die Top-Attraktionen, die Sie nicht versäumen sollten.

### 3 Detaillierte Infos zu Sehenswürdigkeiten
*Hier werden die Sehenswürdigkeiten einzeln beschrieben. Die Reihenfolge entspricht der Nummerierung auf der Stadtteilkarte. Alle Symbole werden auf der hinteren Umschlagklappe erklärt.*

# BENUTZERHINWEISE

## 4 Einführung
Die Einführung zum Katalonien-Kapitel bietet einen Überblick zur Geschichte und zum Charakter der Region. Das Kapitel erforscht Kataloniens Kulturerbe und Naturschönheiten, von den Klöstern Montserrat und Poblet über Tarragonas Casteller-Feste bis zu den Sandstränden der Costa Daurada und den schneebedeckten Gipfeln der Pyrenäen.

## 5 Regionalkarte
Diese Karte gibt einen Überblick der gesamten Region. Alle in diesem Kapitel behandelten Sehenswürdigkeiten sind auf dieser Karte eingetragen und nummeriert. Die Regionalkarte zeigt das Straßennetz der Region und landschaftliche Besonderheiten, z. B. Strände. Außerdem finden Sie hier nützliche Tipps zu Fahrten in dieser Region.

## 6 Infos zu allen Sehenswürdigkeiten
*Alle wichtigen Orte und Sehenswürdigkeiten werden einzeln beschrieben. Die Reihenfolge entspricht der Nummerierung auf der Regionalkarte. Jeder Eintrag bietet zudem detaillierte Infos zu Öffnungszeiten, Eintritt, Telefon etc.*

**Sterne** markieren herausragende Höhepunkte, die Sie nicht versäumen sollten.

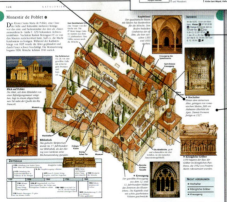

**Die Infobox** bietet praktische Informationen, z.B. Öffnungszeiten, Telefonnummer, Eintritt, Anfahrt.

## 7 Hauptsehenswürdigkeiten
Manche Hauptsehenswürdigkeiten werden auf einer eigenen Doppelseite erläutert, historische Gebäude sind perspektivisch dargestellt. Besonderheiten werden mit einem Foto herausgehoben.

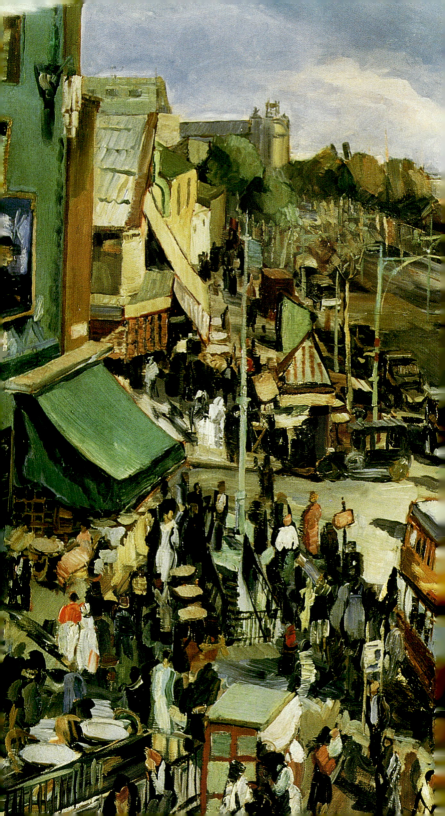

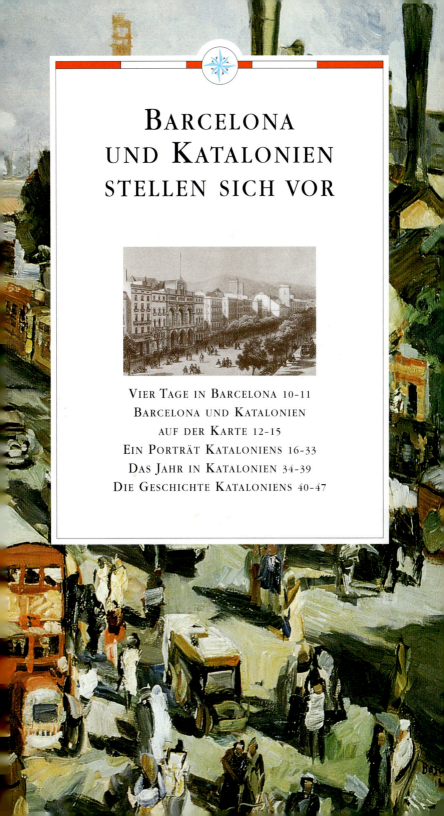

# Barcelona und Katalonien stellen sich vor

Vier Tage in Barcelona 10-11
Barcelona und Katalonien
auf der Karte 12-15
Ein Porträt Kataloniens 16-33
Das Jahr in Katalonien 34-39
Die Geschichte Kataloniens 40-47

# Vier Tage in Barcelona

Die Tage sind lang in Barcelona: Vormittag gilt bis 14 Uhr, dann isst man zu Mittag. Wegen der langen Öffnungszeiten gehen Nachmittag und Abend nahtlos ineinander über. Planen Sie Ihre Touren gut: Jeder der vier Routenvorschläge hat ein besonderes Thema, alle Sehenswürdigkeiten sind mit öffentlichen Verkehrsmitteln gut zu erreichen. Die Preisangaben enthalten Fahrtkosten, Eintritt und Essen, der Familienpreis ist für zwei Erwachsene und zwei Kinder berechnet.

Sagrada Familia

La Rambla – hier gibt es zu jeder Tageszeit was zu sehen

## Historische Schätze

- Spaziergang durch das Barri Gòtic und die Museen
- Modernisme-Konzertsaal
- Leben rund um die Uhr auf Spaniens berühmtester Straße

**Zwei Erwachsene** mind. 40 €

### Vormittag
Barcelonas mittelalterliches Zentrum ist das **Barri Gòtic** *(siehe S. 54f)*, ein Straßengewirr, in dem man sich leicht verläuft. Hier kann man gut den Vormittag verbringen, ohne weite Strecken zurückzulegen. Mittelpunkt ist die **Kathedrale** *(siehe S. 58f)*. Daneben steht der **Palau Reial**, zum Teil Heimat des **Museu d'Historia** *(siehe S. 56f)*, das Ausgrabungen aus der Römerzeit zeigt. Der Königspalast beherbergt auch eines der faszinierendsten Museen Barcelonas, das **Museu Frederic Marès** *(siehe S. 56)*. In diesem Viertel kann man in zahlreichen Lokalen preiswert essen – versuchen Sie eines am Carrer de Call.

### Nachmittag
Nehmen Sie an einer Führung durch den **Palau de la Musica Catalana** *(siehe S. 63)* teil (man muss vorher buchen). Danach können Sie durch das lebhafte Viertel **El Born** *(siehe S. 102f)* mit seinen trendigen Läden schlendern. Das **Museu Picasso** *(siehe S. 64f)* lohnt einen Besuch, anschließend lockt **La Rambla**, auf der zu jeder Tageszeit was los ist.

Reich geschmückter Palau de la Musica Catalana

## Gaudís Schöpfungen

- Casa Batlló mit ihren organischen Formen
- Sagrada Familia, Gaudís außergewöhnliche Kirche
- Abends shoppen am Passeig de Gràcia

**Zwei Erwachsene** mind. 40 €

### Vormittag
Viele Besucher denken bei Barcelona als Erstes an die einzigartige Architektur von Antoni Gaudí. Er schuf hier großartige Gebäude – alle sind einen Besuch wert; beginnen Sie mit zweien: Besonders farbenprächtig und exzentrisch ist Gaudís **Casa Batlló** *(siehe S. 76f)*, die voller fantastischer organischer Formen steckt. Die Extragebühr für das Dach lohnt sich, um die ungewöhnlichen Kamine und den »Drachenschwanz« zu sehen. Ein wenig weiter die Straße stadtauswärts steht die ebenso berühmte **Casa Milà** *(siehe S. 79)*. Auch sie kann besichtigt werden, aber falls Ihnen die Zeit knapp wird, können Sie auch nur einen Blick von außen darauf werfen. Zum Mittagessen finden Sie Restaurants in den Straßen um den **Passeig de Gràcia**.

### Nachmittag/Abend
Gaudís größtes, unvollendetes Werk ist die **Sagrada Família** *(siehe S. 80–83)*. Nehmen Sie sich Zeit für die vielen Details an der Passionsfassade und der Weihnachtsfassade. Die Türme kann man mit dem Lift oder zu Fuß erklimmen – auf jeden Fall setzen die ineinander verschlungenen Treppen

◁ *Paral·lel any 1930*, Gemälde (1930) einer der großen Alleen Barcelonas von Emili Bosch Roger (1894–1980)

Casa Batlló – Einblicke in eine andere architektonische Welt

## Spass für Kinder

- Ausflug zum Rummelplatz
- Hafenrundfahrt
- Haie im Aquàrium
- IMAX-Kino-Erlebnis

FAMILIE ZU VIERT mind. 100 €

### Vormittag
Der Freizeitpark **Tibidabo** *(siehe S. 98f)* auf dem höchsten Hügel hinter Barcelona kann Kinder einen ganzen Tag in Atem halten, die Anfahrt mit Tram und Zahnradbahn ist Teil des Vergnügens. Wenn Sie nicht so weit fahren wollen, gehen Sie La Rambla hinunter, nehmen den Lift im **Monument a Colom** *(siehe S. 69)* und genießen die Aussicht. Am nahen Pier besteigen Sie eine **Golondrina** *(siehe S. 69)* zu einer Hafenrundfahrt. Danach gehen Sie über die Fußgängerbrücke zum Maremagnum-Einkaufszentrum, wo Sie auch essen können.

### Nachmittag/Abend
Im Port Vell gibt es genug Attraktionen, die den Tag bis zum Abend ausfüllen. Das **Aquàrium** *(siehe S. 68f)* bietet viel Spannendes, der Haitunnel ist ebenso eine Sensation wie das Streichelbecken. Daneben können Sie im **IMAX-Kino** *(siehe S. 164)* etwas Rasantes hautnah erleben. Nicht weit ist es dann zum kinderfreundlichen **Museu d'Historia de Catalunya** *(siehe S. 68f)*, in dem man erleben kann, wie das Leben früher war.

bei jedem Fantasien in Gang. Wenn Sie wieder den festen Boden der Realität unter den Füßen haben, kehren Sie zum **Passeig de Gràcia** mit seinen schicken Läden zurück. **Vinçon** *(siehe S. 155)* ist in einem Modernisme-Gebäude zu finden.

Museu d'Art Contemporani

## L'Art pour l'Art

- Romanische Juwele am Montjuïc
- Zeitgenössische Kunst
- Sammlung Alter Meister

ZWEI ERWACHSENE mind. 50 €

### Vormittag
Die Zahl der Kunstmuseen, die Sie an einem Tag verdauen können, ist natürlich Ihnen überlassen; wir schlagen Ihnen vier Museen vor. Am besten beginnen Sie gleich um 10 Uhr mit dem **Museu National d'Art de Catalunya** *(siehe S. 88)* am Montjuïc (lassen Sie sich auch Zeit für die Aussicht). Hier ist die nach Expertenmeinung beste Sammlung romanischer Kunst zu sehen. Nicht weit davon ist die neueste Galerie für zeitgenössische Kunst, das **CaixaForum** *(siehe S. 98f)*, in einer Modernisme-Fabrik. Mittagessen können Sie in einem Café.

### Nachmittag
Alte Meister erwarten Sie im **Monestir de Pedralbes** *(siehe S. 95)*, dem hübschen Kloster mit der Sammlung Thyssen-Bornemisza. Zurück im Zentrum entdecken Sie im **Museu d'Art Contemporani** *(siehe S. 62f)* bestimmt etwas Überraschendes.

Barcelonas Aquàrium, ein spannendes Erlebnis für Kinder

# Barcelona und Katalonien auf der Karte

Katalonien im äußersten Nordosten der Iberischen Halbinsel umfasst sechs Prozent der Fläche Spaniens. Seine Hauptstadt Barcelona liegt fast genau in der Mitte des katalanischen Küstenstreifens, der ein Viertel der Mittelmeerküste Spaniens einnimmt. Barcelona ist der wichtigste Fährhafen zu den katalanischsprachigen Balearen, den Inseln Mallorca, Menorca und Ibiza.

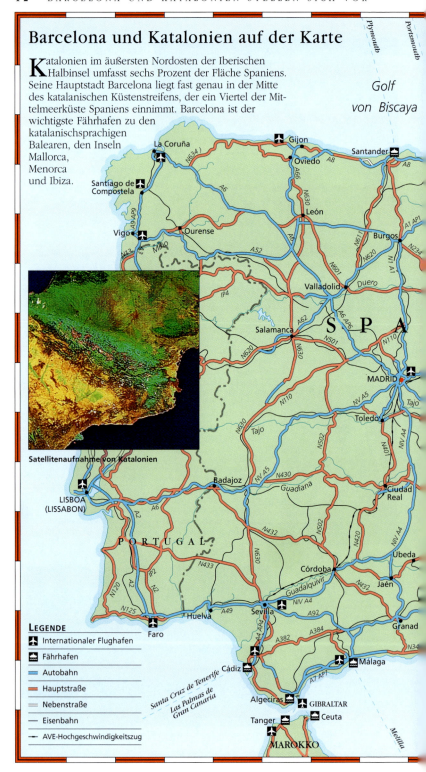

Satellitenaufnahme von Katalonien

**LEGENDE**
- Internationaler Flughafen
- Fährhafen
- Autobahn
- Hauptstraße
- Nebenstraße
- Eisenbahn
- AVE-Hochgeschwindigkeitszug

# Das Zentrum von Barcelona

Barcelona, diese wunderbare Stadt zwischen den Bergen und dem Meer, besitzt eine Vielzahl von Vierteln, welche die Geschichte ihres Wachstums vom mittelalterlichen Kern über die Erweiterung im 19. Jahrhundert bis zu den Attraktionen der Gegenwart dokumentieren. Die drei im Folgenden beschriebenen Viertel verdeutlichen diese Vielfalt. Der an das Meer grenzende Montjuïc mit seinen monumentalen Bauten bildet die Südwestspitze eines Bergrückens, der die Stadt fast vollständig einschließt. Die Altstadt hat einen mittelalterlichen Kern, in dem sich enge Gassen zwischen alten Häusern hindurchwinden. Im Gegensatz dazu verfügt der Stadtteil Eixample (»Erweiterung«) über ein schachbrettartiges Straßennetz und eine meisterhafte Architektur des Modernisme.

### Montjuïc
*Der Berg bietet eine herrliche Sicht auf die Umgebung. Hier befinden sich faszinierende Museen wie das Museu Arqueològic (siehe S. 88) mit diesem in Barcelona ausgegrabenen römischen Mosaik.*

0 Kilometer 1

### LEGENDE

- Sehenswürdigkeit
- Metro-Station
- Bahnhof
- Bus
- Seilbahn
- Zahnradbahn
- Tram
- Polizei
- Information
- Kirche

## DAS ZENTRUM VON BARCELONA

### Eixample
*Dies ist der interessanteste Teil der Stadterweiterung des 19. Jahrhunderts. Ein Bummel durch die Straßen enthüllt die zahllosen Details des Modernisme wie diese prunkvolle Tür der Casa Comalat (siehe S. 27) in der Avinguda Diagonal.*

### Altstadt
*Sie umfasst die ältesten Straßen Barcelonas, den Hafen, das Fischer-»Dorf« Barceloneta (18. Jh.) und neue, ufernahe Wohnviertel. Diese Brücke führt zum Port Vell, dem alten Hafen (siehe S. 68).*

### Katalonien
*Von Bergen umgeben liegt Barcelona an der Küste. Sant Pere de Galligants (siehe S. 23) ist eine der vielen romanischen Kirchen.*

**LEGENDE**
- Großraum Barcelona
- Autobahn
- Hauptstraße

# Ein Porträt Kataloniens

**B**arcelona gehört zu den großartigsten Städten des Mittelmeerraums. Nur wenige Orte sind so geschichtsträchtig und zugleich so modern. Ob am Tag oder in der Nacht – Barcelona ist eine lebendige Stadt, berühmt für ihre Flaniermeile, La Rambla, ihre Bars, ihre Museen und ihre Lebensfreude.

Barcelona ist die Hauptstadt der Autonomen Region Katalonien im äußersten Nordosten Spaniens, die in vier nach ihren Hauptstädten benannte Provinzen aufgeteilt ist: Barcelona, Girona, Lleida und Tarragona. Die Stadt Barcelona liegt zwischen den Flüssen Llobregat und Besòs am Fuße des Collserola-Höhenzugs, dessen Gipfel beim Tibidabo-Vergnügungspark 512 Meter erreicht. Barcelona entwickelte sich als Industriezentrum, doch die alten Industriebauten sind weitgehend verschwunden. In der Stadt samt ihren Vororten und Umgebung leben rund vier Millionen Menschen – fast die Hälfte der Bevölkerung Kataloniens. Nach Madrid ist Barcelona die zweitgrößte Stadt Spaniens.

**Dame mit Sonnenschirm**

## POLITIK UND GESELLSCHAFT

Kataloniens Regionalregierung hat ihren Sitz im Palau de la Generalitat im Herzen der Altstadt, auf dem Gelände des römischen Forums; das Parlament ist im gleichen Gebäude wie das Museu d'Art Modern im Parc de la Ciutadella untergebracht. Barcelona hat eine eigene Verwaltung; das Rathaus, die Casa de la Ciutat, steht gegenüber dem Palau de la Generalitat an der Plaça de Sant Jaume. Katalonien baut seine eigene Polizei auf, die fast überall in der autonomen Region die Stelle der spanischen Nationalpolizei eingenommen hat.

Die Katalanen sind eher konservativ, vor allem trifft dies auf die Landbevölkerung zu. Nach dem Tod

**Auf Barcelonas Rambles ist immer viel Leben: Kioske, Blumenläden und Artisten**

◁ Prächtige Mosaiksäulen am Palau de la Música Catalana in Barcelona

**Tag des heiligen Georg (Sant Jordi) am 23. April: Man schenkt sich Bücher und Rosen** *(siehe S. 34)*

Francos 1975 regierte 23 Jahre lang die konservative Convergència i Unió unter ihrem Vorsitzenden Jordi Pujol. 2003 übernahm eine sozialistisch geprägte Generalitat unter Pascual Maragall die Regierungsgeschäfte.

Im Gegensatz zu den Spaniern finden die Katalanen keinen großen Gefallen an Stierkämpfen. Der Nationaltanz, die *Sardana*, trägt wenig Emotionen zur Schau. Manche Katalanen werden lieber mit Nordeuropäern als mit anderen Spaniern in Verbindung gebracht. Der Regierung in Madrid werfen sie vor, dass Katalonien als eine der reichsten Regionen Spaniens mehr zum Staatssäckel beiträgt, als es profitiert.

Charakteristisch für die Katalanen sind *seny*, der gesunde Menschenverstand, und *rauxa*, das kreative Chaos. Das konservative Element der Gesellschaft Barcelonas ist bei vielen klassischen Konzerten und Opernaufführungen sowie in den wunderbaren traditionellen Konditoreien spürbar. Gleichzeitig entdeckt man viele surreale Elemente, oft z. B. auf der Rambla, auf der die gegensätzlichsten Schichten aufeinandertreffen. Und selbst der gesetzteste Einwohner von Barcelona ist nicht vor dem *cop de rauxa*, der chaotischen Ekstase, gefeit, womit dann gerne die zum Teil aufwieglerischen und revolutionären Momente in der katalanischen Geschichte erklärt werden.

Katalanen sind sehr selbstbewusst. Davon zeugt auch die Energie, mit der sie seit Anfang der 1980er Jahre ihre Hauptstadt umgebaut und modernisiert haben. Die Olympischen Sommerspiele von 1992 waren hier ein willkommener Anlass. Mitten in der Altstadt entstanden fantastische neue Gebäude wie das Museu d'Art Contemporani. Zahlreiche alte Gebäude des Modernisme wurden und werden renoviert, das berühmte Café Zürich auf der Rambla wurde neu errichtet.

**Straßenkünstler auf der Rambla**

## SPRACHE UND KULTUR

Das Katalanische, eine romanische Sprache, ähnlich der einst in Frankreich verwendeten Langue d'Oc oder dem Provenzalischen, ist Kataloniens

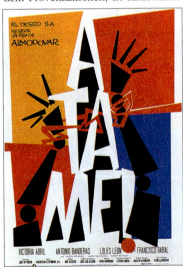

**Poster für den Film *Fessle mich!* von Almodóvar**

Strand bei Tossa de Mar an der Costa Brava

Mompou (1893–1987) bereicherten die klassische Musik um katalanische Elemente. Pablo Casals (1876–1973) gilt als einer der größten Cellisten, Montserrat Caballé sowie José Carreras garantieren volle Opernhäuser. Seit den 1970er Jahren blüht auch die katalanische Literatur wieder auf.

offizielle Sprache. Sie wird von etwa acht Millionen Menschen gesprochen. Die Katalanen sind sehr stolz auf ihre Sprachkultur. Alle Schilder und Dokumente sind in Katalanisch und Spanisch verfasst.

Wenn *rauxa* tatsächlich für die Kreativität verantwortlich ist, dann ist Katalonien reichlich damit gesegnet. Der Modernisme, angeführt von Antoni Gaudí, stellt Kataloniens Beitrag zum Jugendstil und zur Architektur dar. Maler wie Joan Miró, Salvador Dalí und Antoni Tàpies wurden hier geboren. Pablo Picasso verbrachte seine prägenden Jahre ebenfalls in Barcelona. Entwürfe von Javier Mariscal, Schöpfer des Olympischen Designs von 1992 und des Maskottchens »Cobi«, Möbel von Oscar Tusquets und Mode von Toni Miró verleihen der Stadt ein besonderes Flair. Regisseure wie Pedro Almodóvar, dessen Film *Alles über meine Mutter* in Barcelona gedreht wurde, und Bigas Luna *(Jamón Jamón)* genießen internationales Ansehen.

In den letzten 150 Jahren hat Katalonien viele ausgezeichnete Musiker hervorgebracht. Die Komponisten Isaac Albéniz (1860–1909), Enrique Granados (1867–1916) und Federico

Montserrat Caballé

## ARBEIT UND FREIZEIT

Katalanen sind traditions- und familienbewusst: Sonntags trifft sich die ganze Familie zum Essen, wochentags kommt man, wenn irgend möglich, zum Mittagessen nach Hause. Dadurch herrscht sich in Barcelona viermal täglich Stoßverkehr. Die Läden schließen meist gegen 20 Uhr. Gegen 22 Uhr isst man zu Abend oder geht aus. Bis nach Mitternacht ist die Rambla belebt.

Dem Fußballklub FC Barcelona die Treue zu halten und die Spiele zu besuchen, ist eine Frage des Nationalstolzes. Beliebt sind auch Restaurant-, Konzert- und Kinobesuche. Die Woche beginnt in Barcelona ruhig, am Wochenende füllen sich die Straßen.

Demonstration für Kataloniens Unabhängigkeit

# Blumen des Matorral

Der Matorral ist die charakteristische Landschaft an Spaniens östlicher Mittelmeerküste. Das Macchia-Gebiet voller Wildblumen entstand infolge jahrhundertelanger Rodungen. Die Steineichen wurden als Bauholz verwendet, Weide- und Ackerland kultiviert. Viele Pflanzen haben sich an die extremen klimatischen Bedingungen angepasst. Im Frühjahr überziehen gelbe Ginsterbüsche sowie rosafarbene und weiße Zistrosen die Hügel, der Duft von Rosmarin, Lavendel und Thymian sowie das Summen der Insekten, die sich an Nektar und Pollen laben, erfüllen die Luft.

**Gelbe Bienen-Ragwurz**

**Der Besenginster** trägt gelbe Blüten. Die schwarzen Samenkapseln platzen bei Trockenheit auf, die Samen fallen dann auf den Boden.

**Die Mescal-Agave** kann bis zu zehn Meter hoch werden.

Aleppo-Kiefer

Rosmarin

**Das Brandkraut** (Phlomis fructicosa), ein beliebter Gartenstrauch, besitzt lange, von Büscheln leuchtend gelber Blüten umgebene Äste. Seine Blätter sind grau-weiß.

**Beim Rosenlauch** (Allium roseum) krönen violette bis rosafarbene Blütendolden einen Stängel. Rosenlauch bildet ganz normale Zwiebeln.

**Gartenthymian**, ein niedriges, aromatisches Kraut, wird vor allem für die Küche angebaut.

## EXOTISCHE EINWANDERER

Einigen Pflanzen aus der Neuen Welt ist es gelungen, sich auf dem kargen Boden des Matorral anzusiedeln. Der Echte Feigenkaktus, den Christoph Kolumbus eingeführt haben soll, trägt köstliche Früchte, die man aber nur mit dicken Handschuhen pflücken kann. Die schnell wachsende Mescal-Agave aus Mexiko mit stacheligen Blättern entwickelt ihren kräftigen Blütenstand erst nach zehn bis 15 Jahren und stirbt dann.

**Blühender Feigenkaktus**

**Blütenstand der Mescal-Agaven**

**Spiegel-Ragwurz**, eine kleine Orchidee, die auf Grasflächen wächst, unterscheidet sich von anderen Orchideen durch den glänzenden blauen Fleck auf seiner Lippe.

# BLUMEN DES MATORRAL

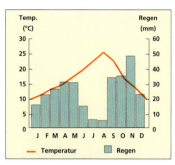

## KLIMA

Die meisten Pflanzen des Matorral blühen im warmen, feuchten Frühjahr. Im trockenen, heißen Sommer schützen sie sich durch dicke Blätter mit einer wachsartigen Schicht vor Feuchtigkeitsverlust oder speichern Wasser in ihren Knollen.

## TIERWELT DES MATORRAL

Die Tiere des Matorral sieht man am ehesten frühmorgens, bevor es hier zu heiß wird. Insekten stellen eine gute Futterquelle für die Vögel dar. Kleine Säugetiere wie Wühlmäuse sind nur bei Nacht aktiv, wenn es kühler ist und wenige Raubtiere in der Nähe sind.

**Steineichen** *sind in Ostspanien weit verbreitet. Ihre gummiartigen Blätter speichern Feuchtigkeit.*

**Der Erdbeerbaum** *ist ein immergrüner Strauch mit glänzenden, gezackten Blättern. Seine ungenießbaren Früchte werden rot, wenn sie reif sind.*

**Treppennattern** *fressen kleine Säugetiere, Vögel und Insekten. Junge Nattern erkennt man an der schwarzen, leiterartigen Musterung, ältere Schlangen an zwei einfachen Streifen.*

Baumheide

**Skorpione** *verstecken sich am Tag. Werden sie erschreckt, heben sie den Schwanz zu einer Drohgebärde über den Körper. Ihr Stich kann bei Menschen Reizungen hervorrufen.*

**Graubehaarte Zistrosen** *mit faltigen Blüten und gelben Staubbeuteln lieben sonnige Plätze.*

**Französische Zistrosen** *sondern ein aromatisches Harz ab, das für Parfüm verwendet wird.*

**Die Provence-Grasmücke**, *ein scheuer Vogel mit dunklem Gefieder und hohem Schwanz, singt während der Balz Melodien. Die Männchen sind bunter als die Weibchen.*

**Der Schwalbenschwanz** *ist einer der auffälligsten Schmetterlinge des Matorral. Weit verbreitet sind auch Bienen, Ameisen und Heuschrecken.*

**Sternklee** *ist eine niedrig wachsende Pflanze, deren Frucht eine sternförmige Samenkapsel bildet.*

# Highlights: Romanische Kunst und Architektur

Katalonien bietet über 2000 mittelalterliche Gebäude im regionalen romanischen Stil aus dem 11. bis 13. Jahrhundert. Besonders gut erhalten sind die Kirchen in den Pyrenäen, die weitgehend von Angriffen und Modernisierung verschont blieben. Die Kirchen haben hohe Glockentürme, Mittelschiffe mit Tonnengewölbe, Rundbogen, fantasievolle Skulpturen und bemerkenswerte Wandgemälde. Einige Fresken und Möbel sind nun im Museu Nacional d'Art de Catalunya *(siehe S. 88)* in Barcelona zu sehen, das über die weltweit größte Sammlung romanischer Kunst verfügt.

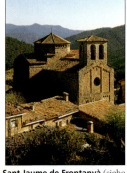

**Sant Jaume de Frontanyà** *(siehe S. 114) ist eine ehemalige Augustinerkirche mit typischen lombardischen Bandrippen (11. Jh.) unterhalb der Dächer der drei Apsiden. Ungewöhnlich ist der achteckige Dachaufsatz.*

**Sant Climent de Taüll**, *eine großartige Kirche im Vall de Boí (siehe S. 113), wurde 1123 geweiht. Die Fresken, darunter ein Christus als Pantokrator (siehe S. 88), sind Repliken. Die Originale, die heute in Barcelona gezeigt werden, gehören zu den schönsten Kataloniens.*

0 Kilometer 30

## MONESTIR DE SANTA MARIA DE RIPOLL

- Heilige
- Geschichte Salomons
- Altes Testament
- David und seine Musiker
- Geschichte Moses
- Christus mit Historienfiguren
- Visionen des Daniel
- Sockel mit Mustern

Das Portal der Kirche des früheren Benediktinerklosters in Ripoll ist wegen seiner allegorischen Schnitzereien als »Ripoll-Bibel« bekannt. Die Kirche wurde 879 gegründet, 1032 unter Abt Oliva umgebaut, das Portal aber erst im späten 12. Jahrhundert hinzugefügt. Christus sitzt über dem Eingang inmitten der Tiere, die die Apostel symbolisieren. Die landwirtschaftlichen Tätigkeiten aller Monate sind auf den Eingangssäulen dargestellt. Entlang der Wand gibt es sechs biblische Friese. Der oberste *(siehe S. 114)* über dem Tympanon stellt die alten Männer in der Apokalypse dar.

# ROMANISCHE KUNST UND ARCHITEKTUR

**Sant Pere de Camprodon** (siehe S. 115), 1169 geweiht, ist eine Klosterkirche im spätromanischen Stil. Das leicht zugespitzte Tonnengewölbe über dem Mittelschiff kündigt bereits den kommenden Stil der Gotik an.

**GEBIET MIT ROMANISCHEN SEHENSWÜRDIGKEITEN**

**Sant Cristòfol de Beget** (siehe S. 115) ist eine wunderschöne Kirche in einem malerischen Weiler. Zur einzigartig erhaltenen Innenausstattung gehören ein romanischer Taufstein und dieses berühmte Kruzifix (12. Jh.).

**Sant Pere de Rodes**, 600 Meter über dem Meeresspiegel gelegen, war ein Benediktinerkloster. Im Mittelschiff der Kirche sind die Pfeiler eines ehemaligen römischen Tempels zu sehen.

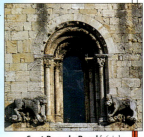

**Sant Pere de Besalú** (siehe S. 115) ist die Kirche (12. Jh.) eines früheren Benediktinerklosters. Steinlöwen bewachen das Fenster über dem Portal. Der Chorumgang hat feine Kapitelle.

**Das Museu Episcopal de Vic** (siehe S. 124) neben der Kathedrale besitzt eine erstklassige Sammlung romanischer Kunst. Diese farbenprächtige und anrührende Darstellung von Mariä Heimsuchung schmückte früher den Altar im Kloster Lluçà.

**Sant Pere de Galligants** (siehe S. 116), eine ehemalige Benediktinerabtei und Paradebeispiel für den romanischen Stil, hat ein Portal (11. Jh.) mit Fensterrosette und einen achteckigen Glockenturm. Biblische Szenen schmücken die Kapitelle des Klosters. Heute ist hier Gironas Archäologisches Museum untergebracht.

# Gaudí und der Modernisme

Gegen Ende des 19. Jahrhunderts entstand in Barcelona der Modernisme, ein neuer Stil in Kunst und Architektur, eng verwandt mit dem Jugendstil. In ihm drückte sich das katalanische Nationalbewusstsein aus. Die wichtigsten Künstler waren Josep Puig i Cadafalch, Lluís Domènech i Montaner und vor allem Antoni Gaudí i Cornet *(siehe S. 78)*. In Eixample *(siehe S. 70–83)* entstanden – für reiche Kunden – viele dieser originellen Bauten.

*Kamin der Casa Vicens*

**Jeder Aspekt** *eines Modernisme-Baus, auch die Inneneinrichtung, wurde vom Architekten entworfen. Hier Tür und Kachelrahmen von Gaudís Casa Batlló von 1906* (siehe S. 76).

**Eine spektakuläre Kuppel** *schließt den drei Stockwerke hohen Salon ab. Die kleinen runden Löcher, ein arabisches Element, wirken wie die Sterne am Himmel.*

**Die Obergalerien** *sind mit Täfelung und Kassetten reich geschmückt.*

**Die spiralförmige Auffahrt** *zeugt früh von Gaudís Vorliebe für Kurven. In der gewellten Fassade der Casa Milà wird dieses Charakteristikum später besonders deutlich* (siehe S. 79).

## Die Entwicklung des Modernisme

| 1850 | 1865 | 1880 | 1895 | 1910 | 1925 |
|---|---|---|---|---|---|
| **1859** Bauingenieur Ildefons Cerdà i Sunyer macht Vorschläge zur Erweiterung der Stadt | | **1900** Josep Puig i Cadafalch baut die Casa Amatller *(siehe S. 78)*<br>**1878** Gaudí beendet sein Studium | | **1903** Lluís Domènech i Montaner baut das Hospital de la Santa Creu i de Sant Pau *(siehe S. 79)*<br><br>*Detail des Hospitals* | |
| | **1883** Gaudí übernimmt die Konstruktion der neogotischen Sagrada Família *(siehe S. 80–83)*<br><br>*Detail der Sagrada Família* | | **1888** Die Weltausstellung gibt dem Modernisme enormen Auftrieb | **1910** Casa Milà vollendet<br>**1905** Domènech i Montaner baut die Casa Lleó Morera *(siehe S. 78)*, Puig i Cadafalch die Casa Terrades *(siehe S. 79)* | **1926** Gaudí stirbt |

# GAUDÍ UND DER MODERNISME

**Bizarr geformte Kamine** *wurden ein Markenzeichen Gaudís, wie hier auf dem schimmernden Satteldach der Casa Batlló deutlich zu sehen ist.*

**Schmiedeeiserne Lampen** *erhellen den Hauptsaal.*

**Keramikfliesen** *zieren die Kamine.*

## GAUDÍS MATERIALIEN

Gaudí arbeitete mit vielen Materialien: Er verband reine, unbearbeitete Stoffe wie Holz, roh behauenen Stein, Bruchstein und Ziegel mit Meisterwerken aus Schmiedeeisen und Buntglas. Zahlreiche Keramikkacheln bedecken seine fließenden, oft unebenen Formen.

**Buntglasfenster in der Sagrada Família**

**Fliesenmosaik, Parc Güell** *(siehe S. 96f)*

**Detail eines Eisentors, Casa Vicens** *(s. S. 26f)*

**Keramikfliesen an El Capricho**

**Spitzbogen**, *die Gaudí schon im Palau Güell ausgiebig verwendet hat, zeigen sein Interesse an gotischer Architektur. Hier ein Gang im Col·legi de les Teresianes von 1890, einer Klosterschule im Westen Barcelonas.*

**Der Zierschmuck** spielt auf das katalanische Wappen an.

## PALAU GÜELL

Gaudís erster Großbau in der Stadtmitte nahe der Rambla *(siehe S. 60)* begründete seinen Ruf als herausragender Architekt. Das für seinen Gönner Eusebi Güell im Jahr 1889 erbaute Wohnhaus liegt eingezwängt in einer engen Straße, sodass die Fassade kaum zur Geltung kommt. Im Inneren strukturierte Gaudí mit Lettnern, Galerien und Nischen den Raum. Zu sehen ist auch sein einzigartiges Mobiliar.

**Organische Formen** *inspirierten die schmiedeeiserne Arbeit an den Toren des Palastes. Gaudí bezieht sich oft auf Tiere, wie bei diesem bunt gekachelten Drachen, der die Stufen im Parc Güell bewacht.*

# La Ruta del Modernisme

Diese 50 ausgewählten Beispiele modernistischer Architektur in Barcelona liegen an einem vom Fremdenverkehrsamt der Stadt entworfenen Rundgang. Das *Multi-Ticket* (erhältlich in der Casa Amatller, siehe S. 78) beinhaltet freien Eintritt in drei Museen und erlaubt Ihnen die Planung Ihrer eigenen Route. Casa Lleó Morera, Palau Güell und Palau de la Música Catalana bieten eigene Führungen an, in den hier ausgewählten Häusern halbiert sich der Eintrittspreis mit dem *Multi-Ticket*. Viele der Gebäude sind in Privatbesitz, deren attraktives Inneres ist daher der Öffentlichkeit leider nicht zugänglich.

**Casa Vicens**
*Das helle Gebäude von Antoni Gaudí mit Ecktürmen, Keramikmosaiken und gemusterten Backsteinen zeigt maurischen Einfluss. Eisentor und Metallzaun sind typisch für Gaudís Schaffen.* ㊽

**Palau Baró de Quadras**
*Das schöne Haus wurde 1906 von Josep Puig i Cadafalch gebaut. Der kunstvolle Fries über den Fenstern der ersten Etage erinnert stark an den Plateresk-Stil der spanischen Frührenaissance.* ㊶

**Casa Lleó Morera**
*Der Speisesaal im ersten Stock dieses Hauses ist ein innenarchitektonisches Glanzstück. Die Buntglasfenster stammen von Lluís Rigalt, die acht Keramikwandtafeln mit idyllischen Szenen von Gaspar Homar.* ⑲

**Antiga Casa Figueres**
*1902 schuf Antoni Ros i Güell die Dekoration – Mosaiken, Buntglas- und Kunstschmiede-Arbeiten – des berühmtesten modernistischen Ladens der Stadt, der heutigen Pastisseria Escribà.* ⑦

### LEGENDE
- - - - Routenempfehlung
— — Bus
—— Metro

0 Meter 500

# LA RUTA DEL MODERNISME

## ROUTENINFOS

**Start:** *Palau Güell* ①. *Planen Sie selbst die Reihenfolge und Route je nach verfügbarer Zeit. Achten Sie auf die* ⊗ *-Zeichen, die im Gehweg eingelassen sind.*
**Länge:** *Vier Kilometer für den Abschnitt* ① *bis* ㊶. *Nicht eingeschlossen sind Sehenswürdigkeiten abseits der Hauptroute.*
**Dauer:** *Multi-Tickets gelten 30 Tage lang.*

**Palau Macaya**
*Die elegante Villa (1901) mit herrlichem Hof, nun ein Ausstellungszentrum, wurde von Josep Puig i Cadafalch entworfen. Für die Dekoration waren mehrere Künstler verantwortlich.* ㊸

## SEHENSWÜRDIGKEITEN AUF EINEN BLICK

① Palau Güell S. 24f
② Straßenlampen, Plaça Reial S. 61
③ Hotel España S. 134
④ Hotel Peninsular S. 134
⑤ Cafè de l'Òpera
⑥ Casa Doctor Genové
⑦ Antiga Casa Figueres
⑧ Mercat de la Boqueria S. 155
⑨ Reial Acadèmia de Ciències i Arts
⑩ Farmàcia Nadal
⑪ Palau Sabassona (Ateneu Barcelonès)
⑫ Catalana de Gas
⑬ Casa Martí, Els Quatre Gats S. 52
⑭ Palau de la Música Catalana S. 63
⑮ Casa Pascual i Pons
⑯ Casa Calvet
⑰ Forns Sarret i de la Concepció
⑱ Cases Rocamora
⑲ Casa Lleó Morera S. 78
⑳ Casa Amatller S. 78
㉑ Casa Batlló S. 76f
㉒ Editorial Montaner i Simón (Fundació Antoni Tàpies) S. 78
㉓ Casa Dolors Calm
㉔ Casa Fargas
㉕ Farmàcia Bolós
㉖ Casa Juncosa
㉗ Casa Josep i Ramon Queraltó
㉘ Straßenlampen von Pere Falqués
㉙ Casa Josefa Villanueva
㉚ Casa Jaume Forn
㉛ Conservatori Municipal de Música
㉜ Casa Llopis Bofill
㉝ Casa Thomas S. 73
㉞ Palau Montaner S. 73
㉟ Casa Milà S. 79
㊱ Can Serra
㊲ Casa Sayrach / Casa Pérez Samanillo
㊳ Casa Bonaventura Ferrer
㊴ Casa Fuster
㊵ Casa Comalat
㊶ Palau Baró de Quadras S. 73
㊷ Casa Terrades S. 79
㊸ Palau Macaya
㊹ Casa Planells
㊺ Temple de la Sagrada Família S. 80f
㊻ Hospital de la Santa Creu i de Sant Pau S. 79
㊼ Parc Güell / Casa-Museu Gaudí S. 96f
㊽ Casa Vicens S. 78
㊾ Museu de Zoologia S. 66
㊿ Parlament de Catalunya

# Katalanische Malerei

Kataloniens Malerei hat eine lange Tradition: Der Ausgangspunkt liegt in den Pyrenäen, wo fantasievolle Fresken romanische Kirchen schmücken *(siehe S. 22f)*. Dem Zeitalter der Gotik, in dem Katalonien die Höhe seiner politischen Macht erreichte, folgte eine künstlerisch schwächere Periode. Doch der Wohlstand des 19. Jahrhunderts förderte erneut die Kreativität. Im 20. Jahrhundert brachte die Region einige der großartigsten Maler Europas hervor, die sich stark zu Kataloniens unvergleichlicher romanischer Kunst hingezogen fühlten.

*Der hl. Georg und die Prinzessin* (15. Jh.) von Jaume Huguet

## Gotik

Einer der ersten namentlich bekannten Künstler Kataloniens war Ferrer Bassa (1285–1348), Hofmaler von Jaume II. Bassas Werke in der Kapelle des Klosters von Pedralbes *(siehe S. 95)* sind die ersten bekannten Beispiele der Öl-Wandmalerei, zweifellos beeinflusst von der italienischen Kunst.

Die frühesten Skulpturen der katalanischen Gotik stammen vom Meister Bartomeu (1250–1300), dessen orientalisch wirkender *Kalvarienberg* im Museu d'Art von Girona *(siehe S. 117)* zu sehen ist. Auch in Vic und Solsona gibt es gotische Sammlungen *(siehe S. 124)*, doch Barcelonas Museu Nacional d'Art de Catalunya *(siehe S. 88)* hat die beeindruckendste. Erwähnenswert sind die Werke von Lluís Borrassà (1365–1425), der das Altarbild in Tarragonas Kathedrale schuf, sowie von Lluís Dalmau (gest. 1463), der in Brügge bei Jan van Eyck studierte. Ein Merkmal der katalanischen Gotik ist *esgrafiat*, das Vergolden von Heiligenscheinen, Stoffen und anderem. Ein Beispiel ist *Der heilige Georg und die Prinzessin* von Jaume Huguet (1415–1492), einem der größten Künstler der katalanischen Gotik.

## Renaissance und Klassizismus

Zwischen dem 16. und 18. Jahrhundert verblasste Kataloniens Kunst. Im Vordergrund standen nun die großen spanischen Meister: El Greco in Toledo, Murillo und Zurbarán in Sevilla, Ribera in València sowie Velázquez und später Goya in Madrid. Einige ihrer Werke zeigt das Museu Nacional d'Art de Catalunya neben Kataloniens Künstlern dieser Epoche – Francesc Pla und Antoni Viladomat.

*Prozession vor Santa Maria del Mar* (1898) von Ramon Casas

## 19. Jahrhundert

Barcelonas Kunstschule eröffnete 1849 über der Börse *(siehe S. 63)*, gefördert von neuen Kunstmäzenen, die ihren Reichtum der industriellen Revolution verdankten. Die Industriebetriebe bildeten auch selbst Künstler aus. 1783 hatte man in Olot *(siehe S. 115)* eine Schule für Textildesign gegründet, deren Kreative, Josep Berga i Boix (1837–1914) und Joaquim Vayreda i Vila (1843–1894), auch die Werkstätten der Art Cristià ins Leben riefen, die bis heute Kirchenstatuen anfertigen.

Den Grün- und Brauntönen der Olot-Landschaftsmaler stand das blasse Blau und Rosa der Sitges-Luministen –

*Die Gärten von Aranjuez* (1907) von Santiago Rusiñol

# KATALANISCHE MALEREI

*Warten auf die Suppe* (1899) von Isidre Nonell

Arcadi Mas i Fontdevila (1852–1943) und Joan Roig i Soler (1852–1909) – gegenüber. Sie waren beeinflusst von Marià Fortuny, der 1838 in Reus geboren wurde und sowohl in Rom als auch in Paris lebte. Barcelonas Stadtrat beauftragte ihn mit einem Gemälde vom Sieg der Spanier bei Tetuán in Spanisch-Marokko, an dem 500 katalanische Freiwillige beteiligt waren. Das Gemälde hängt nun im Museu d'Art Modern.

1892, 18 Jahre nach der ersten Impressionisten-Ausstellung in Paris, brachte Mas i Fontdevila in Sitges die Schule von Olot und die Luministen zusammen.

Die Ausstellung galt als das erste bedeutende Modernisme-Ereignis, das auch Werke von Santiago Rusiñol (1861–1931) und dem herausragenden Ramon Casas (1866–1932) zeigte. Rusiñol, Sohn eines Textilmagnaten, kaufte ein Haus in Sitges, Cau Ferrat *(siehe S. 128)*, das zum Treffpunkt der Modernisten wurde.

Bei Casas, dem ersten Einwohner Barcelonas, der ein eigenes Auto hatte, trafen sich alle damaligen Berühmtheiten. Rusiñol und Casas gründeten auch das Café »Els Quatre Gats« nach dem Vorbild des Cafés »Le Chat Noir« in Paris.

*Die Kathedrale der Armen* (1897) von Joaquim Mir

## 20. JAHRHUNDERT

Pablo Ruiz Picasso (1881–1973) lebte zwar nur acht Jahre in Barcelona *(siehe S. 64)*, doch prägte ihn diese Zeit sehr. Sein Frühwerk war, wie im Museu Picasso *(siehe S. 64)* zu sehen ist, von der Stadt und ihrer Umgebung beeinflusst sowie von katalanischen Künstlern wie dem Landschaftsmaler Isidre Nonell (1873–1911), von Joaquim Mir (1873–1940), Rusiñol und Casas. Schon bald übersiedelte Picasso jedoch nach Paris. Während der Franco-Zeit ging Picasso freiwillig ins Exil, verlor aber nie den Kontakt zu Katalonien und seinen Künstlern.

Auch Joan Miró (1893–1983) besuchte die Kunstschule Barcelonas. Wegen »mangelnden Könnens« hinausgeworfen, wurde er trotzdem mit seinen verspielten Gemälden zu einem der originellsten Maler des 20. Jahrhunderts.

Spielerisches war auch Salvador Dalí *(siehe S. 117)* eigen, den Miró förderte, wie Picasso ihn gefördert hatte. Dalí folgte ihnen nach Paris, wo Miró ihn mit den Surrealisten bekannt machte. Nach dem Bürgerkrieg blieb Dalí in Katalonien: Sein Haus in Port Lligat *(siehe S. 120)* ist sein schönstes Werk.

Auch Josep-Maria Sert (1876–1945) blieb in Katalonien. Er ist v. a. für seine Wandgemälde in Barcelonas Casa de la Ciutat *(siehe S. 57)*, im Rockefeller Center und im Speisesaal des Waldorf-Astoria in New York bekannt. Sein Werk in der Kathedrale von Vic *(siehe S. 124)* wurde im Bürgerkrieg zerstört, doch er schuf es ein zweites Mal.

Der bekannteste katalanische Maler der Gegenwart ist Antoni Tàpies, der tief in der Kultur Kataloniens verwurzelt ist. Tàpies malt abstrakt und verwendet oft die Farben der katalanischen Flagge. Wie Picasso und Miró hat auch Tàpies sein eigenes Museum *(siehe S. 78)*.

Viele Werke anderer zeitgenössischer katalanischer Künstler sind in Barcelonas Museu d'Art Contemporani *(siehe S. 62)* zu sehen.

*Lithografie* (1948) in den Farben Kataloniens von Antoni Tàpies

# Die katalanische Küche

Essen ist für Katalanen wichtig, und so ist es kein Zufall, dass Barcelonas berühmteste literarische Figur, der Detektiv Pepe Carvalho, Feinschmecker ist. Barcelona gibt die Trends am Mittelmeer vor – auch in der kulinarischen Szene. Innovative Küchenchefs wie Ferran Adrià im legendären Restaurant El Bullí *(siehe S. 151)* greifen die alten katalanischen Rezepte auf und verwandeln sie in überraschende Geschmackssensationen. Aber auch die kulinarischen Traditionen überleben – in kleinen Familienbetrieben, in authentischen Tapas-Bars mit Sägespänen auf dem Boden und besonders auf den wunderbaren lokalen Märkten.

Steinpilze

Leckeres Gebäck und Desserts in einem Café

## MÄRKTE

Ganz gleich, welchen Markt Sie in Barcelona besuchen, immer fällt die spektakuläre Vielfalt frischer Produkte auf, die es in Katalonien gibt. Auf den Ständen häufen sich glitzernde Fische aus dem Mittelmeer, erstklassiges Fleisch liefern die Bauern aus den Bergen, buntes Obst und Gemüse kommen aus den Ebenen. Die katalanische Küche ist im Grunde schlicht: Sie verlässt sich auf die Qualität frischer Zutaten. Damit ist sie auch saisonal geprägt: Zu jeder Jahreszeit gibt es andere Spezialitäten, von den zwiebelähnlichen *calçots* im Frühling über die Fülle der Sommerfrüchte bis zu den Pilzen und herzhaften Fleischgerichten im Herbst und Winter.

## FLEISCH UND WILD

Katalanische geräucherte Fleischwaren sind in ganz Spanien bekannt, besonders die scharfe Wurst *fuet*. Schweinefleisch ist beliebt, eine Spezialität sind *peus de porc* (Schweinsfüße). Wildschwein *(porc sanglar)* aus den Bergen kommt im Spätherbst auf den Tisch, auch Wild, besonders Rebhuhn *(perdiu)*. Kaninchen

Eine Auswahl katalanischer geräucherter Fleischwaren, *embotits* genannt

## REGIONALE SPEZIALITÄTEN

Einige Dinge sind heilig in der katalanischen Küche, und nichts mehr als die klassischen Saucen. Favorit ist *sofregit* (das schon im ersten katalanischen Kochbuch von 1324 erwähnt wird), eine eingedickte Mischung aus karamellisierten Zwiebeln, frischen Tomaten und Kräutern. Bei *Samfaina* kommen noch Auberginen, Zucchini und Paprika hinzu. *Picada* ist schärfer, meist aus Knoblauch, Safran, Mandeln, Pinienkernen und Brotbröseln. *All i oli* ist eine knoblauchhaltige Mayonnaise (ohne Eier), die oft gegrilltes Fleisch und Gemüse begleitet. Eine klassische katalanische Vorspeise ist *pa amb tomàquet* – getoastetes Weißbrot mit frischen Tomaten, Knoblauch und Olivenöl. Einfach, aber köstlich.

Pa amb tomàquet

**Escalivada** *ist ein Salat aus marinierten Zwiebeln, Paprikaschoten und gebratenen Auberginen.*

Obst und Gemüse in Hülle und Fülle am Markt La Boquería

## Obst und Gemüse

Im Frühling beherrschen *calçots* den Markt, junge breite (Fava-) Bohnen und delikater Spargel. Im Sommer kann man sich angesichts der vielen Kirschen, Beeren, Feigen, Pfirsiche und Melonen kaum entscheiden, es gibt Auberginen und Zucchini, aromatische Tomaten und Artischocken. Im Herbst werden Wildpilze *(bolets)* gesammelt und lecker gekocht, im Winter herrschen klassische katalanische Bohnengerichte vor.

(*conill*) und Schnecken (*cargols*) verarbeitet man zu herzhaften Wintergerichten. Fleisch und Fisch werden kombiniert in Gerichten, die *mar i muntanya* heißen.

## Fisch

Barcelonas Seafood ist unübertroffen. In fast jeder Tapas-Bars bekommen Sie leckere Sardinen und Garnelen, meist mit viel Knoblauch. Restaurants und Märkte bieten eine Vielfalt frischer Fische an, darunter Seeteufel, Seebarsch, Seehecht, Seezunge, Tintenfisch und Calamares sowie alle erdenklichen Arten von Schalen- und Krustentieren. Fisch wird oft gegrillt *(a la brasa)* oder mit einer einfachen Sauce serviert, er taucht in der paella-ähnlichen *fideuà* auf oder im Fischtopf *suquet de peix*. Aber vor allem als Stockfisch (*bacallà*) findet er Eingang in die katalanische Küche, z. B. mit Tomaten, Knoblauch und Wein gekocht *(a la llauna)*.

Frische Sardinen werden über Holzkohle gegrillt

## Gourmet-Läden

**La Boquería** *(siehe S. 155).*

**Xocoa** Carrer d'en Bot (93 318 8991). Ausgezeichnete Pralinen in Designer-Verpackung.

**Casa del Bacalao** Carrer Comtal 8 (93 301 6539). Traditioneller *Bacallà*-Tempel.

**La Pineda** Carrer del Pi (93 302 4393). Alter Lebensmittelladen mit vielen Schinken.

**Tot Formatge**, Passeig del Born 13 (93 319 5375). Köstliche Käse aus Katalonien, Spanien und anderswo.

**Botifarrería** de Santa María, Carrer Santa María 4 (93 319 9123). Geräuchertes aller Art.

**Origens 99.9%** Carrer Vidriera 6–8 (93 310 7581). Katalanische Produkte, viel Biologisches, darunter Käse, Schinken, Öle und Eingemachtes.

**Conill amb cargols**, *der Eintopf mit Kaninchen und Schnecken, wird mit Tomaten in Wein geschmort.*

**Suquet de peix**, *einen Fisch-Eintopf, bereitet man mit Tomaten, Knoblauch und gerösteten Mandeln zu.*

**Crema Catalana**, *die katalanische Version der* crème brûlée, *ist eine Eiercreme mit karamellisiertem Zucker.*

# Die Cava-Region

Cordoníus berühmtes Cava-Etikett

Cava ist Kataloniens berühmtester Exportartikel. Der Sekt wird wie französischer Champagner hergestellt, mit einer zweiten Fermentierung in der Flasche. Seit Mitte des 19. Jahrhunderts wird *cava* vermarktet: 1872 begann Josep Raventós, der Chef der berühmten Weinkellerei Codorníu, mit der Produktion in großem, industriellem Stil. Codorníu wird noch immer von seinen Nachfahren in Sant Sadurní d'Anoia, der *Cava*-Hauptstadt des Weinbaugebiets Penedès, geleitet. Auch heute werden für *cava* ausschließlich regionale Traubensorten verwendet – Macabeo, Xarel·lo und Parellada. Die wörtliche Übersetzung von *cava* ist »Keller«.

**Codorníu**, *der erste nach der méthode champenoise hergestellte Sekt, verhalf* cava *zu internationalem Ansehen.*

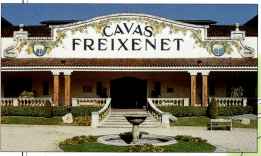

**Freixenet** *wurde 1914 von der Familie Sala gegründet und gehört nun zu den führenden Cava-Sorten. Das Anwesen liegt in Sant Sadurní d'Anoia, dem Herzen der Cava-Region. Die unverkennbare schwarze Freixenet-Flasche ist weltweit bekannt.*

**Raïmat**, *von der Familie Raventós aus der Chardonnay-Traube hergestellt, halten viele Weinkenner für den besten* cava. *Das 3000 Hektar große Raïmat-Anwesen, ein ehemaliges Ödland westlich von Lleida mit eigenem Bahnhof und Arbeiterdorf, wurde von der spanischen Regierung zum »landwirtschaftlichen Modellbetrieb« erklärt.*

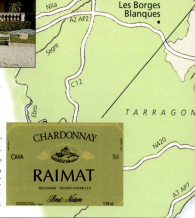

## DIE WEINE KATALONIENS

Die katalanischen Weinsorten sind *negre* (rot), *rosat* (rosé) und *blanc* (weiß). *Garnatxa* ist ein Dessertwein, *ranci* ein ausgereifter Weißwein. Eine Tradition bei lokalen Festen oder in Bars alten Stils ist die, Wein aus einem *porró* (Krug mit langem Schnabel) in den Mund zu gießen. Es gibt sieben offizielle Denominació-de-Origen-Regionen:

**Empordà-Costa Brava:** Leichte Weine aus dem Nordosten wie *vi de l'any*, im ersten Jahr getrunken, und *cava*, hergestellt in Peralada.
**Alella:** Winzige Region nördlich von Barcelona mit guten Weißweinen.
**Penedès:** Gute Rot- und Weißweine wie Torres und Codorníu. Besuchen Sie das Weinmuseum in Vilafranca del Penedès *(siehe S. 125)*.
**Conca de Barberà:** Kleine Mengen Rot- und Weißwein.
**Costers del Segre:** Köstliche Rotweine des Raïmat-Anwesens.
**Priorat:** Schwere Rot- und Weißweine (Falset) aus einer hübschen Region mit kleinen Dörfern westlich von Tarragona.
**Tarragona und Terra Alta:** Traditionell schwere Weine.

Ein *porró* für Tafelweine

# DIE CAVA-REGION

**Die Jugendstil-Kellerei** *in Sant Sadurní d'Anoia ist Codornius modernistisches Paradestück, 1906 von Josep Puig i Cadafalch entworfen. Die Keller erstrecken sich über 26 Kilometer. Besucher werden mit einem kleinen Zug umbergefahren.*

**Codorníu** wurde bereits 1888 für seinen *cava* mit Goldmedaillen ausgezeichnet. Ab 1897 wurde *cava* statt Champagner bei Staatsanlässen serviert.

### LEGENDE

☐ Wichtige *Cava*-Gebiete

0 Kilometer 20

### GUTE CAVA-MARKEN

Codorníu
  Sant Sadurní d'Anoia ①
Freixenet
  Sant Sadurní d'Anoia ②
Gramona
  Sant Sadurní d'Anoia ③
Mascaró
  Vilafranca del Penedès ④
Raïmat
  Costers del Segre ⑤
Raventós Rosell
  Masquefa ⑥

## CAVA-TIPPS

### Einkaufen

Je trockener der Wein, desto teurer ist er. Die trockensten *cavas* sind *brut de brut* und *brut nature*. *Brut* und *sec* sind weniger trocken. Halbtrockene *Semiseco-* und süße *Dulce*-Weine schmecken zum Dessert. Spanische Weine sind günstiger als französische, kleine Hersteller verlangen hohe Preise.

### Besuch einer Kellerei

Viele *Cava*-Kellereien können besichtigt werden (im August geschlossen). Sant Sadurní d'Anoia mit den Kellereien Freixenet und Codorníu liegt 45 Zugminuten von Barcelonas Bahnhof Sants entfernt. Das Fremdenverkehrsbüro in Vilafranca del Penedès *(siehe S. 125)* informiert über alle *Cava*-Kellereien.

**Lohnend** *ist der Besuch der Freixenet-Keller. Freixenet setzt jährlich mehr* Cava-Flaschen *ab als alle französischen Champagner-Kellereien.*

# DAS JAHR IN KATALONIEN

Überall in Barcelona sowie in den Städten und Dörfern Kataloniens begeht man mit einer *festa major* den Namenstag des Schutzpatrons. Die Sardana *(siehe S. 129)* wird getanzt, an der Costa Brava singt man *havaneres* (span. *habaneras*). Bei allen Feiern spielt das Essen – besonders Gebäck und Kuchen – eine zentrale Rolle. In vielen Städten gibt es Umzüge der Riesen *(gegants)*, »Großköpfe« *(capgrosses)* und Zwerge *(nans)* – bunt bemalte Pappmachékarikaturen alter Handelsgilden. Die Katalanen lieben Pyrotechnik: Zur Sommersonnenwende wird überall die Revetlla de Sant Joan mit Feuerwerken gefeiert. Viele Feiern beginnen bereits am Vorabend des Festtags.

Am Tag des hl. Georg schenkt man »ihr« Rosen

Bücherstände in Barcelona am Tag des hl. Georgs, *el dia del llibre*

## FRÜHLING

Wenn die Erde sich erwärmt, weicht die Mandelblüte der Kirsch- und Apfelblüte. Ende März startet die Anglersaison für Forellen und Süßwasserfische. Ostern ist ein Familienfest. Man verlässt die Stadt, besucht Verwandte, macht ein Picknick oder sucht nach wildem Spargel. Der Mai ist die beste Zeit, um Wildblumen zu sehen, die besonders prächtig in den Pyrenäen wachsen.

## MÄRZ

**Sant Medir** *(3. März)*. In Barcelona werden bei Umzügen im Stadtteil Gràcia Bonbons verteilt, in Sants findet dasselbe Woche später statt.
**Sant Josep** (19. März). Viele Katalanen heißen Josep. In Spanien wird der Namenstag des heiligen Josep groß gefeiert. Sant Josep ist in ganz Spanien sogar ein Feiertag – nur in Katalonien nicht.

**Terrassa-Jazzfestival** *(März)*. Konzerte aus aller Welt, an Wochenenden im Freien (freier Eintritt).

## APRIL

**Setmana Santa** *(Karwoche)*. Die Woche vor Ostern, mit vielen Veranstaltungen.
**Diumenge de Rams** *(Palmsonntag)*. In den Kirchen, vor allem in der Sagrada Família in Barcelona, werden Palmzweige gesegnet. In Girona gibt es Prozessionen »römischer Soldaten« und an mehreren Orten, wie dem Kurort Sant Hilari Sacalm in der Provinz Girona, Passionsspiele.
**Dijous Sant** *(Gründonnerstag)*, Verges, Provinz Girona. Als Skelette verkleidete Männer führen einen Totentanz *(dansa de la mort)* auf, der auf das 14. Jahrhundert zurückgehen soll.
**Pasqua** (Ostern). Am Karfreitag *(Divendres Sant)* werden Kreuze, dem Kreuzweg Jesu folgend, durch die Straßen getragen. Am Ostermontag *(Dilluns de Pasqua)* kaufen Paten ihren Patenkindern *mona* (Eierkuchen), die Bäcker wetteifern um die ausgefallenste Form.
**Sant Jordi** *(23. Apr)*. Fest des hl. Georg, Schutzpatron Kataloniens, und Todestag von Cervantes (1547–1616). Männer und Jungen schenken ihrer Mutter, Frau oder Freundin eine Rose und bekommen ein Buch geschenkt – daher auch *dia del llibre* (Tag des Buches).

## MAI

**Fira de Sant Ponç** *(11. Mai)*. Traditionelles Fest rund um den Carrer de l'Hospital in Barcelona, an dem einst das Stadtkrankenhaus stand. Verkauf von medizinischen Kräutern und Honig.
**Fronleichnam** *(Mai/Juni)*. Blumenteppiche auf den Straßen von Sitges; in Berga tanzt ein Monsterdrachen *(la Patum)* durch die Stadt.

Blumenteppiche an Fronleichnam (Corpus Christi)

**DURCHSCHNITTLICHE TÄGLICHE SONNENSCHEINDAUER**

### Sonnenschein

Barcelona ist eine sehr sonnige Stadt. Einen Großteil des Jahres ist der Himmel blau, im Sommer scheint die Sonne oft bis zu zehn Stunden. Im Winter kann es im Schatten kalt sein, doch die Sonne steht noch immer so hoch, dass man auf einer geschützten Terrasse im Freien sitzen kann.

## SOMMER

Die Bewohner Barcelonas verlassen an Wochenenden die Stadt in Richtung Küste oder Berge. Freitagnachmittags und sonntagabends sollte man daher Autobahnen tunlichst meiden. Die Schulferien dauern lange: Sie beginnen Ende Juni, wenn das Meer zum Schwimmen warm genug ist. In den Yachthäfen drängen sich die Boote, Grillfeste finden allerorten statt, der Besucher hat eine riesige Auswahl an Veranstaltungen. Viele Geschäfte in Barcelona bleiben im Monat August geschlossen.

**Urlauber in Platja d'Aro, einem Ferienort an der Costa Brava**

## JUNI

**Festival del Grec** *(Juni/Juli)*. Festival mit Künstlern aus dem In- und Ausland an zahlreichen Orten in ganz Barcelona. Hauptveranstaltungsorte sind das Teatre Grec, der Mercat de les Flors und der Poble Espanyol.

**Revetlla de Sant Joan** *(24. Juni)*. Die Sommersonnenwende feiert man mit Feuerwerk auf dem Montjuïc. In ganz Katalonien werden Freudenfeuer entzündet, vom Gipfel des Mont Canigó bringt man Fackeln nach Frankreich hinunter. Man trinkt *cava* (siehe S. 32f) zu einer speziellen *coca* (Kuchen), bestreut mit Pinienkernen und kandierten Früchten.

**Castellers** *(24. Juni)*. In Tarragona, der für ihre *Casteller*-Feste berühmten Provinz, wetteifern Männer darum, auf ihren Schultern den höchstmöglichen Menschenturm zu bauen *(siehe S. 125)*.

**Konzertsaison** *(Juni/Juli)*. Das Institut Municipal de Parcs i Jardins organisiert in mehreren Parks Barcelonas Konzerte mit klassischer Musik.

## JULI

**Cantada d'havaneres** *(1. So im Juli)*. *Cremat* (Kaffee mit Rum) trinkende Musiker und Sänger schmettern *havaneres* (Habaneras) in den Küstenorten, u. a. in Calella de Palafrugell an der Costa Brava.

**Ein Casteller-Team in Aktion**

**Virgen del Carmen** *(16. Juli)*. Ein maritimes Festival in Barcelonas Hafen mit Umzügen und *havaneres* spielenden Kapellen.

**Santa Cristina** *(24. Juli)*. Das größte Festival in Lloret de Mar (Costa Brava). Eine geschmückte Flottille bringt eine Statue der Jungfrau an Land.

## AUGUST

**Festa major de Gràcia** *(eine Woche, etwa ab 15. Aug)*. Jeder Stadtteil Barcelonas veranstaltet seine eigene *festa*, bei der man um die fantasievollste Dekoration der Straßen wetteifert. Die *festa* im alten Stadtteil Gràcia ist die größte und spektakulärste. Konzerte, Bälle, Wettbewerbe und Straßenspiele gehören dazu.

**Festa major de Sants** *(um den 24. Aug)*. Die jährliche *festa* findet in Barcelonas Stadtteil Sants statt.

**Festa major de Vilafranca del Penedès** *(Mitte Aug)*. Dieses Fest ist eine der besten Gelegenheiten, um *Casteller*-Wettbewerbe zu erleben *(siehe S. 125)*.

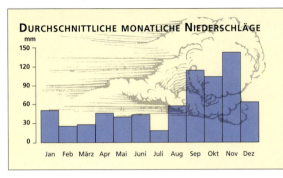

## Niederschläge

In Barcelona regnet es wenig – gerade genug, dass die Grünflächen der Stadt nicht vertrocknen. Der Regen kommt meist plötzlich und wolkenbruchartig herunter und ist in den Sommermonaten von heftigen Gewitterstürmen begleitet. Tagelang anhaltender Nieselregen ist äußerst selten.

## HERBST

Die Traubenernte *(verema)* ist ein Höhepunkt des Herbstes, bevor sich die Weinblätter rot und golden färben. Zu dieser Zeit gibt es auch viele Pilze. Ab Oktober gehen die Jäger auf die Jagd nach Rothühnern, Zugenten und Wildschweinen. Ganz Abgehärtete gehen noch bis November im Meer schwimmen.

**Viehtrieb aus den Pyrenäen am Ende des Sommers**

## SEPTEMBER

**Diada de Catalunya** *(11. Sep).* Kataloniens Nationalfeiertag gedenkt des Verlustes der Autonomie 1714 *(siehe S. 44f).* Demonstrationen zeugen davon, wie wichtig der Separatismus noch ist. Die katalanische Flagge wird gehisst. *Sardana*-Bands *(siehe S. 129)* spielen, man singt das Lied *Els segadors* (siehe S. 44).
**La Mercè** *(24. Sep),* Barcelona. Fest zu Ehren von *Nostra Senyora de la Mercè* (Gnadenreiche Jungfrau) mit Konzerten, Messen und Tänzen. Versäumen Sie nicht den *carrefoc,* einen Umzug mit feuerspeienden Drachen und Monstern, und *piro musical,* ein Feuerwerk mit Musik.
**Sant Miquel** *(29. Sep).* Das Fest zu Ehren von Barcelonas Schutzpatron erinnert an Napoléons Besatzung Spaniens *(siehe S. 45).* Der napoleonische General »Bum Bum« marschiert zu Gewehrsalven durch die Straßen.

## OKTOBER

**Festes de Sarrià i de Les Corts** *(1. So im Okt).* Jeder Stadtteil Barcelonas hat eine Feier zu Ehren seines Schutzpatrons.
**Día de la Hispanitat** *(12. Okt).* Nationalfeiertag anlässlich der Entdeckung Amerikas 1492 *(siehe S. 44):* wird in Katalonien wenig gefeiert.

## NOVEMBER

**Tots Sants** *(1. Nov).* An Allerheiligen isst man Röstkastanien und Süßkartoffeln. Am nächsten Tag, dem *Día dels difunts* (Allerseelen), besucht man die Familiengräber.

**Winzer bei der Traubenernte im Herbst**

### FEIERTAGE

**Any Nou** *(Neujahr)* 1. Jan
**Reis Mags** *(Hl. Drei Könige)* 6. Jan
**Divendres Sant** *(Karfreitag)* März/Apr
**Dilluns de Pasqua** *(Ostermontag)* März/Apr
**Festa del Treball** *(Tag der Arbeit)* 1. Mai
**Sant Joan** *(Johannistag)* 24. Juni
**Assumpció** *(Mariä Himmelfahrt)* 15. Aug
**Diada de Catalunya** *(Nationalfeiertag)* 11. Sep
**La Mercè** 24. Sep
**Día de la Hispanitat** *(Span. Nationalfeiertag)* 12. Okt
**Tots Sants** *(Allerheiligen)* 1. Nov
**Dia de la Constitució** *(Verfassungstag)* 6. Dez
**Immaculada Concepció** *(Mariä Empfängnis)* 8. Dez
**Nadal** *(Weihnachten)* 25. Dez
**Sant Esteve** 26. Dez
**Revellón** 31. Dez

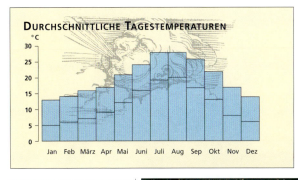

### Temperaturen

*Das Diagramm zeigt die niedrigsten und höchsten Durchschnittstemperaturen in Barcelona. Im Winter können die Temperaturen trotz Sonne bis fast auf den Gefrierpunkt abfallen. Die Sommer sind heiß: Hüte und Sonnenschutz sind meistens unerlässlich.*

## WINTER

Skiorte in den Pyrenäen sind an Wochenenden beliebte Ausflugsziele. Es kann zwar sonnig sein, doch das Wetter ist unvorhersehbar, die Nächte können sehr kalt werden. Weihnachten ist eine wunderbare Zeit für einen Aufenthalt in Barcelona, wenn in der ganzen Stadt Feststimmung herrscht. Auf der Feria de Santa Llúcia vor der Kathedrale werden Märkte abgehalten.

**Skiorte in den Pyrenäen sind beliebte Wochenend-Ausflugsziele**

## DEZEMBER

**Nadal** und **Sant Esteve** *(25. und 26. Dez)*. An beiden Weihnachtstagen trifft man sich mit Familie und Freunden. Das Weihnachtsessen besteht aus *escudella* (Fleischeintopf) und Truthahn, gefüllt mit Äpfeln, Aprikosen, Pflaumen, Nüssen und Rosinen.
**Revellón** *(31. Dez)*. In ganz Spanien ist es an Silvester Brauch, zwischen jedem Schlag der Mitternachtsglocke eine Traube zu essen: Das soll Glück bringen.

## JANUAR

**Reis Mags** *(6. Jan)*. Am Abend des Dreikönigsfests verteilen die Heiligen Drei Könige in Katalonien Süßigkeiten an die Kinder. Barcelonas prächtigster Reiteraufzug findet beim Hafen statt.
**Santa Eulàlia** *(12. Jan)*. In Barcelonas Altstadt feiert man das Fest dieser alten Schutzpatronin: Es wird getanzt, viele Menschen verkleiden sich als Riesen.
**Els Tres Tombs** *(17. Jan)*. Mit Frack und Zylinder reitet man zu Ehren des hl. Antonius, des Schutzpatrons der Tiere, dreimal quer durch die Stadt.
**Pelegrí de Tossa** *(20. und 21. Jan)*, Tossa de Mar. Eine Wallfahrt, alljährlich das größte Ereignis in der Stadt, erinnert an das Ende der Pest.

## FEBRUAR

**Carnestoltes** *(Feb/März)*. König Karneval beherrscht die Vorfrühlingsfeiern. Die Kinder kostümieren sich, jeder Stadtteil veranstaltet ein Fest. Am Faschingsdienstag *(Dijous gras)* isst man Wurstomeletts, am Aschermittwoch *(Dimecres de cendra)* wird feierlich eine Sardine begraben *(Enterrament de la sardina)*. Große Feiern finden in Platja d'Aro an der Costa Brava und in Vilanova an der Costa Daurada statt. In Sitges gibt es einen prächtigen Transvestitenumzug.
**Internacional de Cotxes d'Època** *(Ende Feb / Anfang März)*. Oldtimer-Autorennen von Barcelona bis nach Sitges.

**Das Winterfest Els Tres Tombs in Vilanova i la Geltrú**

Prozession der *gegants* (Riesen) im September beim Festival von La Mercè in Barcelona ▷

# DIE GESCHICHTE KATALONIENS

Die Katalanen sind ein Volk großer Seefahrer, Kaufleute und Industrieller. Seit der Vereinigung unter dem Haus Barcelona war Katalonien durch unsichere Allianzen und Konflikte mit Madrid bedroht. Der Weg zum heutigen Status als halbautonome Region Spaniens führte Katalonien durch Zeiten der Macht und des Reichtums, aber auch der Schwäche und Niederlage.

Barcelona eignete sich nicht gut als Siedlungsort: Sein Hafen war unbedeutend, auf dem Berg Montjuïc gab es kein Wasser. Die ältesten Funde der Besiedlung stammen von anderen Ortschaften Kataloniens. Erwähnenswert sind v.a. die Dolmen von Alt Empordà sowie die Gräber von Baix Empordà und Alt Urgell. Im ersten Jahrtausend v.Chr. wurde das Land um Barcelona von den Laeitanern besiedelt, andere Teile Kataloniens kolonisierten die Iberer. Letztere waren Meister in der Kunst des Steinbaus: Ruinen einer Iberer-Siedlung sind in Ullastret an der Costa Brava zu sehen. Um 550 v.Chr. gründeten griechische Händler die erste Handelsniederlassung in Empúries (Emporion; *siehe S. 120*) bei Ullastret. Den Karthagern in Südspanien verdankt Barcelona seinen Namen. Sie benannten die Stadt nach Hamilkar Barkas, dem Vater Hannibals, der seine Elefantenarmee von Katalonien über die Pyrenäen und die Alpen führte, um Rom anzugreifen.

**Römischer Mosaikboden (Barcelona) mit »Drei Grazien«**

Aus Rache landeten die Römer in Empúries und unterwarfen die ganze Iberische Halbinsel. Sie vernichteten sowohl Karthager als auch Laeitaner und gründeten Tarraco (heute Tarragona; *siehe S. 128*) im Süden Kataloniens als Reichshauptstadt von Tarraconensis, einem der drei Verwaltungsbezirke der Halbinsel.

Hinter der Kathedrale in Barcelona befindet sich ein römisches Stadttor. Reste der alten Stadtmauer aus dem 3. Jahrhundert kann man beim mittelalterlichen Königspalast *(siehe S. 56)* bewundern. Fundamente römischer Gebäude wurden im Keller des Museu d'Història de la Ciutat *(siehe S. 56f)* ausgegraben; Säulen des Augustustempels sind im Centre Excursionista de Catalunya *(siehe S. 55)* zu sehen.

Nach dem Niedergang des Römischen Reichs eroberten Westgoten die Region. Diese Vasallen Roms praktizierten römisches Recht und sprachen eine dem Lateinischen ähnliche Sprache. 587 trat ihr König Rekkared zum Christentum über.

## ZEITSKALA

| 2500 v. Chr. | 1500 v. Chr. | 500 v. Chr. | | 500 n. Chr. |
|---|---|---|---|---|
| **2000–1500 v. Chr.** Bau megalithischer Monumente in Katalonien | **1000–500 v. Chr.** Indoeuropäer dringen ins Ter- und Llobregat-Tal ein; Iberer besiedeln den Montjuïc | **500–200 v. Chr.** Befestigte Iberersiedlungen; Megalithenmauern in Tarragona | **550 v. Chr.** Griechen gründen Handelsposten bei Empúries | **531** Westgoten nehmen nach Niedergang Roms Barcelona ein |
| | | **230 v. Chr.** Hamilkar Barkas, der Vater Hannibals, gründet Barcelona | **218 v. Chr.** Römer landen in Empúries und unterwerfen Spanien | **258** Barcelonas Stadtmauer nach fränkischer Invasion erbaut |

*Hannibal* — *Kreuz der Westgoten*

◁ Mit der lokalen Miliz fraternisierende Truppen während des Karlistenkriegs (1833–39) in Barcelona

## Die Mauren und Karl der Grosse

Die Westgoten gründeten ihre Hauptstadt in Toledo, südlich von Madrid. Als König Witiza 710 starb, soll sein Sohn Achila die Sarazenen aus Nordafrika zu Hilfe gerufen haben, um seinen Anspruch auf den Thron zu behaupten. Im Jahr 711 begannen Mauren und Berberstämme mit der Eroberung der Iberischen Halbinsel. 717 erreichten sie Barcelona, 732 Poitiers in Frankreich, wo ihr Vormarsch vom Franken Karl Martell gestoppt wurde.

Seite aus dem Manuskript des *Llibre del Consolat de Mar* (15. Jh.)

Während die Mauren Córdoba in Südspanien zur Hauptstadt machten, versteckte sich der westgotische Adel in den Pyrenäen und griff von dort die Invasoren an. Hierbei wurde er von Karl dem Großen, dem Enkel Karl Martells, wiederholt unterstützt. Erst 801 konnten die Franken Barcelona zurückerobern. Da Katalonien nur ein knappes Jahrhundert von den Mauren besetzt war, hat deren Kultur hier allerdings nur wenige Spuren hinterlassen.

Ramón Berenguer I von Barcelona (1035–1076)

### Die Grafen von Barcelona

Karl der Große gründete die »Spanische Mark«, einen Pufferstaat entlang den Pyrenäen, den er den ortsansässigen Grafen anvertraute. Die mächtigste Figur im Osten war Guifré el Pelós (»Wilfried der Behaarte«), der die Grafschaften Barcelona, Cerdanya, Conflent, Osona Urgell und Girona vereinte sowie das Kloster Ripoll (*siehe S. 114*), die Wiege Kataloniens, gründete. Guifré starb 897 im Kampf gegen die Mauren, doch die Dynastie der Grafen von Barcelona dauerte weitere 500 Jahre an.

Vor Ende des 11. Jahrhunderts hatte Katalonien unter Ramón Berenguer I die erste konstitutionelle Regierung Europas mit einer Grundrechtsakte, den *Usatges*. Bis zum 12. Jahrhundert hatten sich Kataloniens Grenzen unter Ramón Berenguer III bis südlich von Tarragona ausgedehnt. Als er 1112 Douce, eine Prinzessin der Provence, heiratete, geriet die französische Provinz unter den Einfluss Kataloniens. 1137 wurde das Fürstentum Barcelona durch die Ehe von Ramón Berenguer IV und Petronila von Aragón mit Aragón vereint. 1196 nahm das Kloster von Poblet (*siehe S. 126f*) in der Provinz Tarragona die Stelle von Ripoll als Pantheon des katalanischen Königtums ein.

## Zeitskala

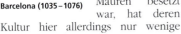

*Karl der Große (742–814)*

| 700 | 800 | 900 | 1000 |
|---|---|---|---|
| **717** Mauren besetzen Katalonien | **801** Die Mauren sind vertrieben; Karl der Große gründet Pufferstaat | | **1060** Entwurf der Verfassung, *Usatges*; das Wort »katalanisch« ist erstmals dokumentiert |
| **711** Nordafrikanische Mauren dringen in Spanien ein / *Maurisches Schwert* | **778** Karl der Große beginnt seinen Feldzug gegen die Mauren | **878** Guifré el Pelós (»Wilfried der Behaarte«), Graf von Cerdanya-Urgell, einigt die östlichen Pyrenäen; Beginn der 500-jährigen Dynastie der Grafen von Barcelona | **1008–46** Abt Oliva erbaut die Kirche Ripoll und organisiert den Bau der Benediktinerklöster und Montserrat |

## EXPANSION AUF DEM SEEWEG

Unter Jaume I »dem Eroberer« (1213–1276) erlebte Katalonien Wohlstand und Expansion. Ende des 13. Jahrhunderts hatte man die Balearen und Sizilien erobert. Viele Kriegsschiffe wurden in den Werften von Barcelona *(siehe S. 69)* gebaut. Katalonien beherrschte nun die Meere: Das *Llibre del Consolat de Mar*, ein Seehandelsgesetzbuch, galt im gesamten Mittelmeerraum. Verwegene Admirale waren Roger de Llúria, der 1285 die französische Flotte in der Bucht von Roses besiegte, und Roger de Flor, Führer von katalanischen und aragonischen Söldnern, der Schlachten für den König von Sizilien und den byzantinischen Kaiser gewann. 1305 wurde Roger de Flor ermordet.

Während der Herrschaft Jaumes I gründete man das Parlament, baute die Stadtmauer wieder auf, die nun ein viel größeres Gebiet umschloss als die alte römische Mauer, und errichtete im neuen Carrer Montcada prächtige Häuser *(siehe S. 64)*. Die Börse entstand beim alten Haupthafen; Kaufleute erbauten die Kirche Santa Maria del Mar *(siehe S. 64)*.

Unter König Pere IV (1336–1387) entstanden zwei bedeutende Säle: der Saló del Tinell im Königspalast und der Saló de Cent der Casa de la Ciutat *(siehe S. 57)*.

**Exvoto** in Form eines Schiffs (15. Jh.)

Mit dem Wohlstand ging die Blüte der katalanischen Literatur einher. Jaume I schrieb sein *Llibre dels Feits (Buch der Taten)*, Pere el Grans Eroberung Siziliens (1282) wurde um 1285 in einer von Bernat Desclot verfassten katalanischen Chronik beschrieben. Der katalanische Dichter Ramon Lull (1232–1315) aus Mallorca verwendete als Erster die Umgangssprache für religiöse Schriften.

Ab 1395 fand in Barcelona jährlich der Dichterwettbewerb »Jocs Florals« statt, der die Troubadoure aus der Region anzog. 1450 begann Joanot Martorell mit seinem Ritterepos *Tirant lo Blanc*, er starb jedoch 1468, 22 Jahre vor der Veröffentlichung. Miguel de Cervantes, der Autor von *Don Quijote*, bezeichnete es als das beste Buch der Welt.

**Ein Wandgemälde mit Jaume I während des Feldzugs gegen Mallorca**

| 1137 Barcelona und Aragón durch Heirat zwischen den Königshäusern vereint | 1258–72 Das *Llibre del Consolat de Mar*, ein Seehandelsgesetzbuch, gilt im gesamten Mittelmeerraum | 1282 Pere el Gran erobert Sizilien; seine Abenteuer sind in Desclots *Chroniken* verzeichnet | 1347/48 Die Pest tötet ein Viertel der Bevölkerung | 1359 Grundsteinlegung des Palau de la Generalitat | 1423 Eroberung von Neapel |

| 1100 | 1200 | 1300 | 1400 |

| 148 Grenze zu den auren wird zum Ebro erschoben | 1213–35 Jaume I «der Eroberer» nimmt Mallorca, Ibiza und Formentera ein | 1324 Eroberung Sardiniens | |
| | | 1302–05 Katalanische Söldner unter Admiral Roger de Flor helfen Byzanz gegen die Türken | |
| | *Jaume I (1213–1276)* | 1287 Eroberung Mallorcas unter Alfonso III | |

## FERNANDO UND ISABEL VON KASTILIEN

Das katholische Spanien wurde im Jahr 1479 durch die Ehe von Fernando II von Katalonien-Aragón mit Isabel von Kastilien vereint. 1492 wurden die Mauren und Juden vertrieben, die einen großen, wirtschaftlich sehr wichtigen Bevölkerungsanteil in Barcelona *(siehe S. 56)* und Girona ausmachten. Im gleichen Jahr (1492) entdeckte Kolumbus Amerika und kehrte triumphal mit sechs karibischen Ureinwohnern *(siehe S. 58)* nach Barcelona zurück. Doch die Stadt hatte Pech: Das Handelsmonopol für die Neue Welt fiel an Sevilla und Cádiz. Trotz einiger Sternstunden, etwa der Beteiligung am Sieg gegen die Türken 1571 bei Lepanto *(siehe S. 69)*, begann für Barcelona eine Zeit des Niedergangs.

**Judentaufen während der Herrschaft der katholischen Monarchie**

## AUFSTÄNDE UND BELAGERUNGEN

Während des Kriegs mit Frankreich (1618–59) zwang Felipe IV Barcelonas Parlament, eine Armee aufzustellen und gegen die Franzosen zu kämpfen. Felipe IV setzte in der Stadt einen Vizekönig ein und quartierte spanische Truppen ein. Im Juni 1640 erhob sich die Bevölkerung. »Schnitter« *(segadors)* ermordeten den Vizekönig. Das »Lied der Schnitter« wird bis heute in ganz Katalonien gesungen *(siehe S. 36)*. Barcelona verbündete sich zwar mit Frankreich, es wurde jedoch belagert und von Felipe besiegt. Beim Frieden von 1659 fiel katalanisches Land nördlich der Pyrenäen an Frankreich.

Zu einer zweiten Konfrontation mit Madrid kam es im Spanischen Erbfolgekrieg, als Europas mächtigste Königshäuser, die Habsburger und die Bourbonen, den Thron beanspruchten. Barcelona, mit England als Verbündetem, unterstützte die Habs-

**Wandfliese einer katalanischen Handelsgilde**

**Belagerung Barcelonas 1714 während des Spanischen Erbfolgekriegs**

## ZEITSKALA

| 1450 | 1500 | 1550 | 1600 | 1650 |
|---|---|---|---|---|
| **1492** Kolumbus entdeckt Amerika; Barcelona vom Handel mit der Neuen Welt ausgeschlossen; Juden werden vertrieben | **1494** Oberster Rat von Aragón stellt Katalonien unter kastilische Kontrolle | *Die spanische Inquisition, tätig ab 1478* | **1619** Madrid wird spanische Hauptstadt | **1659** Im Pyrenäenfrieden mit Frankreich wird Roussillon an Frankreich abgetreten |
| **1479** Fernando II von Katalonien-Aragón vereint durch die Ehe mit Isabel von Kastilien die spanischen Häuser | **1490** Tirant lo Blanc, Ritterepos von Martorell *(siehe S. 43)*, auf Katalanisch veröffentlicht | | **1571** Eine große Flotte verlässt Barcelona, um die Türken bei Lepanto zu besiegen | **1640** Aufstand der Schnitter *(segadors)* gegen die Ausbeutung katalanischer Ressourcen im Krieg mit Frankreich |

**Frauen helfen bei der Verteidigung Gironas gegen die Napoleonischen Truppen 1809**

burger und war damit auf der Verliererseite. Die Stadt wurde von Truppen des Bourbonenkönigs Felipe V belagert. Am 11. September 1714, dem heutigen Nationalfeiertag *(siehe S. 36)*, fiel Barcelona. Felipe ließ die Universitäten schließen, verbot die katalanische Sprache und benutzte Lleidas gotische Kathedrale als Kaserne. Das Viertel Ribera wurde abgerissen, im heutigen Parc de la Ciutadella *(siehe S. 65)* wurde eine Zitadelle erbaut, um die Bevölkerung in Schach zu halten.

Als Katalonien wieder uneingeschränkt Handel mit Amerika treiben konnte, begann die wirtschaftliche Erholung. Der Aufschwung wurde aber durch den Krieg mit Frankreich (1793–95) und den spanischen Unabhängigkeitskrieg gegen Napoléon (1808–14) unterbrochen. Barcelona fiel Anfang 1808, doch Girona hielt einer siebenmonatigen Belagerung stand. Viele Klöster, einschließlich Montserrat *(siehe S. 122f)*, wurden geplündert und schließlich 1835 von der republikanischen Regierung aufgelöst. Es war eine politisch raue Zeit, in der die Reaktionäre der Karlistenkriege ein Nachhutgefecht gegen den liberalen Geist des 19. Jahrhunderts führten.

### KATALANISCHE RENAISSANCE

Barcelona war die erste spanische Industriestadt. Die Herstellung von Baumwolle zog so viele ausländische Arbeiter in die Stadt, dass 1854 der Platz innerhalb der mittelalterlichen Mauern *(siehe S. 71)* nicht mehr ausreichte. Im Hinterland blühten Industriezentren wie Terrassa und Sabadell, an den Flüssen, deren Wasserkraft man nutzte, entstanden *colònies industrials*.

So, wie der Reichtum des 14. Jahrhunderts Kataloniens erste Blütezeit förderte, so führte der industrielle Reichtum zur *Renaixença*, einer Renaissance der Kultur. Literarische Höhepunkte waren Bonaventura Aribaus *Oda a la patria* und die Gedichte des jungen Mönchs Jacint Verdaguer, der bei den wiederbelebten Jocs Florals *(siehe S. 43)* auftrat.

**Wohlhabende Einwohner der Stadt begutachten die neuen Kattunsorten (frühes 19. Jh.)**

*Felipe V (1700–1724)*

**1808–14** Unabhängigkeitskrieg; Girona wird belagert, Barcelona besetzt, Kloster von Montserrat geplündert

**1823–26** Franzosen besetzen Katalonien

**1835** Auflösung der Klöster

**1833–39** 1. Karlistenkrieg

**1859** Wiederaufnahme des Dichterwettbewerbs; Renaissance katalanischer Kultur

| 1700 | 1750 | 1800 | 1850 |

**1714** Felipe V, erster Bourbonenkönig, plündert Barcelona; Katalanisch wird verboten; Universitäten werden geschlossen

**1778** Katalonien wird Handel mit Amerika gestattet

**1849** Erste spanische Bahnstrecke von Barcelona nach Mataró

**1833** Aribaus *Oda a la patria* veröffentlicht

*Dichter Bonaventura Carles Aribau i Farriols*

Halle mit spanischen Waren bei der Weltausstellung 1888

### KATALANISMUS UND MODERNE

Die *Renaixença* rief ein neues Selbstbewusstsein hervor, den »Katalanismus«, Triebkraft einer erstarkenden Autonomiebewegung, die ihren Widerhall in Galicien und dem Baskenland fand. Das Ende der Karlistenkriege 1876 führte zur Wiedereinführung der Bourbonenmonarchie.

1887 wurde die Lliga de Catalunya gegründet, die erste Partei, die für die Selbstbestimmung Kataloniens eintrat. Der Zentralregierung warf man den Verlust der amerikanischen Kolonien und damit des lukrativen transatlantischen Handels sowie den militärischen Konflikt mit Marokko vor. 1909 starben bei gewalttätigen Protesten in der *setmana tràgica* (der »tragischen Woche«) 116 Menschen; über 300 wurden verletzt.

1888 fand in Barcelonas Parc de la Ciutadella, in dem man die Zitadelle von Felipe V abgerissen hatte, eine große Weltausstellung statt – Ausdruck des Reichtums und kulturellen Strebens der Stadt. Nach einem Plan von Ildefons Cerdà *(siehe S. 71)* führte man die Stadterweiterung *(eixample)* durch: Industriebarone und vermögende Privatleute beauftragten erstklassige Architekten wie Eusebi Güell und Antoni Gaudí *(siehe S. 24f)*. Die Zerstörung der Klöster hatte Platz geschaffen für neue Luxusbauten wie den Palau de la Música Catalana *(siehe S. 63)*, das Teatre del Liceu und den Boqueria-Markt *(siehe S. 155)*. Barcelonas Rolle als Vorzeigestadt wurde 1929 durch die Weltausstellung auf dem Montjuïc bestätigt. Viele der damals errichteten Gebäude blieben erhalten.

Antoni Gaudí, kreativster Architekt des Modernisme

Poster der Weltausstellung 1929

### BÜRGERKRIEG

Die *Mancomunitat*, eine 1914 gegründete Regionalregierung, wurde 1923 durch Barcelonas Militärgouverneur, den Diktator Primo de Rivera, aufgelöst. 1931 ernannte Francesc Macià sich selbst zum Präsidenten der Katalanischen Republik, die jedoch nur drei Tage währte. Drei Jahre später wurde Lluís Companys, als er das Experiment wiederholte, zu 30 Jahren Gefängnis verurteilt. Am 16. Juli 1936 führte General Francisco Franco eine Erhe-

## ZEITSKALA

**1872–76** Dritter und letzter Karlistenkrieg

**1888** Weltausstellung im Parc de la Ciutadella; Vorführung des modernistischen Stils

*Primo de Rivera (1870–1930)*

**1909** *Setmana tràgica*: Revolten gegen Marokkokriege

1875 — 1900 — 1925

**1893** Anarchisten verüben Bombenattentat im Teatre del Liceu; 14 Todesopfer

*Karlistische Soldaten*

**1901** *Lliga Regionalista*, die neue katalanische Partei, gewinnt Wahl

**1929** Weltausstellung auf dem Montjuïc

**1931** Francesc Macià ruft di Katalanische Republik au

# DIE GESCHICHTE KATALONIENS

**Flüchtlingstreck in Richtung Pyrenäen, um in Frankreich Asyl zu suchen (1939)**

bung nationalistischer Generäle gegen die Republikaner an. Die Regierung floh von Madrid nach Valencia, dann nach Barcelona. Stadt und Küste wurden von deutscher Luftwaffe und italienischen Kriegsschiffen bombardiert. Als Barcelona drei Jahre später fiel, flohen unzählige Menschen in französische Lager, Tausende wurden hingerichtet. Katalonien hatte alles verloren – erneut wurde Katalanisch verboten.

Während der *noche negra*, der »dunklen Nacht«, die Francos Sieg folgte, mangelte es Barcelona an Ressourcen. Der wirtschaftliche Aufschwung in den 1960er Jahren hatte zur Folge, dass zwischen 1960 und 1975 zwei Millionen Spanier in die Stadt kamen, um dort zu arbeiten. Die Ankunft der ersten Badegäste an den Stränden der Costa Brava und der Costa Daurada veränderte Spanien für immer.

### LEBEN NACH FRANCO

Als Franco 1975 starb, floss auf Barcelonas Straßen der *cava* in Strömen. Unter dem Bourbonenkönig Juan Carlos wurde die Demokratie wiederhergestellt und Jordi Pujol von der konservativen *Convergència i Unió* zum Präsidenten der katalanischen Regionalregierung gewählt. Katalonien hat inzwischen ein hohes Maß an Autonomie erzielt.

Pasqual Maragall, Barcelonas sozialistischer Bürgermeister bis 1997 und derzeit Präsident der Generalitat Kataloniens, hatte wesentlichen Anteil am Erfolg der Olympischen Spiele von 1992. Binnen eines Jahrzehnts veränderte sich die Stadt radikal und erlebte eine Art zweite *Renaixança*. Hiervon zeugen ein neues Hafenviertel, neue Straßen und Museen. Barcelona gehört heute zu den erfolgreichsten und attraktivsten Städten in ganz Europa.

**Eröffnungszeremonie, Olympische Spiele von 1992**

| | | |
|---|---|---|
| **1939** 50000 gehen ins Exil nach Frankreich; Kataloniens Präsident Companys hingerichtet | **1975** Franco stirbt; Juan Carlos wird König | **2006** Volksentscheid über erweitertete Autonomie |
| **1947** Spanien wird zur Monarchie, mit Franco als Regenten | **1979** Autonomiestatut für Katalonien | **1992** Olympische Sommerspiele in Barcelona |
| **1950** | **1975** | **2000** |
| **1953** Vereinbarung über US-Stützpunkte in Spanien | **1985** Die Medes-Inseln werden Spaniens erstes Meeresschutzgebiet | |
| **1960er Jahre** Die Costa Brava erlebt Urlauber-Boom | | |
| **36–39** Spanischer Bürgerkrieg; republikanische Regierung flieht von Madrid nach Valencia, dann nach Barcelona | **1986** Beitritt Spaniens zur EU | |

*Cobi, das olympische Maskottchen*

# Barcelona und Katalonien

Barcelona im Überblick 50-51

Altstadt 52-69

Eixample 70-83

Montjuïc 84-91

Grossraum Barcelona 92-99

Drei Spaziergänge 100-107

Katalonien 108-129

# Barcelona im Überblick

Barcelona, eine der lebendigsten Hafenstädte am Mittelmeer, ist mehr als nur die Hauptstadt Kataloniens. Sie konkurriert in Kultur, Handel und Sport nicht nur mit Madrid, sondern sieht sich selbst als gleichbedeutend mit anderen europäischen Metropolen. Der Erfolg der Olympischen Spiele von 1992 bestätigte diesen Anspruch. Obwohl es in der Altstadt (Ciutat Vella) viele Kunstdenkmäler gibt, sind die aus der Zeit um 1900 stammenden Bauten des Modernisme *(siehe S. 24f)* in Eixample am bekanntesten. Barcelona, direkt am Meer gelegen, ist offen für Einflüsse von außen, die Stadt sprüht vor Kreativität: Seine Kneipen und Parks zeugen weniger von Tradition als von modernem Design.

**Die Casa Milà** (siehe S. 79) *ist das kühnste Werk Antoni Gaudís (siehe S. 78). Barcelona besitzt mehr Gebäude des Jugendstils/Modernisme als jede andere Stadt der Welt.*

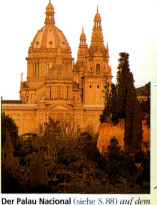

**Der Palau Nacional** (siehe S. 88) *auf dem Montjuïc beherrscht die für die Weltausstellung 1929 gebauten Hallen und die Allee mit Brunnen. Das Museu Nacional d'Art de Catalunya mit romanischen Fresken zeigt eine große Sammlung mittelalterlicher Kunst.*

MONTJUÏC
*Seiten 84 - 91*

**Christoph Kolumbus** *wacht auf seiner 60 Meter hohen Säule (siehe S. 69) über den Port Vell, den Alten Hafen. Von der Spitze der Säule blickt man auf die neuen Gebäude, Promenaden und Kais, die der Gegend neues Leben einhauchten.*

**Das Castell de Montjuïc** (siehe S. 89) *auf dem Kamm des Montjuïc, eine mächtige Festung aus dem 17. Jahrhundert, die Stadt und Hafen überblickt, bildet einen krassen Kontrast zu den für die Olympischen Spiele 1992 gebauten modernen Sportstätten.*

0 Meter     1000

◁ **La Rambla del Mar** verbindet den Alten Hafen mit dem Maremàgnum-Vergnügungskomplex

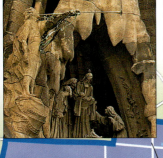

### Die Sagrada Família
(siehe S. 80–83), Gaudís 1882 begonnenes, bislang unvollendetes Meisterwerk, erhebt sich über Eixample. Ihre polychromen Keramikmosaiken und naturnahen Formen sind typisch für Gaudís Kunstschaffen.

**Zur Orientierung**

**EIXAMPLE**
*Seiten 70 – 83*

### Die Kathedrale von Barcelona
(siehe S. 58f) aus dem 14. Jahrhundert liegt im Herzen des Barri Gòtic. 28 Seitenkapellen mit prächtigen barocken Altarbildern umgeben das Kirchenschiff. Seit Jahrhunderten werden im Kreuzgang Gänse zum Schutz der Gräber vor Dieben gehalten.

**ALTSTADT**
*Seiten 52 – 69*

### Der Parc de la Ciutadella
(siehe S. 65) zwischen Altstadt und Vila Olímpica bietet jedem etwas: Gärten zur Erholung, einen See zum Bootfahren und den interessanten Zoo. Zwei Museen decken die Bereiche Geologie und Zoologie ab.

### La Rambla
(siehe S. 60f) ist die berühmteste Straße Barcelonas, Tag und Nacht belebt. Ein Bummel hinab zum Hafen, vorbei an ihren prächtigen Gebäuden, Theatern, Läden, Cafés und Straßenhändlern, ist die beste Einführung in Barcelona.

# ALTSTADT

Barcelonas Altstadt – von der Straße »La Rambla« durchschnitten – besitzt einen der schönsten und harmonischsten Stadtkerne Europas. Das Barri Gòtic mit der Kathedrale wird von einem Netz enger Gassen durchzogen. Östlich der Via Laietana befindet sich das Viertel El Born mit der Kirche Santa Maria del Mar und dem Museu Picasso. Das Viertel wird im Osten begrenzt vom herrlichen Parc de la Ciutadella mit dem Museu d'Art Modern sowie dem Zoo. Das südlich anschließende Hafenviertel besitzt wunderbare Sandstrände mit Palmen, Bars und Cafés, die vom Olympischen Dorf zum Alten Hafen reichen.

## SEHENSWÜRDIGKEITEN AUF EINEN BLICK

**Museen und Sammlungen**
Aquàrium ㉔
Museu d'Art Contemporani ⑩
Museu d'Història de Catalunya ㉕
Museu Frederic Marès ②
Museu de Geologia ⑲
Museu Marítim und Drassanes ㉘
Museu Picasso ⑬
Museu de la Xocolata ⑮
Museu de Zoologia ⑱

**Hafengebiet**
Golondrinas ㉗
Port Olímpic ㉑
Port Vell ㉓

**Straßen und Viertel**
Barceloneta ㉒
*La Rambla S. 60f* ⑦
El Raval ⑨

**Kirchen**
Basílica de Santa Maria del Mar ⑭
*Kathedrale S. 58f* ⑥

**Historische Gebäude**
Casa de l'Ardiaca ①
Casa de la Ciutat ④
La Llotja ⑫
Palau de la Generalitat ⑤
Palau de la Música Catalana ⑪
Palau Güell ⑧
Museu d'Història de la Ciutat ③

**Denkmäler**
Arc del Triomf ⑯
Monument a Colom ㉖

**Parks**
Parc de la Ciutadella ⑰
Parc Zoològic ⑳

### ANFAHRT
Metro-Linien 1, 3 und 4: Jaume I (U4) liegt im Herzen des Barri Gòtic, Liceu (U3) an der Rambla, viele Buslinien halten an der Plaça de Catalunya (auch U1 und U3), am Rand des Barri Gòtic.

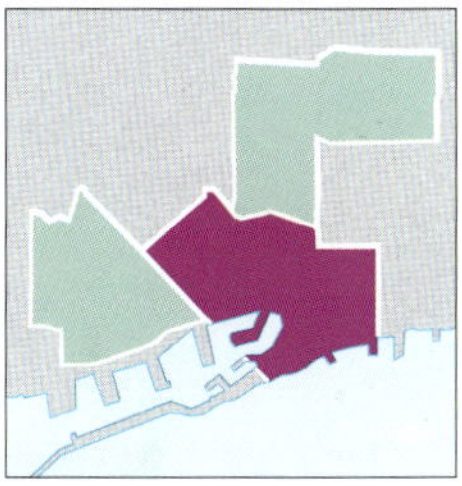

## LEGENDE
- Detailkarte S. 54f
- Metro-Station
- Bahnhof
- Bushaltestelle
- Tram-Haltestelle
- Information

0 Meter — 500

◁ Das Café Els Quatre Gats in einer der engen Gassen des Barri Gòtic

# Im Detail: Barri Gòtic

Das Barri Gòtic (Gotisches Viertel) ist das Herz Barcelonas. Hier gründeten die Römer unter Augustus (reg. 27 v. Chr.–14 n. Chr.) ihre *colonia* (Stadt); seitdem befindet sich die Stadtverwaltung hier. Das römische Forum lag auf der Plaça de Sant Jaume, auf der sich heute der mittelalterliche Palau de la Generalitat (Sitz der katalanischen Regierung) und das Rathaus, die Casa de la Ciutat, erheben. In der Nähe befinden sich die gotische Kathedrale und der Königspalast, in der Fernando und Isabel 1493 Kolumbus empfingen *(siehe S. 44)*, als er von seiner Entdeckungsreise in die Neue Welt zurückgekehrt war.

**Kerze in der Cereria Subirà**

**Casa de l'Ardiaca**
*Die auf der römischen Stadtmauer im gotischen und Renaissance-Stil erbaute Residenz des Erzdiakons beherbergt das Stadtarchiv.* ❶

Zur Plaça de Catalunya

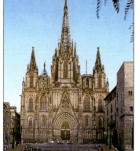

★ **Kathedrale**
*Fassade und Turmspitze sind Zutaten des 19. Jahrhunderts. Zu den Meisterwerken im Inneren zählen die mittelalterlichen katalanischen Gemälde.* ❻

**Palau de la Generalitat**
*Zu den gotischen Elementen des katalanischen Regierungssitzes gehören die Kapelle und eine Steintreppe, die zu einer Galerie mit Arkaden führt.* ❺

Zur La Rambla

**Casa de la Ciutat**
*Das Rathaus aus dem 14. und 15. Jahrhundert hat eine klassizistische Fassade. Die Eingangshalle schmücken die* Drei Zigeuner *von Joan Rebull (1899–1981), eine Kopie der ursprünglich 1946 entstandenen Skulptur.* ❹

**LEGENDE**

– – – Routenempfehlung

# BARRI GÒTIC

### Museu Frederic Marès
*Der mittelalterliche Eingang ist ein Meisterwerk spanischer Plastik, die den Kern einer vielfältigen, erstklassigen Sammlung bildet.* ❷

**Römische Stadtmauer**

**ZUR ORIENTIERUNG**
*Siehe Stadtplan, Karte 5*

**Saló del Tinell**

### ★ Palau Reial
*Die Capella Reial de Santa Àgata (14. Jh.) mit einem Altarbild von 1466 ist einer der am besten erhaltenen Teile des Königlichen Palasts.* ❸

**Capella Reial de Santa Àgata**
**Plaça del Rei**
**Palau del Lloctinent**
**Cereria Subirà (Kerzenladen)**

### Museu d'Història de la Ciutat
Die weltweit größten Ausgrabungen römischer Ruinen betritt man durch ein Haus aus dem 14. Jahrhundert. Dahinter erwarten den Besucher viele römische Straßen und Plätze (Ausgang im Palau Reial).

**Das Centre Excursionista de Catalunya** in einem mittelalterlichen Haus zeigt Säulen des Augustustempels, dessen ehemaligen Standort ein Meilenstein auf der Straße markiert.

### NICHT VERSÄUMEN
★ Kathedrale
★ Palau Reial

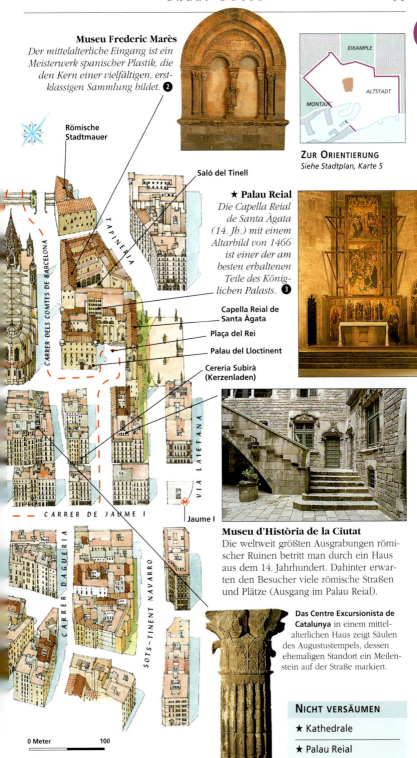

Verzierter Marmorbriefkasten, Casa de l'Ardiaca

## Casa de l'Ardiaca ❶

Carrer de Santa Llúcia 1. **Stadtplan** 5 B2. 93 318 11 95. Jaume I. Mo–Fr 9–20 Uhr, Sa 9–13 Uhr. Feiertage. www.bcn.es

Neben dem früheren Bischofstor der römischen Stadtmauer steht das Haus des Erzdiakons aus dem 12. Jahrhundert. Sein jetziges Äußeres entstand um 1500 durch einen Umbau, dabei wurde auch die Kolonnade hinzugefügt. 1870 wurde es um den neogotischen Innenhof mit Brunnen erweitert. Der Modernist Domènech i Montaner (1850–1923) fügte den marmornen Briefkasten mit Schwalben und Schildkröte neben dem Renaissanceportal hinzu. Im ersten Stock ist das Stadtarchiv untergebracht.

## Museu Frederic Marès ❷

Plaça de Sant Iu 5. **Stadtplan** 5 B2. 93 310 58 00. Jaume I. Di–Sa 10–19 Uhr, So 10–15 Uhr. Mo, 1. Jan, Karfreitag, 1. Mai, 25., 26. Dez. (außer Mi nach 15 Uhr und am 1. So jeden Monats). nach Voranmeldung. www.museumares.bcn.es

Der Bildhauer Frederic Marès i Deulovol (1893–1991) liebte es zu reisen und war ein begeisterter Sammler, wovon dieses außergewöhnliche Museum zeugt. Das Gebäude ist Teil des Königspalasts, in dem im 13. Jahrhundert Bischöfe, im 14. Grafen der Stadt, im 15. Richter und vom 18. Jahrhundert bis 1936 Nonnen lebten. Frederic Marès hatte hier eine kleine Wohnung; sein Museum eröffnete er 1948. Dieses wunderbare Museum besitzt eine exzellente Sammlung romanischer und gotischer Sakralkunst. In der Krypta befinden sich Steinplastiken und zwei vollständige romanische Portale.

Exponate der oberen drei Stockwerke sind Glocken, Kreuze, Gewänder, alte Kameras, Pfeifen, Tabakbehälter, Postkarten mit Pin-up-Girls – und für Kinder gibt es sogar einen eigenen Raum.

Madonna, Museu Frederic Marès

## Museu d'Història de la Ciutat ❸

Plaça del Rei. **Stadtplan** 5 B2. 93 315 11 11. Jaume I. Juni–Sep: Di–Sa 10–20 Uhr, So 10–15 Uhr; Okt–Mai: Di–Sa 10–14, 16–20 Uhr, So 10–15 Uhr. Mo, 1. Jan, Karfreitag, 1. Mai, 24. Juni, 25., 26. Dez. www.museuhistoria.bcn.es

Der Königspalast war seit seinem Bau im 13. Jahrhundert die Residenz der Grafen-Könige von Barcelona. Zu ihm gehören der gotische Saló del Tinell aus dem 14. Jahrhundert und ein großer Saal mit 17 Meter breiten Halbkreisbogen. Hier in diesem Palast empfingen Fernando und Isabel Kolumbus nach seiner Rückkehr aus Amerika (siehe S. 44). Hier fanden auch Sitzungen der spanischen Inquisition statt.

Gotisches Kirchenschiff der Capella de Santa Àgata

### BARCELONAS JÜDISCHE GEMEINDE

Hebräische Tafel

Vom 11. bis zum 13. Jahrhundert dominierten Juden Barcelonas Handel und Kultur. Sie stellten die Ärzte und gründeten die erste Universität. 1243 – 354 Jahre nach ihrer ersten urkundlichen Erwähnung – wurden die Juden in das Ghetto El Call verbannt. Scheinbar zu ihrem Schutz hatte es nur einen Eingang, der auf die Plaça de Sant Jaume ging. Der König besteuerte die »königlichen Sklaven« hoch. Als Gegenleistung erhielten sie Privilegien, z. B. den gewinnbringenden Handel mit Nordafrika. Die Verfolgung durch Staat und Bevölkerung führte 1401 zur Auflösung des Ghettos, 91 Jahre vor der Vertreibung aller Juden in Spanien (siehe S. 44). Ursprünglich gab es drei Synagogen: Von der größten am Carrer de Sant Domènech del Call sind nur die Fundamente erhalten. Im Haus Nr. 5 des Carrer de Martlet ist eine Tafel in die Wand eingelassen, auf der in Hebräisch steht: »Heilige Gründung von Rabbi Samuel Hassardi, dessen Leben nie endet.«

Rechts ist die Königskapelle Capella de Santa Àgata in die römische Stadtmauer eingebaut – mit bemalter Holzdecke und Altarbild von Jaume Huguet (1466). Ein Teil des Glockenturms besteht aus einem römischen Wachturm. Rechts vom Altar führt eine Treppe zum Turm (16. Jh.) Martís des Gütigen (1396–1410), dem letzten Herrscher aus der 500 Jahre alten Dynastie der Grafen-Könige von Barcelona. Die Turmspitze bietet einen schönen Blick.

Die Hauptattraktion des Museu d'Història liegt tief unter der Erde: Man fährt mit einem Lift nach unten – und findet ganze Straßenzüge und Plätze aus der Römerzeit. Diese alten Siedlungen des Barcino wurden bei Umbauarbeiten des gotischen Eingangshauses Casa Clariana-Padellàs 1931 entdeckt, als man in die Tiefe grub. Von diesen historischen Umbaumaßnahmen berichtet eine interessante Ausstellung.

Die Ausgrabungen zeigen neben mehreren Straßenzügen und Plätzen die Entwässerungskanäle, Bäder, Wohnzimmer mit Mosaiken, Wandmalereien, Waschräume und sogar ein altes römisches Forum. Es handelt sich hier um die weltweit größten und vollständigsten Ausgrabungen römischer Siedlungen.

## Casa de la Ciutat ❹

Plaça de Sant Jaume. **Stadtplan** 5 A2. 93 402 73 00. Jaume I. oder Liceu. So 10–13.30 Uhr (12. Feb u. 23. Apr. 10–20 Uhr) oder nach Vereinbarung. 93 402 73 62.

Das Rathaus *(ajuntament)* aus dem 14. Jahrhundert steht gegenüber dem Palau de la Generalitat. Neben dem Eingang der Casa de la Ciutat erinnern Statuen an Jaume I *(siehe S. 43)*, der Barcelona 1249 das Wahlrecht verlieh, und an Joan Fiveller, der auch Hofmitglieder besteuerte.

Der Saló de Cent (Versammlungsraum) wurde für die 100 Stadträte errichtet. Der Saló de les Cròniques entstand für die Weltausstellung von 1929. Die Wandbilder stammen von Josep-Maria Sert *(siehe S. 29)*.

## Palau de la Generalitat ❺

Plaça de Sant Jaume 4. **Stadtplan** 5 A2. 93 402 46 00. Jaume I. 23. Apr (St. Jordis), 2. und 4. So im Monat 10.30–13.30 Uhr (Sa nach tel. Anmeldung: 93 402 46 17). www.gencat.es

Seit 1403 ist der Palast Sitz der Katalanischen Regierung. Über dem Eingang an der Renaissance-Fassade

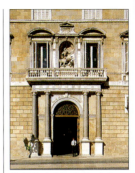

**Die italienisch beeinflusste Fassade des Palau de la Generalitat**

wachen Sant Jordi (Patron Kataloniens) und ein Drache. Der spätgotische Hof (1416) stammt von Marc Safont.

Im Inneren schufen Safont und Pere Blai die gotische Kapelle und den Saló de Sant Jordi. Das Gebäude ist der Öffentlichkeit nur am Namenstag des Heiligen zugänglich. Auf der Rückseite liegt im ersten Stock der *Pati dels Tarongers*, der Orangenbaumhof, von Pau Mateu mit Pere Ferrers Glockenturm von 1568.

Der katalanische Präsident hat hier und in der Casa dels Canonges seine Büros. Beide Gebäude verbindet eine Brücke (1928) über den Carrer del Bisbe, die der Seufzerbrücke in Venedig nachempfunden ist.

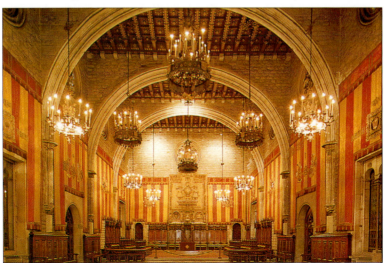

**Der prächtige Ratssaal, der Saló de Cent, in der Casa de la Ciutat**

# Kathedrale 6

**Statue der hl. Eulalia**

Die gotische Kathedrale mit romanischer Kapelle (Capella de Santa Llúcia) und schönem Kreuzgang entstand 1298 unter Jaume II auf den Grundmauern eines römischen Tempels und einer maurischen Moschee. Sie wurde erst Ende des 19. Jahrhunderts mit Vollendung der Hauptfassade fertig. Ein skulptierter Marmorlettner aus dem 16. Jahrhundert stellt das Martyrium der Stadtpatronin Eulalia dar. Am Taufstein erinnert eine Tafel an die Taufe von sechs karibischen Ureinwohnern, die Kolumbus 1493 aus Amerika mitbrachte.

**Die achteckigen Zwillingstürme** stammen von 1386–93, die Glocken wurden 1545 aufgehängt.

**Die Hauptfassade** wurde erst 1889 vollendet, der Mittelturm 1913. Er beruht auf Plänen, die der französische Architekt Charles Galters 1408 zeichnete.

**Innenschiff**
*Das einzige Schiff im Stil der katalanischen Gotik besitzt 28 Seitenkapellen zwischen den Säulen, die das 26 Meter hohe Gewölbe tragen.*

★ **Chorgestühl**
*Die oberste Reihe des Chorgestühls (15. Jh.) ist mit den Wappen (1518) verschiedener europäischer Königshäuser bemalt.*

**Capella del Santíssim Sagrament**
*Die kleine Kapelle birgt den Christus von Lepanto aus dem 16. Jahrhundert.*

# KATHEDRALE

**Capella de Sant Benet**
*Diese dem Gründer der Benediktiner und Schutzheiligen Europas gewidmete Kapelle enthält eine wundervolle Verklärung (1452) von Bernat Martorell.*

### INFOBOX

Plaça de la Seu. **Stadtplan** 5 A2.
93 315 15 54. Jaume I.
17, 19, 45. tägl. 8–19.30 Uhr; Führungen 13–17 Uhr. freier Eintritt: tägl. 8–12.45 und 17.15–19.30. **Sakristeimuseum**
tägl. 9–13, 16–19 Uhr.
**Chor** tägl. tägl. zahlreiche Gottesdienste.

★ **Krypta**
*In der Krypta unter dem Hauptaltar steht der Alabastersarkophag der heiligen Eulalia (1339), die im 4. Jahrhundert das Martyrium erlitt.*

★ **Kreuzgang**
*Der Brunnen mit der Statue des heiligen Georg in einer Ecke des gotischen Kreuzgangs spendete frisches Wasser.*

**Porta de Santa Eulalia,** Eingang zum Kreuzgang

**Das Sakristeimuseum** besitzt einen Kirchenschatz mit Taufstein (11. Jh.), Gobelins und liturgischen Geräten.

**Capella de Santa Llúcia**

### NICHT VERSÄUMEN

★ Chorgestühl

★ Krypta

★ Kreuzgang

## ZEITSKALA

| 400 | 700 | 1000 | 1300 | 1600 | 1900 |
|---|---|---|---|---|---|
| | **559** Basilika wird der hl. Eulalia und dem Kreuz geweiht | **1339** Umbettung der Eulalia-Reliquien in den Alabastersarkophag | | **1913** Vollendung des Mittelturms | |
| | **877** Überführung der Eulalia-Reliquien aus Santa Maria del Mar | **1046–58** Bau der romanischen Kathedrale unter Ramón Berenguer I | **1889** Fertigstellung der Hauptfassade nach Plänen des Architekten Charles Galters von 1408 | | |
| **4. Jahrhundert** Bau der römisch-frühchristlichen Basilika | **985** Zerstörung durch die Mauren | **1257–68** Bau der romanischen Capella de Santa Llúcia | **1493** Taufe von sechs amerikanischen Indianern | *Gedenktafel der Taufe* | |
| | | **1298** Baubeginn der gotischen Kathedrale unter Jaume II | | | |

# La Rambla ❼

Auf der Prachtstraße La Rambla (katalanisch: Les Rambles) pulsiert das Leben, vor allem abends und am Wochenende. Kioske, Vogel- und Blumenstände, Kartenleser, Musiker und Pantomimen drängen sich auf dem mittleren Gehweg. Die berühmtesten ihrer Gebäude sind das Teatre del Liceu, der Boqueria-Markt und einige prächtige Anwesen.

### Überblick: La Rambla
Der Name des langen Boulevards stammt vom arabischen *ramla* («ausgetrocknetes Flussbett»). Barcelonas Stadtmauer folgte im 13. Jh. einem solchen Flussbett, das von den Collserola-Bergen bis zum Meer verlief.

Im 16. Jahrhundert entstanden am gegenüberliegenden Ufer Klöster und die Universität. Das Flussbett wurde später aufgefüllt, die Gebäude wurden abgerissen, aber die Namen der fünf Rambles zwischen Plaça de Catalunya und Port Vell erinnern bis heute an diese Institutionen. Edle Hotels, Wohnhäuser, noble Läden und Cafés säumen heute die Prachtstraße.

**Mercat de Sant Josep** Plaza de la Boqueria. **Stadtplan** 2 F3. ℂ 93 318 20 17. Ⓜ Liceu. ◷ Mo–Sa 8–20.30 Uhr.
**Palau de la Virreina** La Rambla 99. **Stadtplan** 5 A2. ℂ 93 316 10 00. Ⓜ Liceu. ◷ Mo–Fr 11–14, 16–20.30 Uhr, Sa 11–20.30 Uhr, So 11–15 Uhr.
**Museu de Cera** Pg de la Banca 7. **Stadtplan** 2 F4. ℂ 93 317 26 49. Ⓜ Drassanes. ◷ Juli–Sep: tägl. 10–22 Uhr; Okt–Juni: Mo–Fr 10–13.30, 16–19.30 Uhr, Sa, So und Feiertage 11–14, 16.30–20.30 Uhr. ♿

**La Rambla:** Diese Platanenallee ist immer voller Leben

**Mercat de Sant Josep** ⑤
Barcelonas farbenprächtigster Markt ist bekannt als »La Boqueria«.

**Gran Teatre del Liceu** ⑦
Dieses Opernhaus brannte schon zweimal ab – 1861 und 1994: Erst 1999 wurde es wiedereröffnet.

**Palau Güell** ⑨
Der fantastische Palast wurde 1889 fertiggestellt und gilt als eines von Gaudís Hauptwerken (siehe S. 62).

**Das Kolumbus-Denkmal am südlichen Ende der Rambla**

# LA RAMBLA

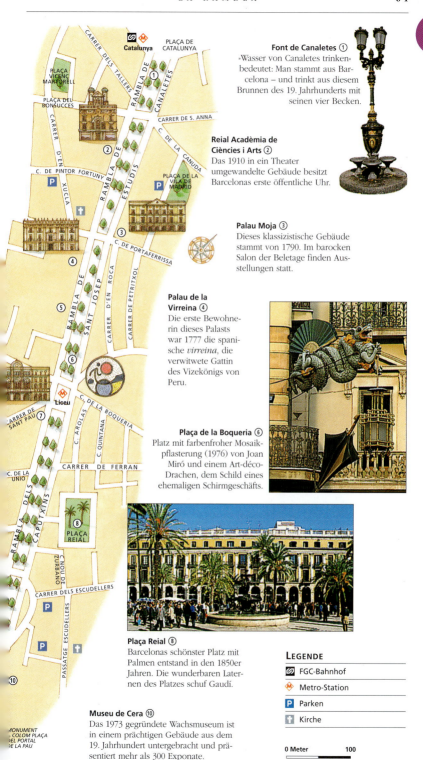

### Font de Canaletes ①
»Wasser von Canaletes trinken« bedeutet: Man stammt aus Barcelona – und trinkt aus diesem Brunnen des 19. Jahrhunderts mit seinen vier Becken.

### Reial Acadèmia de Ciències i Arts ②
Das 1910 in ein Theater umgewandelte Gebäude besitzt Barcelonas erste öffentliche Uhr.

### Palau Moja ③
Dieses klassizistische Gebäude stammt von 1790. Im barocken Salon der Beletage finden Ausstellungen statt.

### Palau de la Virreina ④
Die erste Bewohnerin dieses Palasts war 1777 die spanische *virreina*, die verwitwete Gattin des Vizekönigs von Peru.

### Plaça de la Boqueria ⑥
Platz mit farbenfroher Mosaikpflasterung (1976) von Joan Miró und einem Art-déco-Drachen, dem Schild eines ehemaligen Schirmgeschäfts.

### Plaça Reial ⑧
Barcelonas schönster Platz mit Palmen entstand in den 1850er Jahren. Die wunderbaren Laternen des Platzes schuf Gaudí.

### Museu de Cera ⑩
Das 1973 gegründete Wachsmuseum ist in einem prächtigen Gebäude aus dem 19. Jahrhundert untergebracht und präsentiert mehr als 300 Exponate.

### LEGENDE
- FGC-Bahnhof
- Metro-Station
- Parken
- Kirche

0 Meter 100

## Palau Güell ●8

Nou de la Rambla 3–5. **Stadtplan** 2 F3. 93 317 39 74. Liceu. nach Renov. ab Anfang 2007 geöffnet; Zeiten tel. erfragen.

Gaudís erster Großbau in der Stadtmitte wurde von Eusebi Güell in Auftrag gegeben. Obwohl Gaudí als Architekt noch nicht berühmt war, stellte ihm sein Gönner Güell große Summen für dieses Experiment zur Verfügung. Der Palau Güell diente nicht nur als Wohnhaus, sondern auch Repräsentationszwecken: Hier fanden zahlreiche politische Treffen, bedeutende Empfänge und Kammerkonzerte statt.

Das 1889 fertiggestellte Haus liegt in einer engen Straße, sodass die Fassade kaum zur Geltung kommt. Umso prächtiger gestaltete Gaudí das Innere: Wunderbare Marmor-, Eisen- und Holzarbeiten sind im Inneren zu sehen. Wie auch bei seinen späteren Gebäuden gestaltete Gaudí Einrichtung, Lichtführung und zahlreiche Details.

Von der Straßenseite her weist – außer den gedrehten Kaminen – wenig auf das prachtvolle Innere des Hauses hin: Die Fassade selbst ist symmetrisch und mit klaren horizontalen und vertikalen Linien gestaltet. Gaudís spätere Liebe zu organisch-botanischen Rundungen zeigt sich in den zwei Einfahrten, die beide zu geometrischen Parabeln geformt sind.

Im Inneren befindet sich der zentrale Hauptraum im ersten Stock: Er besitzt eine enorme Raumhöhe (drei Stockwerkshöhen bei insgesamt sechs Stockwerken des Hauses) und ist mit Lettner, Erkern, Galerien und Nischen gestaltet. Die Decke ist in Form einer Kuppel ausgeführt. Dieser Zentralraum wirkt wie eine Mischung aus Kirchenraum und eingerichtetem Innenhof. Alle Räume gruppieren sich um den Zentralraum, zu dem es sogar eine Auffahrt gibt. Interessant ist die Beleuchtung: Gasflammen brannten hinter Milchglasscheiben, die so wie Fenster mit Tageslicht wirkten.

**Abenteuerliche Kaminformen auf dem Palau Güell**

## El Raval ●9

**Stadtplan** 2 F3. Catalunya, Liceu.

Westlich der Rambla liegen die Stadtteile El Raval und das ehemalige Rotlichtviertel nahe am Hafen, das »Barri Xinès« (Chinesische Viertel). Rund um die Rambla del Raval entwickelt sich ein neues und schickes Viertel.

Seit dem 14. Jahrhundert bildete der Carrer de l'Hospital das medizinische Zentrum Barcelonas (auch Gaudí wurde 1926 nach seinem Unfall mit einer Tram hierher gebracht). Die riesige Casa de la Caritat (14. Jh.) ist heute ein Kulturzentrum; gleich daneben eröffnete 1995 das weiße Museu d'Art Contemporani (MACBA). El Raval ist ein Viertel im Umbruch – vom Bordellgebiet zur Edelmeile.

Im Carrer Nou de la Rambla liegen Gaudís Palau Güell *(siehe linke Spalte)* und die besterhaltene romanische Kirche der Stadt, Sant Pau del Camp (Franziskaner).

## Museu d'Art Contemporani ●10

Plaça dels Angels 1. **Stadtplan** 2 F2. 93 412 08 10. Universitat, Catalunya, Liceu. Mo, Mi–Fr 11–19.30 Uhr, Sa 10–20 Uhr, So, Feiertage 10–15 Uhr. Di, 1. Jan, 25. Dez. www.macba.es
**Centre de Cultura Contemporània** Montalegre 5. 93 306 41 00. www.cccb.org

Das dramatische Museumsgebäude (1995) im Herzen von El Raval wurde vom US-Architekten Richard Meier entworfen. Auf drei lichtdurchfluteten Etagen werden zeitgenössische Gemälde, Installationen und Artefakte ausgestellt. Den Schwerpunkt der ständigen Sammlung bildet spanische Kunst, aber es gibt auch Werke ausländischer Künstler, z. B. Susana Solano oder David Goldblatt.

Gleich neben dem MACBA befindet sich das **Centre de Cultura Comtemporània**, das viele Festivals veranstaltet.

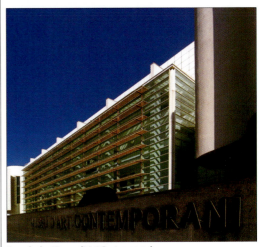

**Fassade des Museu d' Art Contemporani**

**Prächtige Buntglaskuppel im Palau de la Música Catalana**

## Palau de la Música Catalana ⓫

Carrer de Sant Francesc de Paula 2.
**Stadtplan** 5 B1. 902 442 882.
Catalunya, Urquinaona.
Sept–Juni: tägl. 10–15.30 Uhr;
Juli, Aug: tägl. 10–18 Uhr; außerdem
bei Konzerten. alle 30 Min.
www.palaumusica.org

Dies ist ein wahrer »Musikpalast«, ein Modernisme-Traum aus Fliesen, Plastiken und Buntglas, der einzige von Tageslicht erhellte Konzertsaal Europas. Der von Lluís Domènech i Montaner entworfene Bau entstand 1908 an der Stelle eines Klosters und bewahrte bis heute sein originales Aussehen. In der engen Straße kommt die rote Ziegelsteinfassade kaum zur Geltung. Sie wird eingefasst von mosaikbedeckten Pfeilern mit Büsten von Palestrina, Bach und Beethoven. Die Statuen des hl. Georg und anderer Figuren symbolisieren das katalanische Volkslied.

Das Innere ist atemberaubend. Den Konzertsaal erhellt eine umgekehrte Buntglaskuppel mit Engelschören. Zwei von Domènech entworfene und von Gargallo vollendete Skulpturen am Proszeniumsbogen stellen die internationale (Wagner) und katalanische Musik (Clavé) dar. An der Bühnen-Rückwand stehen die 18 »Musen des Palau«, kunstvoll gestaltete Frauenfiguren mit Instrumenten, geschaffen aus Terrakotta und Trencadís (gebrochenen Fliesen).

Das Engagement von Josep Anselm Clavé (1824–1874) für das katalanische Volkslied führte 1891 zur Gründung des patriotischen Gesangvereins Orfeó Català, einem Zentrum des katalanischen Nationalismus und Anlass für den Bau des Palau de la Música Catalana. Heute tritt der Gesangverein Orfeó Català nicht mehr im Palau de la Música Catalana auf, sondern im Auditorio an der Plaça de les Glòries *(siehe S. 99)*.

Im Palau de la Música Catalana findet fast jeden Abend ein Konzert statt. Die stilistische Bandbreite erstreckt sich von Jazz bis Klassik, von Folklore bis zum großen Symphoniekonzert international bekannter Orchester.

Seit einiger Zeit verfügt der Palau noch über mehrere Podien: Der katalanische Architekt Oscar Tusquets fügte dem Palau einen Innenhof für Sommerkonzerte und eine unterirdische Konzerthalle hinzu. Seither gehört der Palau de la Música Catalana zu den beliebtesten Veranstaltungsorten in Barcelona. Ein Besuch oder zumindest eine Besichtigung lohnen sich!

## La Llotja ⓬

Carrer de Consolat del Mar 2.
**Stadtplan** 5 B3. 93 319 24 12
oder 90 244 84 48. Barcelonata.
für Besucher.

Das um 1380 erbaute Hafenzollhaus wurde bei der Komplettsanierung 1771 klassizistisch umgebaut. Bis 1994 war hier die Börse untergebracht. Den gotischen Hauptsaal können Sie durch die Fenster betrachten.

In den Obergeschossen unterrichtete zwischen 1849 und 1970 die Katalanische Akademie der schönen Künste. Der junge Picasso, dessen Vater hier lehrte, besuchte diese Schule ebenso wie Joan Miró (1893–1983; *siehe S. 29*). La Llotja beherbergt heute eine Bücherei und Büros.

**Poseidonstatue im Innenhof von La Llotja**

Hochzeit in der gotischen Basilica de Santa Maria del Mar

## Museu Picasso ⑬

Carrer de Montcada 15–23. **Stadtplan** 5 B2. 93 319 63 10. Jaume I. Di-Sa, Feiertage 10–19.30 Uhr, So 10–14.30 Uhr. Mo, 1. Jan, Karfreitag, 1. Mai, 24. Juni, 25. und 26. Dez. 1. So im Monat frei. www.museupicasso.bcn.es

Eine von Barcelonas größten Attraktionen ist in fünf Palästen des Carrer de Montcada untergebracht: Meca, Berenguer d'Aguilar, Baró de Castellet, Mauri und Finestres.
Grundstock des 1963 eröffneten Museums bildet die Sammlung von Pablo Picassos Freund Jaime Sabartes. Nach dessen Tod 1968 fügte Picasso selbst einige Gemälde hinzu. Hinzu kamen Grafiken aus dem Nachlass und 141 Keramiken. Die Exponate sind in zwei Werkgruppen unterteilt: Gemälde und Zeichnungen sowie Keramik als zweite Gruppe. Schwerpunkt der 3000 Stücke umfassenden Sammlung sind Picassos Werke wie *Die erste Kommunion* (1896). Aus der »blauen« und »rosa« Periode sind nur wenige Werke vorhanden. Berühmt ist die Serie *Las Meninas*, die auf Velázquez' gleichnamigem Meisterwerk basiert.

## Basílica de Santa Maria del Mar ⑭

Pl Sta Maria. **Stadtplan** 5 B3. 93 310 23 90. Jaume I. tägl. 9–13.30, 16.30–20 Uhr (So ab 10 Uhr).

Die Hauptkirche der Stadt in reiner katalanischer Gotik besitzt eine ideale Akustik. Ihr Bau dauerte 55 Jahre und wurde von Händlern und Schiffsbauern finanziert. Dieses im Mittelalter einzigartige hohe Tempo sorgte innen wie außen für stilistische Einheit. An der Westfront zeigt eine Fensterrosette aus dem

---

**Pablo Picasso,** *Selbstbildnis* **in Kohle (1899/1900)**

### PABLO PICASSO IN BARCELONA

Pablo Picasso (1881–1973) wurde in Málaga geboren und kam im Alter von 14 Jahren nach Barcelona. Sein Vater unterrichtete an der Kunstakademie. Picasso studierte hier und galt unter seinen Zeitgenossen als großes Talent. Regelmäßig besuchte er Els Quatre Gats, ein Künstlercafé im Carrer de Montsió, in dem er zuerst ausstellte. Er zeigte seine Werke auch in der Galerie Sala Parks, die noch heute existiert. Die Familie lebte am Carrer de la Mercè, Picassos Atelier lag am lebhaften Carrer Nou de la Rambla. Die Prostituierten des Carrer d'Avinyò inspirierten ihn zu *Les Demoiselles d'Avignon* (1906/07); das Gemälde gilt als Beginn der modernen Kunst. Picasso verließ Barcelona, als er Anfang 20 war, kehrte zunächst jedoch mehrmals zurück. Nach dem Bürgerkrieg blieb er aus Opposition gegen Francos Regime in Frankreich, entwarf aber 1962 ein Fries für das Architektenkolleg. Im Jahr darauf konnte er davon überzeugt werden, der Eröffnung des Picasso-Museums zuzustimmen.

15. Jahrhundert die Krönung Mariens. Glasfenster aus dem 15. bis 18. Jahrhundert erhellen das Schiff und die hohen Seitenschiffe.

Chor und Einrichtung der Basilika verbrannten vollständig im Spanischen Bürgerkrieg *(siehe S. 46)*, was den heutigen Eindruck von Schlichtheit verstärkt.

## Museu de la Xocolata ❶

Carrer del Comerç 36. **Stadtplan** 5 C2. 93 268 78 78. Jaume I, Arc de Triomf. Mo, Mi–Sa 10–19 Uhr, So, Feiertage 10–15 Uhr. 1. Jan, 1. Mai, 25., 26. Dez. 1. So im Monat frei. nach Vereinbarung. www.museudelaxocolata.com

Das faszinierende Schokoladenmuseum ist ein Muss für alle Freunde und Liebhaber dieser süßen Leckerei. Gegründet von der Chocolatier- und Konditorenzunft, erzählt dieses Museum alles über Schokolade – von der Entdeckung des Kakao als Genussmittel bis zur ersten Schokoladenmaschine in Barcelona.

Ein wichtiges Thema ist *mona*, der Osterkuchen *(siehe S. 34)*. Dieser Eierkuchen zum Osterfest entwickelte sich zu einer wahren »Kuchenskulptur«. Die Konditoren wetteifern um die originellste Form und fantasievollste Verzierung (z.B. mit Federn). Hier im Museum gibt es die beste heiße Schokolade der ganzen Stadt.

## Arc del Triomf ❶

Passeig de Lluís Companys.
**Stadtplan** 5 C1. Arc de Triomf.

Den Haupteingang zur Weltausstellung von 1888 im Parc de la Ciutadella entwarf Josep Vilaseca i Casanovas. Den Ziegelsteinbau im Mudéjar-Stil zieren Allegorien von Handwerk, Industrie und Handel. An der Hauptfassade heißt ein Fries der Stadt Barcelona von Josep Reynés die Fremden willkommen.

**Ziegelsteinfassade des Arc del Triomf (spätes 19. Jh.)**

## Parc de la Ciutadella ❶

Avda. del Marqués de l'Argentera.
**Stadtplan** 6 D2. Barceloneta, Ciutadella-Vila Olímpica. tägl. 8–22.30 Uhr.

Der 30 Hektar große Park lockt mit einem See, Orangenhainen und gezähmten Papageien in Palmen. Hier ließ Felipe V nach 13-monatiger Belagerung der Stadt im Spanischen Erbfolgekrieg *(siehe S. 45)* den Baumeister Prosper Verboom 1715–20 eine sternförmige Zitadelle errichten, die später als Gefängnis genutzt wurde. Unter Napoléons Besatzung war die Zitadelle besonders verhasst *(siehe S. 45)*, gleichsam ein Symbol der Unterdrückung durch den Staat.

1878 ließ General Prim die Zitadelle abreißen und den Volkspark anlegen. Eine Statue im Park erinnert an Prim. 1888 fand die Weltausstellung *(siehe S. 46)* hier statt.

Nur drei Gebäude der Zitadelle blieben erhalten: der Palast des Gouverneurs (heute Schule), die Kapelle sowie das Arsenal, in dem das katalanische Parlament tagt.

Vor allem sonntagnachmittags trifft man sich hier, um gemeinsam Musik zu machen, zu tanzen oder einfach nur zusammenzusitzen. Im Park stehen zahlreiche Skulpturen von katalanischen Künstlern wie Marès, Arnau, Carbonell, Clarà, Limona, Gargallo, aber auch Arbeiten von modernen Künstlern wie Tàpies und Botero.

Die Grünanlage auf der Plaça de Armes entwarf der französische Landschaftsgärtner Jean Forestier. Der Brunnen mit Triumphbogen und Wasserfall von Josep Fontseré ist stark von Roms Fontana di Trevi inspiriert. Antoni Gaudí arbeitete damals bei diesem Projekt als junger Student mit.

**Brunnen mit Wasserspielen im Parc de la Ciutadella, gestaltet von Josep Fontseré and Antoni Gaudí**

## Museu de Zoologia [18]

Passeig de Picasso. **Stadtplan** 5 C2.
93 319 69 12. Arc de Triomf
oder Jaume I. Di–So, Feiertage
10–15 Uhr (Do bis 18.30 Uhr).
nach Vereinbarung.
www.museuzoologia.bcn.es

Den Eingang des Parc de la Ciutadella bewacht das Castell dels Tres Dragons, benannt nach einem seinerzeit beliebten Theaterstück von Frederic Soler.

Der Ziegelsteinbau entstand 1888 als Restaurant für die Weltausstellung. Der Architekt Lluís Domènech i Montaner nahm sich die Halle La Lonja von València zum Vorbild. Später bildete sich hier ein Treffpunkt der Modernisme-Anhänger.

Während der Weltausstellung befanden sich hier ein Restaurant und ein Café. Seit 1937 hat das Zoologische Museum seinen Sitz in dem Gebäude.

Besonders Kinder finden all die Tiere im Parc Zoològic sehr spannend

Einer der vielen Ausstellungsräume im Museu de Zoologia

Seit der großen Fisch-Ausstellung 1910 kamen immer mehr Exponate in dieses Haus, bis 1917 entwickelte sich das Haus zum zentralen Naturkundemuseum von Katalonien mit zahlreichen Sammlungen aus Flora, Fauna und der Geologie. Später wurde noch das Biologische Museum integriert.

Seit 1937 sind hier nun das Museu de Zoologica und das Museu Geologica zu Hause; beide gehören zum Naturkundlichen Museum der Stadt Barcelona.

## Museu de Geologia [19]

Parc de la Ciutadella. **Stadtplan** 5 C3.
93 319 68 95. Arc del Triomf,
Jaume I. Di–So, Feiertage 10–
14 Uhr (Do bis 18.30 Uhr). Mo,
1. Mai, 25. Dez. So 10.30 Uhr.
www.museugeologia.bcn.es

Barcelonas ältestes Museum wurde – wie auch der Parc de la Ciutadella – 1882 gegründet. Konzipiert wurde das Museum bereits 1878 als »Martorell Museum« für die umfangreichen naturkundlichen und archäologischen Sammlungen, die Francesc Martorell i Peña der Stadt Barcelona vermachte. Das neoklassizistische Gebäude wurde vom Architekten Antoni Rovira i Trias entworfen – damals als das erste öffentliche Museum in Barcelona – und im Jahr 1882 feierlich eröffnet.

Das Museum besitzt eine große Fossilien- und Mineraliensammlung mit Spezies aus Katalonien und Spanien.

Neben dem Museum liegt Hivernacle, ein oft für Konzerte genutztes gusseisernes Glashaus von Josep Amargós. Unweit davon steht das Gewächshaus Umbracle von Josep Fontseré, dem Architekten des Parks.

## Parc Zoològic [20]

Parc de la Ciutadella. **Stadtplan** 6 D3.
93 225 67 80. Ciutadella-Vila
Olímpica. Okt–Feb: 10–17 Uhr;
März: 10–18 Uhr; Apr, Sep 10–19 Uhr;
Mai–Aug: 9.30–19.30 Uhr.
www.zoobarcelona.es

Barcelonas Zoo aus den 1940er Jahren wurde sehr fortschrittlich konzipiert: Die Tiere sind nur durch Gräben und nicht durch Zäune von den Besuchern getrennt.

Das Gewächshaus Hivernacle neben dem Museu de Geologia

# ALTSTADT

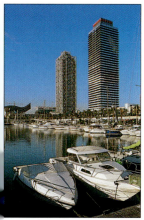

**Yachten im Port Olímpic, dahinter Spaniens höchste Wolkenkratzer**

Ponyreiten sowie elektrische Autos und Züge begeistern alle Kinder, ebenso die Shows mit Delfinen und Walen. Am Zoo-Eingang steht Roig i Solers Brunnenskulptur *Dame mit Schirm (siehe S. 17)*, ein Wahrzeichen Barcelonas.

## Port Olímpic ❷

**Stadtplan** 6 F4. Ⓜ *Ciutadella-Vila Olímpica.*

Zu den Olympischen Spielen von 1992 riss man den alten Industriehafen ab und legte statt dessen eine vier Kilometer lange Promenade und wunderschöne Sandstrände an. Im Mittelpunkt des Projekts stand eine 65 Hektar große, Nova Icària genannte neue Siedlung mit 2000 Apartments und Park. In diesem Olympischen Dorf waren die teilnehmenden Athleten untergebracht. Vom Industriehafen blieb nur ein altes Lagerhaus stehen: 1881 vom Ingenieur Maurici Garrán entworfen, 1992 renoviert und seither das Museu d'Història de Catalunya *(siehe S. 68f.)*.

Die beiden 44-stöckigen Türme an der Promenade sind Spaniens höchste Wolkenkratzer. Der eine beherbergt Büros, der andere das Hotel Arts *(siehe S. 136)*. Sie stehen neben dem Port Olímpic, der ebenfalls 1992 fertiggestellt wurde. Neben Läden und Nachtklubs locken hier vor allem die über zwei Ebenen rund um den Yachthafen angelegten Restaurants, die sich großer Beliebtheit erfreuen. Ihre wunderbare Lage zieht mittags Geschäftsleute an und abends und an Wochenenden das feierwütige Party-Volk.

Angenehm ist ein Spaziergang auf der von Palmen und Cafés gesäumten Strandpromenade. Dahinter führt die Küstenstraße um einen Park herum, der neben den letzten drei Stränden liegt. An diesen sanften Sandstränden kann man gefahrlos schwimmen. Es gibt sogar kostenlose Süßwasser-Duschen und einige nette Bars zum Ausruhen.

**Strand mit Palmen und U-Bahn-Anschluss im Port Olímpic**

Diese Strände im Port Olímpic bieten eine sehr seltene und höchst beliebte städtische Kombination: Sandstrände mit Palmen, nahe gelegener U-Bahn-Anschluss und dazu mehrere Promenaden mit attraktiven Strandcafés.

## Barceloneta ❷

**Stadtplan** 5 B5. Ⓜ *Barceloneta.*

Barcelonas Fischer-»Dorf«, das auf einer dreieckigen, ins Meer ragenden Landzunge liegt, ist für seine kleinen Restaurants und Cafés berühmt. Auch Barceloneta bietet einen netten Sandstrand mit Palmen, Duschen, Spielplätzen, Strandcafés und einem eigenen U-Bahn-Anschluss.

Das Viertel wurde 1753 von dem Architekten und Militäringenieur Juan Martín de Cermeño entworfen, um hier durch den Bau des Ciutadella-Forts *(siehe S. 65)* obdachlos gewordene Menschen unterzubringen. Seit damals wohnen hier v. a. Arbeiter und Fischer. Barceloneta wirkt familiär mit seinen im Schachbrettmuster angelegten, zwei- bis dreistöckigen Häusern; alle Zimmer dieser Häuser haben ein Fenster zur Straße hin.

Auf der zentralen Plaça de la Barceloneta, auf der ein Markt stattfindet, steht die von Cermeño entworfene Barockkirche Sant Miguel del Port. Barcelonetas Fischereiflotte ist noch heute im Moll del Rellotge (dem »Uhren«-Dock) stationiert.

Auf der gegenüberliegenden Seite des Hafens steht die Torre de Sant Sebastià, Endstation der Seilbahn, die quer übers Hafenbecken und das Welthandelszentrum zum Montjuïc führt.

**Fischerboot am Kai im Hafen von Barceloneta**

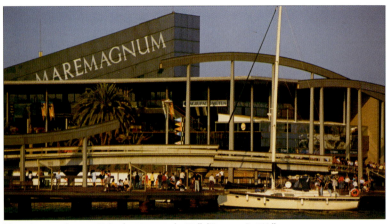
Maremàgnum – das neue Einkaufszentrum an der Moll d'Espanya, Port Vell

## Port Vell ❷❸

**Stadtplan** 5 A4. Ⓜ *Barceloneta, Drassanes.*

Barcelonas Yachthafen liegt am Südende der Rambla, direkt beim alten Zollamt, das 1902 beim Portal de la Pau erbaut wurde. Dies war der ehemalige Hafen Barcelonas und bis zu den Olympischen Spielen 1992 eine heruntergekommene Ansammlung leerer alter Lagerhäuser. Heute dient die Moll de Barcelona, an der der neue Bürokomplex »World Trade Center« steht, als Pier für Passagierschiffe.

Vor dem Zollamt wird die Rambla durch eine Drehbrücke und den Fußgängersteg »La Rambla de Mar« mit den Yachtklubs an der Moll d'Espanya verbunden. Hier steht ein Shopping- und Restaurantzentrum, das Maremàgnum, das auch ein IMAX-Kino und das größte Aquarium Europas beherbergt.

Die Hafenpromenade Moll de la Fusta ist gesäumt von Terrassencafés und -restaurants. Rote Brückchen wie auf van Goghs Gemälde *Die Brücke bei Arles* zieren das Gelände. Am Ende des Kais steht *El Cap de Barcelona*, eine 20 Meter hohe Skulptur des Pop-Art-Künstlers Roy Lichtenstein.

Der attraktive Sporthafen auf der anderen Seite der Moll d'Espanya war einst von Lagerhäusern gesäumt. Nur noch eines davon ist erhalten, Elies Rogent erbaute es 1881. Heute beherbergt es als Palau de Mar das Museu d'Història de Catalunya. In Restaurants kann man im Freien essen und den schönen Hafenblick genießen.

**Ganz nah an den Haien im Glastunnel des Aquariums, Port Vell**

## Aquàrium ❷❹

Moll d'Espanya. **Stadtplan** 5 B4. Ⓜ *Barceloneta, Drassanes.* ✆ 93 221 74 74. ◯ tägl. 9.30–21 Uhr (Sa, So sowie Juni, Sep bis 21.30 Uhr). ♿ www.aquariumbcn.com

Mit über 11 000 Tieren und 450 Tierarten ist das Aquàrium in Barcelona die größte Einrichtung dieser Art in Europa. Auf drei Ebenen dieses Glas-Stahl-Komplexes wird die gesamte Tierwelt des Mittelmeers gezeigt. Zwei besondere Gebiete, das Ebro-Delta und die Medes-Inseln an der Costa Brava, werden in eigenen großen Tanks präsentiert. Aber Sie können auch die Tierwelt der tropischen Meere bestaunen. Auf beweglichen Bändern fahren Besucher durch große Glastunnels, ganz dicht an Haien und Rochen vorbei.

Für Kinder gibt es eine »Insel« mit sternförmigen Tanks voll mit spannenden Fischen und Seesternen.

## Museu d'Història de Catalunya ❷❺

Plaça Pau Vila 3. **Stadtplan** 5 A4. Ⓜ *Barceloneta, Drassanes.* ✆ 93 225 47 00. ◯ Di, Do–Sa 10–19 Uhr, Mi 10–20 Uhr, So und Feiertage 10–14.30 Uhr. ♿ 1. So im Monat frei. ♿ nach Vereinbarung (93 225 42 44). www.mhcat.net

Dieses Museum präsentiert die komplette Geschichte Kataloniens von der Urzeit des Paläolithikums bis heute. Man lernt viel über katalanische Seefahrt und über industrielle Erfolge dieses Volkes.

**Cafés und Restaurants vor dem Museu d'Història de Catalunya**

Der zweite Stock konzentriert sich auf die Mauren, die Blüte der Klöster im Mittelalter und die katalanische Seefahrt. Im dritten Stock beschäftigt man sich mit der industriellen Revolution, der Dampfmaschine und der Elektrizität. Auf einem begehbaren Glasboden können die Besucher über eine höchst informative Reliefkarte Kataloniens laufen. Alle Beschreibungen sind dreisprachig (Katalanisch, Spanisch und Englisch).

Eine *golondrina* fährt vom Portal de la Pau ab

Kolumbus-Denkmal mit Feuerwerk bei der La Mercè-Fiesta

## Monument a Colom ㉖

Plaça del Portal de la Pau. **Stadtplan** 2 F4. 93 302 52 24. Drassanes. Okt–März: Mo–Fr 10–13.30, 15.30–18.30 Uhr, Sa, So, Feiertage 10–18.30 Uhr; April–Mai: Mo–Fr 10–13.30, 15.30–19.30 Uhr, Sa, So, Feiertage 10–19.30 Uhr; Juni–Sep: tägl. 9–20.30 Uhr.

Das Kolumbus-Denkmal am Südende der Rambla entwarf Gaietà Buigas für die Weltausstellung von 1888 *(siehe S. 46)*. Damals war Kolumbus für die Katalanen eher einer der ihren als ein Italiener. Die 60 Meter hohe gusseiserne Säule markiert die Stelle, an der Kolumbus 1493 nach der Entdeckung Amerikas mit sechs Ureinwohnern an Land ging. Fernando II und Isabel I bereiteten ihm einen Staatsempfang im Saló del Tinell *(siehe S. 56)*. An die Taufe der Indios erinnert eine Tafel in der Kathedrale *(siehe S. 58f)*.

Mit einem Lift gelangt man zur Aussichtsplattform auf der Spitze des Denkmals. Die Bronzestatue wurde von Rafael Arché entworfen.

## Golondrinas ㉗

Plaça del Portal de la Pau. **Stadtplan** 2 F5. 93 442 31 06. Drassanes. **Abfahrt** unterschiedlich (telefonisch erfragen). www.lasgolondrinas.com

Fahrten durch den Hafen und zum Port Olímpic führen die *golondrinas* («Schwalben») durch – kleine zweistöckige Boote, die gleich gegenüber der Kolumbus-Säule ankern. Zur halbstündigen Rundfahrt legen die Boote unterhalb des Montjuïc in Richtung Industriehafen ab und halten gewöhnlich an dem Wellenbrecher, der vor Barceloneta ins Meer ragt, damit die Passagiere einen Spaziergang machen können. Eine 90-minütige Rundfahrt führt zum Handelshafen und den Stränden und endet am Port Olímpic.

## Museu Marítim und Drassanes ㉘

Avinguda de les Drassanes. **Stadtplan** 2 F4. 93 342 99 20. Drassanes. tägl. 10–19 Uhr. 1. und 6. Jan, 25. und 26. Dez. nach Vereinbarung. www.diba.es/mmaritim

Die Galeonen, die Barcelona zur Seehandelsmacht verhalfen, wurden in den Hallen der Drassanes (Werften) gebaut, die nun das Marinemuseum beherbergen.

Diese Trockendocks sind die größte und besterhaltene mittelalterliche Anlage dieser Art auf der Welt. Sie entstanden Mitte des 13. Jahrhunderts, als die Königreiche Sizilien und Aragón durch Ehen vereint wurden, was eine Verbesserung der Schiffsverbindungen erforderte. Von den vier Ecktürmen der Werften sind noch drei erhalten.

Zu den hier vom Stapel gelaufenen Schiffen gehörte auch die *Real*, das Flaggschiff Juans von Österreich, der 1571 bei Lepanto mit der christlichen Flotte die Türken besiegte. Schmuckstück des Museums ist eine rotgolden verzierte Nachbildung.

Das *Llibre del Consolat de Mar*, ein Buch der Seehandelsgesetze, erinnert daran, dass Katalonien einst das gesamte Seerecht des Mittelmeerraums prägte *(siehe S. 43)*. Man sieht hier einige Karten aus präkolumbischer Zeit, darunter eine aus dem Jahr 1439, die Amerigo Vespucci verwendete.

Buntglasfenster mit Segelschiff im Museu Marítim

# Eixample

Barcelona hat zweifellos die meisten Jugendstilhäuser aller Städte in Europa. Der hier Modernisme genannte Stil entwickelte sich schon ab 1854, als man entschied, die mittelalterliche Stadtmauer abzureißen, um die Stadt ausdehnen zu können.

Grundlage für die Stadterweiterung *(eixample)* waren die Pläne des Bauingenieurs Ildefons Cerdà i Sunyer (1815–1876). Sie sahen ein strenges Schachbrettmuster vor. Die Ecken der Häuserblöcke wurden an jeder Kreuzung ausgekehlt, sodass sich dort jeweils kleine Plätze ergaben. Einige der wenigen Ausnahmen sind die Diagonal, eine Hauptstraße, die vom reichen Viertel Pedralbes zum Meer hinabführt, und das Hospital de la Santa Creu i de Sant Pau von Domènech i Montaner (1850 bis 1923). Der Architekt hasste das vorgegebene Schachbrettmuster und ließ das Krankenhaus bewusst die diagonale Avinguda de Gaudí hinab auf Gaudís Kirche Sagrada Família *(siehe S. 80–83)* blicken, das größte Modernisme-Gebäude in der ganzen Stadt.

Der Reichtum von Barcelonas Großbürgertum und dessen Leidenschaft für alles Neue ermöglichten es den innovativsten Architekten ihrer Zeit, zahlreiche Wohnhäuser und öffentliche Gebäude im Stil des Modernisme zu entwerfen.

*Jesus an der Säule, Sagrada Familia*

## Sehenswürdigkeiten auf einen Blick

**Museen und Sammlungen**
Fundació Antoni Tàpies ❸

**Kirchen**
Sagrada Família S. 80–83 ❼

**Modernisme-Gebäude**
Casa Batlló S. 76f ❶
Casa Milà, »La Pedrera« ❹
Casa Terrades, »Casa de les Punxes« ❺
Hospital de la Santa Creu i de Sant Pau ❻
Mansana de la Discòrdia ❷

### Anfahrt
Die Metro-Linie 3 hält an beiden Enden des Passeig de Gràcia (Catalunya und Diagonal) und in der Mitte an der Illa de la Discòrdia (Passeig de Gràcia). Die Linie 5 hält vor der Sagrada Família und dem Hospital de Sant Pau (Achtung: weite Entfernung von den anderen Sehenswürdigkeiten).

◁ **Weihnachtsfassade der Sagrada Família – die einzige Front, die zu Gaudís Lebzeiten fertiggestellt wurde**

# Im Detail: Quadrat d'Or

Die rund 100 Häuserblocks in der Umgebung des Passeig de Gràcia sind bekannt als Quadrat d'Or, »Goldenes Viereck«, weil hier viele der schönsten Modernisme-Bauten stehen *(siehe S. 24f)*. Dieser Eixample-Teil wurde vom Großbürgertum bevorzugt, das den neuen künstlerischen Architekturstil begeistert sowohl für seine Wohn- als auch Geschäftshäuser aufnahm. Zu dem herausragenden Block Mansana de la Discòrdia gehören Häuser der berühmtesten Künstler. Viele Gebäude sind der Öffentlichkeit zugänglich und präsentieren innen eine wahre Pracht aus Buntglas, Keramik und schmiedeeisernem Zierwerk.

**Parfümflasche, Museu del Perfum**

**Diagonal**

**Innenausstatter Vinçon** *(siehe S. 155)*

**Am Passeig de Gràcia**, der Hauptstraße von Eixample, befinden sich viele originelle Gebäude und Läden. Die Straßenlampen entwarf Pere Falqués (1850–1916).

RAMBLA DE CATALUNYA

PASSEIG DE GRÀCIA

**Fundació Antoni Tàpies**
*Tàpies' Drahtskulptur* Wolke und Stuhl *krönt Domènech i Montaners Haus von 1879. Im Inneren sind Bilder und Plastiken von Tàpies zu sehen.* ❷

Casa Amatller
Museu del Perfum
Casa Ramon Mulleras

★ **Mansana de la Discòrdia**
*In dem Häuserblock bestechen vier der berühmtesten Modernisme-Bauten aus der Zeit zwischen 1900 und 1910. Diesen Turm der Casa Lleó Morera entwarf Domènech i Montaner.* ❶

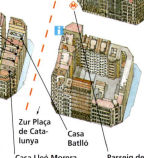

Zur Plaça de Catalunya
Casa Batlló
Casa Lleó Morera
Passeig de Gràcia

# QUADRAT D'OR

**Der Palau Baró de Quadras** wurde 1904 von Puig i Cadafalch errichtet. Die reich geschmückte Fassade zeigt viele fantastische Tierfiguren, darunter diesen Drachen beim Eingang.

### ZUR ORIENTIERUNG
Siehe Stadtplan, Karte 3

**Casa Terrades »Les Punxes«**
*Der rote Backsteinbau mit Steinornamenten von Puig i Cadafalch (1905) greift den Stil nordeuropäischer Gotik auf.* ❹

**★ Casa Milà**
*Gaudí steckte all seinen architektonischen Wagemut in dieses Haus – sein berühmtestes – mit gewellter Fassade, abstrakten Kaminen und Luftlöchern.* ❸

### NICHT VERSÄUMEN
★ Mansana de la Discòrdia

★ Casa Milà

### LEGENDE
– – – Routenempfehlung

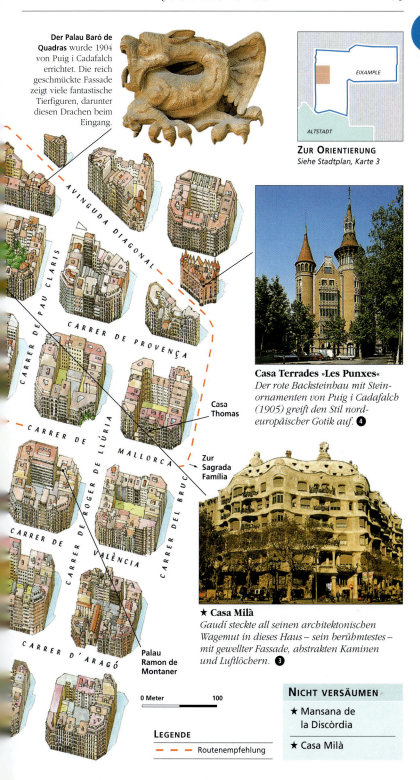

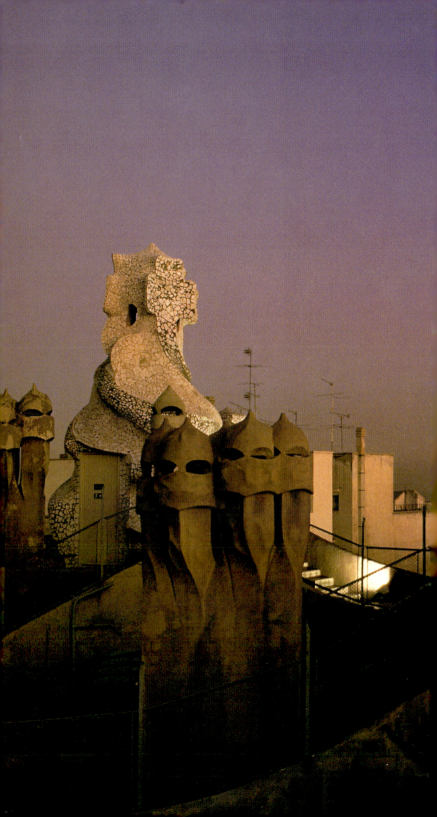

# Casa Batlló ❶

Ganz im Gegensatz zu Gaudís anderen Gebäuden wurde dieses Wohnhaus am prestigeträchtigen Passeig de Gracia aus einem bestehenden umgebaut. Josep Batlló i Casanovas gab Gaudí den Auftrag zu diesem Haus mit der »organischen« Fassade und den fantastischen Kaminen auf dem Dach. Noch heute wirkt das Haus so kühn und unkonventionell wie bei seiner Fertigstellung im Jahr 1906. Innen sieht man Gaudís ganzheitliche Architektur u. a. an den Ventilatoren, die in die Türen und Fenster integriert sind. Das Haus soll dem heiligen Georg, dem Drachentöter, gewidmet sein.

**Fassade mit Drachenschwanz**

### ★ Kamine
*Auffallende Kamine – normalerweise unbeachtet und rein funktional – sind Gaudís Markenzeichen geworden. Hier sind sie mit Kacheln verkleidet, die hübsche abstrakte Muster bilden.*

### Terrasse und Rückseite
*Der Hof hinter dem Haus ermöglicht einen Blick auf die rückwärtige Fassade mit ihren gusseisernen Balkonen und den bunten Trencadis-Mosaiken.*

### Dachgeschoss
*Die gemauerten Bogen, die das Dach tragen, sind vergipst und weiß gestrichen, sodass man den Eindruck bekommt, im Skelett eines riesigen Tieres zu stehen.*

### Treppe zu den Wohnräumen

### Esszimmer
*Die gewölbten Formen an der Decke des Esszimmers der Familie Batlló lassen sich als Wassertropfen interpretieren.*

| NICHT VERSÄUMEN |
|---|
| ★ Kamine |
| ★ Drachenschwanz |
| ★ Salon |

◁ Mit Keramikmosaiken geschmückte Kamine auf Gaudís Casa Milò

# CASA BATLLÓ

### ★ Drachenschwanz
*Eines der ungewöhnlichsten Details ist dieser steile, schmale, bunte Turm über der Fassade, den man unschwer als den Rücken eines Reptils deuten kann. Von innen ist es ein weißer Raum mit Kuppel, der als Wasservorratsraum diente.*

### INFOBOX
Passeig de Gràcia 43.
**Stadtplan** 3 A4.
93 216 03 06.
Passeig de Gràcia.
tägl. 9–20 Uhr.

www.casabatllo.es

**Patio**
Die Terrasse des ursprünglichen Hauses wurde erweitert.

**Kreuz**
Das Keramikkreuz wurde auf Mallorca gefertigt, doch beim Transport beschädigt. Gaudí mochte den »Scherben«-Effekt und schickte es nicht zurück.

**Drachenkörper-Raum**

**Die Eisenbalkone** wurden im Karneval als Masken gestaltet.

*Trencadis*-**Mosaiken**

### Fassade
*Salvador Dalí sah in den geschwungenen Wänden »Wellen an einem Sturmtag«. Die schlanken, individuell geformten Säulen im ersten Stock verglich man mit Schienbeinen, was der Casa Batlló den Spitznamen »Knochenhaus« eintrug.*

**Eingang**

**Kaminzimmer**
Josep Batlós ehemaliges Büro hat einen Kamin, der wie ein Pilz geformt ist.

### ★ Salon
*Eine Seite des Raums wird beherrscht von Buntglasfenstern, die zum Passeig de Gràcia blicken. Der Deckenstuck ist spiralförmig, die Türen und Fensterrahmen sind verspielt wellenförmig.*

**Prächtiger Aufgang in der Casa Lleó Morera, Mansana de la Discòrdia**

## Mansana de la Discòrdia ❷

Passeig de Gràcia, zwischen Carrer d'Aragó und Carrer del Consell de Cent. **Stadtplan** 3 A4. *Passeig de Gràcia.* **Centre del Modernisme** *Casa Amatller, Passeig de Gràcia 41.* 93 488 01 39. Mo–Sa 10–19 Uhr, So, Feiertage 10–14 Uhr.

Der berühmte Modernisme-Komplex *(siehe S. 24f)* zeigt die Vielfalt der Stilrichtung. Wegen der starken Kontraste heißt der Block Mansana de la Discòrdia, »Block der Zwietracht«. Die drei berühmtesten Häuser am Passeig de Gràcia wurden um 1900 modernistisch umgestaltet, aber nach ihren ursprünglichen Besitzern benannt.

Die Casa Lleó Morera (1902–06), Nr 35 Passeig de Gràcia, ist Lluís Domènech i Montaners erster Wohnbau. Das Erdgeschoss wurde 1943 entkernt, die Modernisme-Ausstattung in den oberen Stockwerken ist jedoch noch vorhanden. Das Haus ist nicht zugänglich für die Öffentlichkeit, aber vielleicht erhaschen Sie ja einen Blick in den Flur.

Zwei Häuser weiter liegt Puig i Cadafalchs Casa Amatller von 1898, Sitz des Institut Amatller d'Art Hispànic mit einer holzgetäfelten Bibliothek. Die Fassade ist eine Mischung verschiedener Stile mit maurischen und gotischen Fenstern mit Eisengittern. Im Erdgeschoss befindet sich ein Laden der Ruta del Modernisme *(siehe S. 26f)*.

Leider sieht man nur den Eingangsbereich mit den gedrehten Säulen und der Treppe, der Rest des Hauses gehört zum Institut Amatller d'Art Hispànic.

Das dritte Haus dieser Reihe ist Gaudís Casa Battló (1904–1906, *siehe S. 76f)*, das einzig zugängliche Haus. Seine Wellenoptik mit gefliesten Wänden und gelöcherten Balkonen ist weltberühmt. Das gekrümmte Dach soll einen Drachen darstellen.

## Fundació Antoni Tàpies ❸

Carrer d'Aragó 255. **Stadtplan** 3 A4. 93 487 03 15. *Passeig de Gràcia.* Di–So, Feiertage 10–20 Uhr. 1., 6. Jan, 25., 26. Dez. frei für Kinder unter 16 Jahren. www.fundaciotapies.org

Antoni Tàpies *(siehe S. 29)* verwendet in seinen vom Surrealismus inspirierten Werken vielfältige Materialien, darunter Zement und Metall. Manche Stücke machen es dem Besucher schwer, einen Zugang zu Tàpies' Schaffen zu finden, von dessen Werk leider nur wenige Arbeiten ausgestellt sind.

Das Museum ist im ersten mit Gusseisen erbauten Wohnhaus der Stadt untergebracht, das Domènech i Montaner 1880 für den Verlag seines Bruders konstruierte.

### ANTONI GAUDÍ (1852–1926)

Der in Reus (Tarragona) geborene Antoni Gaudí war der wichtigste Künstler des katalanischen Modernisme. Nach einer Lehre als Schmied studierte er an Barcelonas Architekturschule. Die Sehnsucht nach einem romantisch verklärten Mittelalter macht die Originalität seines Werks aus. Sein erster Geniestreich war die Casa Vicens (1888) am Carrer de les Carolines Nr. 24. Sein berühmtester Bau ist die Sagrada Família *(siehe S. 80–83)*, der er sich ab 1914 widmete. Gaudí gab all sein Vermögen für dieses Projekt aus, zusätzlich ging er von Haus zu Haus, um Spenden zu sammeln. Gaudí starb 1926, nachdem er von einer Tram angefahren worden war.

**Verzierte Kaminkappe, Casa Vicens**

Gewellte Fassade an Gaudís Wohnhaus Casa Milà

## Casa Milà ❹

Passeig de Gracia 92. **Stadtplan** 3 B3.
◻ 902 400 973. Ⓜ *Diagonal.*
◯ tägl. 10–20 Uhr. ⬤ 1., 6. Jan,
2. Woche Jan, 25. und 26. Dez.
🎫 16 und 18 Uhr.
http://obrasocial.caixacatalunya.es

Die »La Pedrera« (Steinbruch) genannte Casa Milà ist Gaudís wichtigster Beitrag zur Stadtarchitektur und sein letztes Werk, bevor er sich der Sagrada Família *(siehe S. 80–83)* widmete.

Die von 1906 bis 1910 erbaute Casa Milà weicht völlig von allen damals gültigen Grundsätzen ab und wurde daher heftig kritisiert. Gaudí konzipierte die erste Tiefgarage der Stadt und ordnete den achtstöckigen Eckwohnblock um zwei runde Innenhöfe an. Die schmiedeeisernen Balkone von Josep Maria Jujol wirken wie Tang vor den gewellten Mauern aus unbehauenem Stein. Nirgendwo im ganzen Haus gibt es Mauern im rechten Winkel.

Die Familie Milà besaß eine Wohnung im ersten Stock. Die Führung zeigt diese Wohnung sowie das Museum »El Espai Gaudí« im obersten Stockwerk, von dem aus Sie das sensationelle Dach erreichen: Dessen kunstvoll gearbeitete Luftröhren und Kamine sind so bizarr, dass man sie *espantabruixas* (»Hexenschrecke«) nannte.

## Casa Terrades ❺

Avinguda Diagonal 416. **Stadtplan** 3 B3. Ⓜ *Diagonal.* ⬤ *für Besucher.*

Der frei stehende, sechsseitige Wohnblock von Puig i Cadafalch verdankt seinen Spitznamen »Casa de les Punxes« (»Haus der Spitzen«) den Spitzen der sechs Ecktürme, die wie Hexenhüte aussehen. Cadafalchs letztes Werk entstand 1903–05; drei bereits vorhandene Häuser wurden umgebaut und verbunden, was eine exzentrische Stilmischung aus

**Spitze am Hauptturm, Casa Terrades**

Mittelalter und Renaissance ergab. Türme und Giebel sind von der nordeuropäischen Gotik beeinflusst. Die Kombination von gemeißelten Blumenornamenten an der Außenseite mit roten Ziegeln als Hauptmaterial entspricht dem Modernisme.

## Hospital de la Santa Creu i de Sant Pau ❻

Carrer de Sant Antoni Maria Claret 167. **Stadtplan** 4 F1. ◻ 93 291 91 99. Ⓜ *Hospital de Sant Pau.* Gelände ◯ tägl.; schriftlich um Erlaubnis anfragen (nur Pavillons, die nicht medizinischen Zwecken dienen). ♿
🎫 93 488 20 78. **www**.hspau.com

Lluís Domènech i Montaner begann 1902, ein neuartiges Stadtkrankenhaus zu entwerfen, das aus 26 Pavillons im Mudéjar-Stil in einem großen Park besteht. Er verabscheute große Stationen und glaubte, dass die Patienten in frischer Luft besser genesen könnten. Alle Verbindungsgänge und Diensträume wurden unterirdisch versteckt. Da er Kunst und Farbe für heilsam hielt, gestaltete er die Pavillons überreich aus. Die mit Türmchen besetzten Dächer wurden gefliest, die Aufnahme mit Skulpturen von Pau Gargallo und Wandmosaiken verziert. Erst Domènechs Sohn Pere vollendete 1930 das Projekt.

**Hospital de la Santa Creu i de Sant Pau mit Madonnenstatue und Kuppel**

## Sagrada Família ❼

Europas ungewöhnlichste Kirche, der Temple Expiatori de la Sagrada Família, ist das Sinnbild einer Stadt mit individualistischem Selbstverständnis. Gaudís *(siehe S. 24f)* größtes, eigenwilligstes Werk steckt voller Natursymbolik. 1883 beauftragte man ihn, die ein Jahr zuvor begonnene neogotische Kathedrale fertigzustellen. Er änderte alle Pläne und improvisierte fortwährend. Die Kirche wurde zu seinem Lebensinhalt; 16 Jahre lebte er wie ein Einsiedler auf der Baustelle – nun ruht er in der Krypta. Bis zu seinem Tod wurde nur die Weihnachtsfassade fertiggestellt, andere Fronten und Teile werden nach seinen Plänen vollendet. Nach dem Bürgerkrieg stockte die Arbeit; heute geht sie, finanziert nur durch öffentliche Spenden, weiter.

**Wellhornschnecke**

**Glockentürme**
*Acht von zwölf Spitzen, eine pro Apostel, sind fertig. Jede trägt ein venezianisches Mosaik.*

### DIE VOLLENDETE KIRCHE

Gaudís Gesamtentwurf der Sagrada Família ist beeindruckend: Den Mittelturm sollen vier Seitentürme umgeben, die die vier Evangelisten darstellen. An drei Fassaden (Glorienfassade im Süden, Passionsfassade im Westen, Weihnachtsfassade im Osten) sollen jeweils vier Türme stehen. Außen soll ein Wandelgang – wie ein umgekehrter Kreuzgang – das Bauwerk umgeben.

**Turm mit Lift**

**Die Apsis** stellte Gaudí zuerst fertig. Von ihr führen Stufen zur Krypta hinunter.

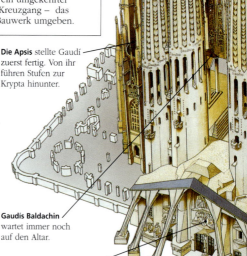

**Gaudis Baldachin** wartet immer noch auf den Altar.

**Haupteingang**

★**Passionsfassade**
*Die ziemlich düstere und umstrittene Fassade mit sehr eckigen Skulpturen wurde Ende der 1980er Jahre von Josep Maria Subirachs vollendet.*

### Wendeltreppen
*Je 400 (!) steinerne Stufen führen zu den Türmen und oberen Galerien. Die Aussicht lohnt den Aufstieg bzw. die Auffahrt.*

### INFOBOX
Carrer de Mallorca 401. **Stadtplan** 4 E3. 93 207 30 31. Sagrada Família. 19, 34, 43, 50, 51, 54. tägl. Apr–Sep: 9–20 Uhr; Okt–März: 9–18 Uhr. 1. u. 6. Jan, 25. u. 26. Dez (nachm.). tägl. mehrere Gottesdienste. außer Türme und Krypta. www.sagradafamilia.org

Turm mit Lift

### ★ Weihnachtsfassade
*Der östliche Teil der Kirche wurde 1904 beendet. Die Portale stellen Glaube, Hoffnung und Liebe dar. Szenen von Christi Geburt und viele Symbole sind zu sehen: zahlreiche Tauben und auch ein überdimensionaler Weihnachtsbaum.*

### ★ Krypta
*Gaudís Grabstätte ist ein Werk von Francesc de Paula Villar i Lozano, dem ersten Architekten (1882). Hier finden Gottesdienste statt. Im Untergeschoss erzählt ein Museum die Geschichte der Architekten und der Kirche.*

### Schiff
*Im Schiff (noch im Bau) wird ein »Wald« von kannelierten Pfeilern vier Galerien tragen. Durch Oberlichter soll Tageslicht hereinfallen.*

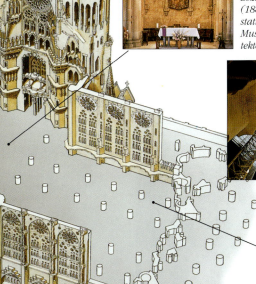

Eingang zum Kryptamuseum

### NICHT VERSÄUMEN
★ Passionsfassade

★ Weihnachtsfassade

★ Krypta

# Passionsfassade (Westfassade)

**Wasserspeier, Sagrada Família**

Man hat die Sagrada Família ein »Buch aus Stein« genannt – sie kann genauso »gelesen« werden wie eine mittelalterliche Kathedrale. Jedes Element stellt ein biblisches Ereignis oder einen Aspekt des christlichen Glaubens dar. Gaudís Architektur ist mit dem Katholizismus verbunden, der ihn inspirierte.

Der Tempel ist der »Heiligen Familie« gewidmet. Die zwei Fassaden bilden zwei Schlüsselereignisse der Bibel ab, die dritte, geplante Gloriafassade soll das Jüngste Gericht zeigen.

**Hauptportal an der Passionsfassade**

**Detail an der Kupfertür der Passionsfassade**

### Die Passion Christi

Die Westfassade bildet die Leiden und die Kreuzigung Christi ab, der Stil verweist auf eine subjektive Interpretation. Die Skulpturen des katalanischen Bildhauers Josep Maria Subirachs wurden wegen ihrer eckigen, »inhumanen« Formen oft kritisiert, aber Gaudí hätten sie wahrscheinlich gefallen. Man weiß von ihm, dass er den expressionistischen Stil befürwortete, um der Passionsgeschichte größtmögliche Wirkung zu verleihen.

Das Dach des riesigen Portals wird von sechs schrägen Strebepfeilern getragen, die wie die Wurzeln eines Wassertupelobaums emporragen. Darunter sind zwölf Skulpturengruppen auf drei Ebenen, man »liest« sie von links unten nach rechts oben. Die erste Szene (links unten) ist das Letzte Abendmahl, bei dem Jesus (stehend) ankündigt, dass man ihn verraten werde. Daneben kommt die Festnahme im Garten Gethsemane. Die Maserung eines Olivenstamms bildet die Form des Ohres, das Petrus dem Diener des Hohen Priesters abschlug. Es folgt der Judaskuss. Die Kryptogramme neben Jesus ergeben auf jeder Seite 33, das Alter, das er zum Zeitpunkt seines Todes hatte.

**Düstere Ritterfiguren an der Passionsfassade**

### Die Geißelung

Die Geißelungsszene (zwischen den beiden Mitteltüren) zeigt Jesus an eine Säule gebunden, drei Stufen symbolisieren die drei Tage der Passion. Petrus' Verrat zeigt der Hahn an, der dreimal krähte, als sich die Prophezeiung Christi erfüllte. Hinter dieser Figurengruppe ist ein Labyrinth, Metapher für die Einsamkeit Christi auf dem Weg zur Kreuzigung.

Die Skulpturengruppe rechts unten hat zwei Teile: Ecce Homo zeigt Christus mit Dornenkrone. Pilatus mit dem römischen Adler über sich wäscht seine Hände in Unschuld. Darüber weinen die drei Marien, während Simon der Cyrener von den Römern gezwungen wird, das Kreuz aufzuheben.

### Das Schweißtuch

Die zentrale Skulptur stellt ein Ereignis dar, das nicht in der Bibel steht. Eine Frau namens Veronika reicht Christus ihr Tuch, damit er sich Blut und Schweiß abwischen kann. Als er es zurückgibt, ist sein Abbild darauf.

Daneben steht die einsame Figur des römischen Centurion zu Pferd, der mit seiner Lanze Christus' Seite durchbohrt. Über ihm schachern drei Soldaten unter dem Kreuz um Jesus' Kleidung. Die größte Skulptur (Mitte oben) zeigt Christus am Kreuz. Zu seinen Füßen sieht man einen Schädel, der auf den Ort der Kreuzigung, Golgatha, verweist. Über ihm ist der Vorhang des Tempels von Jerusalem. Die letzte Szene zeigt die Bestattung Christi. Die Figur des Nicodemus, der den Leichnam salbt, soll ein Selbstporträt des Bildhauers Subirachs sein.

# Weihnachtsfassade (Ostfassade)

Die Ostfassade (am Carrer de la Marina) heißt Weihnachtsfassade und wurde nach Gaudís Anweisungen noch vor seinem Tod fertiggestellt. Die Skulpturen sind hier weniger erhaben ausgearbeitet, manche heben sich kaum vom Hintergrund ab. Außerdem sind hier viele Naturformen eingearbeitet, die eher Assoziationen wecken als klare Interpretationen erfordern. Gaudí wollte die ganze Fassade farbig gestalten, aber es ist unklar, ob dieser Plan noch ausgeführt wird.

Detail einer Skulptur an der Weihnachtsfassade

### Glaube, Hoffnung und Liebe

Die Ausschmückungen sind um drei Portale angeordnet, die der Hoffnung (links), dem Glauben (rechts) und der Nächstenliebe (Mitte) gewidmet sind. Die zwei Säulen zwischen den Eingängen ruhen auf Schildkröten, die für die Beständigkeit des Christentums stehen. Als Kontrast repräsentieren die zwei Chamäleons an den Seiten der Fassade die Kraft der Veränderung. Die vier Engel oben an den Säulen rufen zu den vier Winden und künden vom Ende der Welt.

Detail eines Turms, Weihnachtsfassade

### Hoffnungsportal

Die unteren Figurengruppen am Hoffnungsportal zeigen die Flucht nach Ägypten (links) und den Bethlehemitischen Kindermord (rechts). Über dem Eingang sind Josef und das Jesuskind, bewacht von Marias Eltern, der heiligen Anna und dem heiligen Joachim. Der Türsturz ist mit einer Baumsäge und verschiedenen Werkzeugen wie Hammer und Axt geschmückt, was auf Josefs Beruf als Zimmermann anspielt. Darüber befindet sich eine dreieckige Gruppe, die die Verlobung von Maria und Josef zeigt.

Der Turm über dem Tor hat die Form eines länglichen Felsblocks, eine Anspielung auf den heiligen katalanischen Berg Montserrat (siehe S. 122f).

Am Fuße dieses Felsens sitzt Josef in einem Boot. Diese Figur trägt Gaudís Züge und ist wahrscheinlich eine Hommage an den Meister, die die Steinmetzen bei den letzten Arbeiten nach Gaudís Tod fertigten.

### Glaubensportal

Das rechte Portal illustriert Geschichten aus den Evangelien und der christlichen Theologie. Im Türsturz sieht man das Herz Jesu. Die Szene im linken unteren Teil zeigt den Besuch Marias bei Elisabeth, ihrer Cousine und Mutter von Johannes dem Täufer. Auf der rechten Seite hält Jesus Hammer und Meißel aus der Werkstatt seines Vaters. Über der Tür ist Jesus im Tempel zu sehen, links davon Johannes der Täufer und rechts Zacharias, der Vater von Johannes. Darüber zeigt Simeon das Jesuskind im Tempel.

Die Fiale ist üppig mit katholischen Symbolen ausgeschmückt, man sieht u.a. eine Lampe mit drei Dochten für die Heilige Dreifaltigkeit, Weintrauben und Weizenähren für die Eucharistie, eine Hand mit Auge für Gottes Allgegenwart und seine unendliche Fürsorge.

### Liebesportal

Die Doppeltore in der Mitte werden durch eine Säule getrennt, die Jesus' Genealogie zeigt. Die Heiligen Drei Könige sind links unten zu sehen, die Hirten gegenüber. Über der Geburtsszene schwebt ein vielzackiger Stern, der Komet. Um ihn herum sieht man Musiker und einen Kinderchor, über dem Stern die Verkündigung und die Krönung Mariä. Ganz oben entdeckt man einen Pelikan auf einer Krone, daneben ein Ei mit den Buchstaben JHS, dem Titel Jesu.

Das aufwendig verzierte Portal der Weihnachtsfassade

# Montjuïc

Der 213 Meter hohe Montjuïc, der sich über dem Handelshafen im Süden der Stadt erhebt, ist Barcelonas größtes Erholungsgebiet. Museen, Freizeitparks und Nachtklubs sorgen hier Tag und Nacht für pulsierendes Leben.

Vermutlich siedelten Keltiberer hier, bevor die Römer auf ihrem Mons Jovis einen Jupitertempel errichteten, der dem Hügel seinen Namen gab. Vielleicht war es aber auch ein jüdischer Friedhof, der zu seiner Bezeichnung führte.

Bis zum Bau des Schlosses 1640 war Montjuïc wegen fehlender Wasserversorgung kaum bebaut. Erst 1929 gewann er wirklich an Bedeutung, als hier die Weltausstellung ausgerichtet wurde. Nun entstand eine Vielzahl von Gebäuden auf der ganzen Nordseite. Riesige Ausstellungshallen säumen die Avinguda de la Reina María Cristina, die von der Plaça d'Espanya hierher führt. Die Font Màgica in der Mitte der Prachtstraße erstrahlt gelegentlich in vielen Farben. Darüber beherbergt der Palau Nacional die größte Kunstsammlung der Stadt. Das Handwerkszentrum Poble Espanyol ist in Nachbauten typisch spanischer Gebäude untergebracht. Anlässlich der Olympischen Sommerspiele von 1992 wurde Montjuïc umfassend renoviert – und erhielt viele Sportanlagen, z. B. das Stadion.

*Statue, Park des Palau Nacional*

## Sehenswürdigkeiten auf einen Blick

**Historische Gebäude**
Castell de Montjuïc ❼

**Moderne Architektur**
Estadi Olímpic de Montjuïc ❽
Pavelló Mies van der Rohe ❹

**Museen und Sammlungen**
Fundació Joan Miró ❶
Museu Arqueològic ❷
Museu Nacional d'Art de Catalunya ❸

**Plätze**
Plaça d'Espanya ❻

**Freizeitparks**
Poble Espanyol ❺

## Anfahrt

Außer den Messehallen an der Metro-Station Espanya sind alle Sehenswürdigkeiten auf dem Montjuïc mit steilen Aufstiegen verbunden. Die Busse 13 und 50 fahren ab Plaça d'Espanya, zum Freizeitpark und zum Kastell nimmt man die Zahnradbahn von der Metro-Station Paral·lel, dann die Seilbahn. Beide sind täglich im Sommer von 9 bis 22 Uhr, im Winter bis 20 Uhr in Betrieb.

## Legende

| | |
|---|---|
| | Detailkarte S. 86f |
| Ⓜ | Metro-Station |
| | Seilbahn-Station |
| | Zahnradbahn-Station |
| | Bushaltestelle |

◁ Farbenspiel der Font Màgica, südlich der Plaça d'Espanya

# Im Detail: Montjuïc

Der Montjuïc ist ein idealer Aussichtspunkt, um die gesamte Stadt zu überschauen. Neben einigen Museen locken ein Freizeitpark, ein Freilichttheater und nebenan ein Rosengarten. Am interessantesten ist die Umgebung des Palau Nacional, der Europas beste Sammlung romanischer Kunst besitzt. Dem Montjuïc nähert man sich durch Ziegelpfeiler, die an den Markusdom in Venedig erinnern – ein Vorgeschmack auf die Mischung der Baustile. Das Poble Espanyol zeigt die traditionelle Architektur der spanischen Regionen, die Fundació Joan Miró präsentiert sich in modernem Stil.

**Pavelló Mies van der Rohe**
*Die Statue von Georg Kolbe im Bauhaus-Pavillon aus Stahl, Glas, Stein und Onyx war der deutsche Beitrag zur Weltausstellung 1929.* ❹

★ **Poble Espanyol**
*Das künstliche Dorf mit faszinierenden Nachbildungen zeigt verschiedene spanische Regionalstile.* ❺

★ **Museu Nacional d'Art de Catalunya**
*Der Nationalpalast war das Hauptgebäude der Weltausstellung 1929 und enthält Europas beste Sammlung frühmittelalterlicher Fresken – eine Quelle der Inspiration für Joan Miró.* ❸

Zum Castell de Montjuïc und Olympiastadion

### Nicht versäumen

- ★ Poble Espanyol
- ★ Museu Nacional d'Art de Catalunya
- ★ Fundació Joan Miró

# MONTJUÏC

**Springbrunnen und Kaskaden** steigen terrassenartig vom Palau Nacional hinab, darunter liegt die Font Màgica. Im Sommer erstrahlt sie abends von Donnerstag bis Sonntag in einer Ton-Licht-Show. Carles Buigas (1898–1979) entwarf dieses Wunderwerk aus Wasser und Elektrizität für die Weltausstellung 1929.

**Zur Orientierung**
Siehe Stadtplan, Karte 1

**Museu Arqueològic**
*Das Museum zeigt vorgeschichtliche Funde aus Katalonien und von den Balearen. Die Dame von Ibiza aus dem 4. Jahrhundert fand man in Ibizas karthagischer Totenstadt.* ❷

Zur Plaça d'Espanya

**Das Museu Etnològic** zeigt Kunst aus Ozeanien, Afrika, Asien und Lateinamerika.

**Theater Mercat de les Flors**
(siehe S. 162)

**Das Teatre Grec** ist ein Freilichttheater in einem Park.

★ **Fundació Joan Miró**
*Dieser Wandteppich von Joan Miró hängt in dem von ihm gegründeten Zentrum für moderne Kunst. Neben Mirós Werken ist der Bau von Josep Lluís Sert architektonisch interessant.* ❶

Zum Freizeitpark, Castell de Montjuïc und zur Seilbahn

**LEGENDE**

– – – Routenempfehlung

0 Meter   100

*Flamme im Raum und nackte Frau* (1932) von Joan Miró

## Fundació Joan Miró ❶

Parc de Montjuïc. **Stadtplan** 1 B3.
📞 93 443 94 70. Ⓜ *Espanya,* dann Bus 50 oder 55, oder Paral·lel, dann Zahnradbahn. ⌚ *Juli–Sep: Di–Sa 10–20 Uhr (Do bis 21.30 Uhr); Okt–Juni: Di–Sa 10–19 Uhr (Do bis 21.30 Uhr); So, Feiertage 10–14.30 Uhr.* ⬤ *1. Jan, 25., 26. Dez.* 📷 ♿ www.bcn.fjmiro.es

Nachdem Joan Miró (1893– 1983), Sohn eines Goldschmieds, an der Kunstakademie La Llotja *(siehe S. 63)* studiert hatte, lebte er ab 1919 in Paris. Obwohl er ein Gegner Francos war, kehrte er 1940 nach Spanien zurück und wohnte dann auf Mallorca, wo er 1983 auch starb.

Miró bewunderte die frühe katalanische Kunst und Gaudís Modernisme *(siehe S. 24f)*. Er entwickelte einen surrealistischen Stil mit starken Farben und fantastischen, traumhaften Figuren.

1975, nach der Rückkehr zur Demokratie, entwarf sein Freund, der Architekt Josep Lluís Sert, das kahle weiße Gebäude, in dem seine ständige Sammlung in natürlichem Licht erstrahlt. Zu den großartigsten Exponaten zählt die *Barcelona-*Serie (1939–44), eine Zusammenstellung von 50 Schwarzweiß-Lithografien. Gelegentlich zeigen Wechselausstellungen Werke anderer Künstler.

## Museu Arqueològic ❷

Passeig Santa Madrona 39–41.
**Stadtplan** 1 B3. 📞 93 424 65 77.
Ⓜ *Espanya, Poble Sec.* ⌚ *Di–Sa 9.30–19 Uhr, So, Feiertage 10– 14.30 Uhr.* ⬤ *1. Jan, 25., 26. Dez.* 📷 *außer 11. Feb, 23. Apr, 18. Mai, 11., 24. Sep.* ♿ www.mac.es

Das Museum (Gebäude von 1929) zeigt Exponate von der Vorgeschichte bis zur Westgotenzeit (415–711 n. Chr.). Höhepunkte: Funde aus dem griechisch-römischen Empúries *(siehe S. 120)*, hellenistischer Schmuck aus Mallorca, ein iberischer Silberschatz sowie westgotischer Schmuck.

## Museu Nacional d'Art de Catalunya ❸

Parc de Montjuïc, Palau Nacional.
**Stadtplan** 1 A2. 📞 93 622 03 60.
Ⓜ *Espanya.* ⌚ *Di–Sa 10–19 Uhr, So, Feiertage 10–14.30 Uhr.* ⬤ *1. Jan, 1. Mai, 25., 26. Dez.* 📷 *1. Do im Monat frei.* 📷♿ *nach tel. Vereinbarung.* www.mnac.es

Der Palau Nacional wurde für die Weltausstellung 1929 gebaut und beherbergt seit 1934 die eindrucksvollste Kunstsammlung der Stadt.

Das Museum besitzt bedeutende romanische Kunst, darunter Fresken aus dem 12. Jh. Bekannt sind die Wandmalereien aus Santa María de Taüll und Sant Climent de Taüll *(siehe S. 113).*

Die große Sammlung zeigt spanische und katalanische Kunst der Gotik, darunter Lluís Dalmau und Jaume Huguet *(siehe S. 28)* aus dem 15. Jahrhundert. In den Cambó-Räumen befinden sich Werke von El Greco, Zurbarán und Velázquez – neben einer Sammlung von Barock- und Renaissancewerken aus ganz Europa. Das Museum wurde kürzlich umgebaut und zeigt nun auch die Sammlungen des Museu d'Art Modern im Parc de Ciutadella mit Kunst, Skulpturen und Mobiliar des 20. Jahrhunderts. Auch die Thyssen-Bornemisza-Kollektion ist hier zu sehen, u. a. mit Werken von Tiepolo, Canaletto, Velázquez.

*Christus als Pantokrator* (12. Jh.), Museu Nacional d'Art de Catalunya

*Der Morgen,* Georg Kolbe (1877–1945), Pavelló Mies van der Rohe

## Pavelló Mies van der Rohe ❹

Avinguda del Marquès de Comillas. **Stadtplan** 1 B2. ☎ 93 423 40 16. Ⓜ *Espanya.* 🚌 50. ⏱ tägl. 10–20 Uhr. ⛔ 1. Jan, 25. Dez. 🎫 unter 18 Jahren frei. 📷 Mi, Fr 17–19 Uhr. **www.**miesbcn.com

Der in Glas und poliertem Stein gestaltete Pavillon muss die Besucher der Weltausstellung von 1929 stark irritiert haben: Er stammt von Ludwig Mies van der Rohe (1886–1969), dem Leiter des Bauhauses, und enthält dessen berühmten *Barcelona-Stuhl.* Nach der Ausstellung wurde der Bau völlig zerstört, ein Nachbau entstand erst wieder zu Mies van der Rohes 100. Geburtstag.

## Poble Espanyol ❺

Avinguda del Marquès de Comillas. **Stadtplan** 1 A2. ☎ 93 508 63 30. Ⓜ *Espanya.* ⏱ Mo 9–20 Uhr, Di–Do 9–14 Uhr, Fr, Sa 9–16 Uhr, So 9–24 Uhr. 🎫 ♿ 📷 **www.**poble-espanyol.com

Die Idee für dieses spanische Dorf war, regionale spanische Architektur und Handwerkskunst zu dokumentieren. Das Dorf entstand zur Weltausstellung 1929 und erfreut sich seither dauerhafter Beliebtheit.

116 Häuser veranschaulichen Baustile aus ganz Spanien. Sie liegen an sternförmig vom Hauptplatz ausgehenden Straßen und stammen von den bekanntesten Architekten und Künstlern der Zeit. Das Dorf wurde Ende der 1980er Jahre renoviert.

Einheimische Handwerker produzieren Glas, Keramik, Plastik, Toledo-Damast und katalanische Segeltuchschuhe.

Der Haupteingang Torres de Ávila wurde zu einem beliebten nächtlichen Treffpunkt umgestaltet, dessen Innenausstattung Alfredo Arribas und Javier Mariscal *(siehe S. 19)* entwarfen. Hier gibt es zahlreiche Läden, Kneipen und ein Kindertheater.

**Blick vom Palau Nacional auf die prachtvolle Plaça d'Espanya**

## Plaça d'Espanya ❻

Avinguda de la Gran Via de les Corts Catalanes. **Stadtplan** 1 B1. Ⓜ *Espanya.*

Der Brunnen in der Mitte der Kreuzung, wo bis 1715 öffentliche Galgen standen, stammt von Josep María Jujol, einem von Gaudís Schülern; die Skulpturen entwarf Miquel Blay. 1899 erbaute Font i Carreras die große Stierkampf-Arena nebenan. Da die Katalanen Stierkampf nicht sehr lieben, finden hier meist Konzerte statt.

Auf der Montjuïc-Seite des Kreisverkehrs beginnt die Avinguda de la Reina María Cristina, flankiert von zwei 47 Meter hohen Türmen aus Ziegelstein, die den Glockentürmen des Markusdoms in Venedig nachempfunden sind. Ramón Raventós entwarf sie 1929 als Haupteingang der Weltausstellung. Die von Hallen gesäumte Straße führt zu Carles Buigas' Font Màgica vor dem Palau Nacional.

## Castell de Montjuïc ❼

Parc de Montjuïc. **Stadtplan** 1 B5. ☎ 93 329 86 13. Ⓜ *Paral·lel,* dann Zahnrad- u. Seilbahn. **Museum** ⏱ Nov–15. März: Di–So 9.30–17 Uhr; 16. März–Okt: Di–So 9.30–20 Uhr. ⛔ 1. Jan, Karfreitag, 1. Mai, 25., 26. Dez. 🎫

Auf dem Gipfel des Hügels steht das Schloss (18. Jh.), das einen tollen Blick auf den Hafen bietet. 1640 erbaut, wurde das Kastell 1705 von Felipe V zerstört. Die Bourbonen errichteten die heutige sternförmige Festung. Unter Napoléon besetzten es die Franzosen, nach dem Bürgerkrieg wurde es ein Gefängnis, in dem der katalanische Politiker Lluís Companys *(siehe S. 47)* 1940 hingerichtet wurde. Heute ist es Militärmuseum, das antike Waffen und Modellschlösser zeigt.

## Estadi Olímpic de Montjuïc ❽

Passeig Olímpic s/n. **Stadtplan** 1 A3. ☎ 93 426 20 89. Ⓜ *Espanya, Poble Sec.* 🚌 50, 61. ⏱ Juni–Sep: tägl. 10–20 Uhr; Okt–Mai: 10–18 Uhr. ⛔ 1. Jan, 25. Dez. ♿ 📷

Die klassizistische Fassade stammt aus dem von Pere Domènech i Roura für die Olympischen Spiele 1936 erbauten Stadion. Diese wurden jedoch mit Ausbruch des Bürgerkriegs abgesagt. Für die Olympischen Spiele von 1992 wurde die Arena erweitert. Nebenan liegen die Sporthalle Palau Sant Jordi von Arata Isozaki und Ricard Bofills Schwimmbecken.

**Eingang zum 1992 erneuerten Olympiastadion**

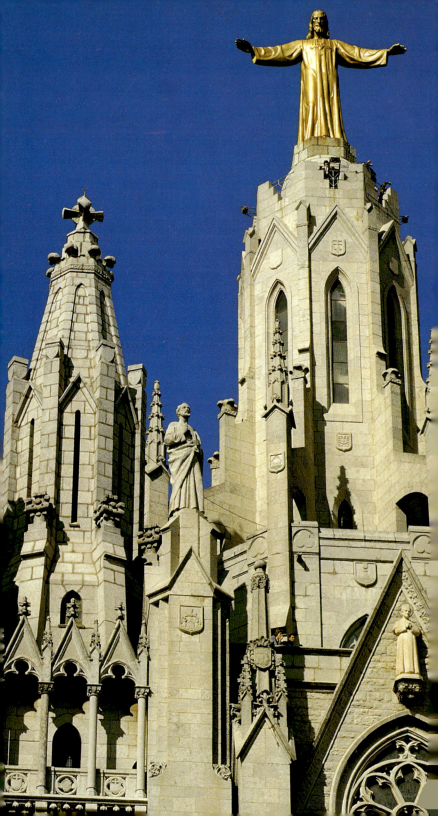

# Grossraum Barcelona

Die radikale Umgestaltung Barcelonas in den 1990er Jahren schuf viele neue Gebäude, Parks und Plätze. Der Hauptbahnhof Sants wurde umgebaut. In seiner Nachbarschaft entstanden der Parc de l'Espanya Industrial und der Parc de Joan Miró, beide mit Seen, Skulpturen und futuristischer Architektur. Im Osten, nahe beim In-Viertel Poblenou, entstanden ein neues Nationaltheater und ein Konzertsaal. Im hügeligen Westen der Stadt befinden sich der historische Königspalast, das Kloster Pedralbes und Gaudís Parc Güell von 1910. Weiter nördlich erstreckt sich das Naherholungsgebiet Serra de Collserola. Zwei Zahnradbahnen erklimmen die Höhen. Der höchste Punkt ist der Berg Tibidabo, ein beliebtes Ausflugsziel mit Vergnügungspark, der neogotischen Kirche Sagrat Cor und einem Fernmeldeturm.

*Schild am Parc Güell*

## Sehenswürdigkeiten auf einen Blick

**Museen und Sammlungen**
CaixaForum ⓬
Cosmocaixa ⓽
Museu del Futbol Club Barcelona ❸

**Historische Gebäude**
Monestir de Pedralbes ❺
Palau Reial de Pedralbes ❹
Torre Bellesguard ❿

**Moderne Architektur**
Torre de Collserola ❻

**Parks**
Parc de l'Espanya Industrial ❷
*Parc Güell S. 96f* ❼
Parc de Joan Miró ❶
Parc del Laberint d'Horta ⓫

**Plätze und Viertel**
Estació del Nord ⓭
Plaça de les Glòries Catalanes ⓮
Poblenou ⓯

**Freizeitparks**
Tibidabo ❽

### Legende
- Barcelona Zentrum
- Großraum Barcelona
- Bahnhof
- Zahnradbahn-Station
- Autobahn
- Hauptstraße
- Nebenstraße

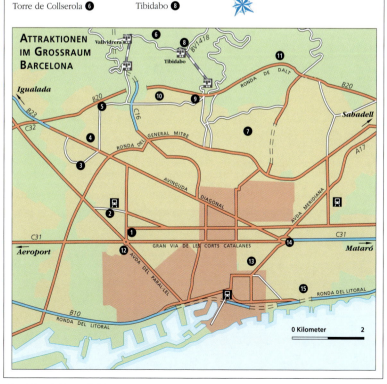

**Attraktionen im Grossraum Barcelona**

◁ Auf dem Gipfel des Tibidabo ragt der neogotische Temple Expiatori del Sagrat Cor auf

Joan Mirós *Dona i Ocell (Frau und Vogel*, 1983) im Parc de Joan Miró

## Parc de Joan Miró ❶

Carrer d'Aragó 1.  Tarragona.

Barcelonas ehemaliger Schlachthof *(escorxador)* aus dem 19. Jahrhundert wurde in den 1980er Jahren in diesen ungewöhnlichen Park umgewandelt – daher sein zweiter Name Parc de l'Escorxador. Er ist auf zwei Ebenen angelegt: Auf der unteren befinden sich mehrere Fußballplätze, getrennt durch Grünanlagen mit Palmen, Pinien, Eukalyptus und Blumen; die obere Ebene ist gepflastert und wird von der Skulptur *Frau und Vogel* dominiert, die Joan Miró *(siehe S. 29)* 1983 schuf. Die 22 Meter hohe Plastik in der Mitte eines Teichs ist mit glasierten Kacheln überzogen.

## Parc de l'Espanya Industrial ❷

Plaça de Joan Peiró.  *Sants-Estació*.

Der Name dieses Parks von Luis Peña Ganchegui geht auf die Textilfabrik zurück, die sich auf diesem fünf Hektar großen Gelände befand.
Der Park entstand 1986, als man in Barcelona mehr freie Flächen schuf. Es gibt Kanäle und einen See mit Ruderbootverleih, dessen Mitte eine klassizistische Neptunstatue ziert. Der See ist wie ein Amphitheater von aufsteigenden Sitzreihen umgeben. Eine Seite überblicken zehn futuristische Wachtürme, die als Aussichtsplattformen dienen.
Im Park sind Werke von sechs zeitgenössischen Bildhauern zu sehen, darunter Andrés Nagel, dessen Metalldrachen eine Kinderrutsche birgt – eine große Attraktion für alle Kinder.

## Museu del Futbol Club Barcelona ❸

Avinguda de Aristides Maillol (7, 9).  93 496 36 08.  María Cristina, Collblanc.  Mo–Sa 10–18.30 Uhr, So, Feiertage 10–14 Uhr.  1. und 6. Jan, 24. Aug, 25. Dez.  www.fcbarcelona.com

Camp Nou, das größte Fußballstadion Europas, ist das Heimstadion des 1899 gegründeten Fußballvereins FC Barcelona (hier »Barça« genannt). Mit über 100 000 Mitgliedern ist er einer der weltgrößten Fußballvereine.
Die schwungvolle Konstruktion entstand 1957 nach Plä-

Wachtürme im Parc de l'Espanya Industrial

nen von Francesc Mitjans. Das Stadion wurde 1982 erweitert, um nun knapp 100 000 Besuchern Platz zu bieten.
Das Museum des FC Barcelona ist wirklich sehenswert: Auf zwei Etagen sind Andenken und Trophäen ausgestellt; außerdem gibt es einen Souvenir-Shop. Zu sehen sind Gemälde und Skulpturen berühmter Klubmitglieder, die für die Blau-Grana-Biennale in Auftrag gegeben wurden – eine Ausstellung, die 1985 und 1987 zu Ehren des Klubs stattfand. *Blau-grana* (blauburgunderrot) sind Barças Vereinsfarben. Barças Flagge ist ein Symbol des katalanischen Nationalgefühls, seit Franco die katalanische Flagge verboten hatte.
In Camp Nou finden die Heimspiele des FC Barcelona statt – sei es für die spanische Liga oder in der Champions League. Für andere Sportarten gibt es ein Sportzentrum, eine Eisbahn und ein Ministadion.

Blick in den Camp Nou, das weltberühmte Stadion des FC Barcelona

## Palau Reial de Pedralbes ❹

Avda Diagonal 686. Palau Reial.
**Museu de Ceràmica & Museu de Arts Decoratives** 93 280 50 24.
Di–Sa 10–18 Uhr, So, Feiertage 10–15 Uhr. 1. Jan, 1. u. 20. Mai, 24. Juni, 25. u. 26. Dez. 1. So im Monat frei. nach Vereinbarung.

Der Pedralbes-Palast war einst das wichtigste Haus des Grafen Eusebi Güell. 1919 bot er es der königlichen Familie als Quartier für ihre Besuche in Barcelona an. Für den ersten Gast, Alfonso XIII, wurde der Palast 1926 auf Hochglanz gebracht. Noch heute ist der für ihn gebaute, von goldenen Löwen gestützte Thron zu sehen.

1937 wurde das Gebäude für Besucher geöffnet und das Museu de Arts Decoratives eingerichtet. Es zeigt zahlreiche Möbelstücke jener Zeit. Ein Stammbaum illustriert die 500-jährige Dynastie der Grafen-Könige von Barcelona und die 1137 durch Heirat entstandene Vereinigung Kataloniens mit dem Königreich Aragón (siehe S. 42).

Das Museu de Ceràmica im Palast zeigt katalanische und maurische Töpferkunst sowie moderne Keramik, darunter Arbeiten von Miró (siehe S. 88) und Picasso.

Hinter dem Park, in der Avinguda de Pedralbes, führt ein Tor in das ursprüngliche Güell-Anwesen. Sein oberes Ende bildet ein drohender Drache; Gaudí (siehe S. 24f) entwarf die Pförtnerhäuser.

*Madonna der Demut*, Monestir de Santa María de Pedralbes

## Monestir de Santa Maria de Pedralbes ❺

Baixada del Monestir 9. 93 203 92 82. Reina Elisenda. Di–So 10–14 Uhr. Feiertage. nach Vereinbarung. 93 315 11 11.

Nähert man sich dem Kloster von Pedralbes durch den alten Torbogen, scheint es, als sei es noch bewohnt. Dieser Eindruck wird durch den guten Zustand der möblierten Klosterzellen und Küchen, des Krankenzimmers und Refektoriums verstärkt. Aber die Nonnen des Klarissinnenordens zogen 1983 in ein Nachbargebäude um. Daraufhin konnte das Kloster für die Öffentlichkeit geöffnet werden.

Elisenda de Montcada de Piños, die vierte Frau von Jaume II von Katalonien und Aragón, gründete das Kloster 1326. Ihr Alabastergrab ist in die Mauer zwischen Kirche und Kloster eingelassen. Auf der Kirchenseite ist sie mit königlichen Gewändern, auf der anderen Seite als Nonne dargestellt.

Im Zentrum des Klosters befindet sich eine dreistöckige Abtei: Zu den zentralen Räumen zählen das Dormitorium, das Refektorium, ein Lesesaal und die einzelnen Zellen für die Mönche.

Der wichtigste Raum ist die Capella de Sant Miquel mit den Wandgemälden *Passion* und *Marienleben*. Beide malte Ferrer Bassa 1346, als Elisendas Nichte, Francesca Saportella, Äbtissin war. Daneben gibt es eine Vielzahl von kirchlichen Kunstwerken wie z. B. Altarschmuck.

## Torre de Collserola ❻

Carretera de Vallvidrera al Tibidabo. 93 406 93 54. Peu del Funicular, dann Funicular de Vallvidrera und Bus 211. Mi–So 11–14.30, 15.30–19 Uhr. 1. und 6. Jan, 25. Dez.
**www.torredecollserola.com**

Nervenkitzel pur bietet der Fernmeldeturm nahe dem Tibidabo (siehe S. 98). Ein Lift mit Glaswänden bringt einen in weniger als zwei Minuten an die Spitze des 288 Meter hohen Bauwerks auf dem 445 Meter hohen Gipfel.

Der britische Architekt Norman Foster entwarf den Turm für die Olympischen Spiele 1992. Die nadelförmige Konstruktion steht auf einem Betonpfeiler und ist mit zwölf gewaltigen Stahlseilen verankert. Es gibt 13 Ebenen. Auf der obersten Etage bieten ein Observatorium mit einem Teleskop und eine Terrasse einen wunderschönen Blick auf Barcelona, das Meer und die Gebirgskette.

---

### FC BARCELONA GEGEN REAL MADRID

**FC Barcelona**

»Més que un club« ist das Motto des FC Barcelona: »Mehr als ein Verein«. Mehr als alles andere ist der Klub Symbol für den Kampf der Katalanen gegen die Zentralregierung in Madrid. Die Liga nicht zu gewinnen ist schlimm, hinter Real Madrid zu landen eine Katastrophe. Jede Saison stellt sich die Frage: Welches der beiden Teams bekommt den Titel? 1941, zur Zeit des Franco-Regimes, gewann Barça zu Hause 3:0. Beim Rückspiel in Madrid wurde das Team so feindselig begrüßt, dass Polizei und Schiedsrichter Barça »baten«, Ärger zu vermeiden: Barça verlor 1:11. Loyalität ist oberstes Gebot: Als Barça-Spieler sollte man nicht zu Real Madrid wechseln.

**Real Madrid**

# Parc Güell ❼

Anno 1910 bekam Gaudí von dem Industriellen Eusebio Güell den Auftrag, auf einem Hügel über Barcelona Wohnhäuser mit Park anzulegen. Geplant war eine kleine Gartenstadt mit reizvoll gestalteten Bereichen für alle, aber nur zwei Häuser wurden gebaut. Übrig blieb der Park – eine der originellsten öffentlichen Anlagen, die je konzipiert wurden. Der Grundriss lehnt sich an das Apollo-Heiligtum von Delphi an, Gaudí nutzte genial die natürlichen Gegebenheiten, um Arkaden und Viadukte aus Naturstein zu schaffen. Von vielen Stellen blickt man auf die Stadt. Die schönsten Details allerdings sind die vielen *Trencadis*-Mosaiken, fast alle das Werk des Architekten Josep Maria Jujol.

**Säulenhalle**
*Insgesamt 86 klassische Säulen – ungewöhnlich konventionell für Gaudí – tragen das Dach der offenen Halle, die als Markthalle geplant war. In die Decke sind Sonnenmosaiken eingearbeitet.*

**Hügel der Kreuze**
Ein Serpentinenweg führt hinauf zu einem Steinturm. Von hier überblickt man ganz Barcelona – vom Hafen bis zum Tibidabo und Collserola.

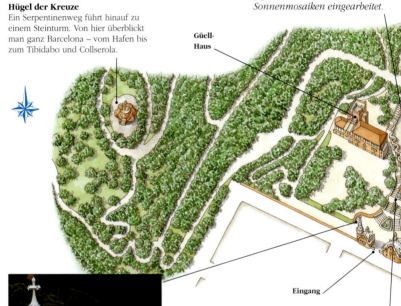

Güell-Haus

Eingang

★ **Doppeltreppe**
*Wasser rinnt aus dem Mund des vielfarbigen Drachen, der die Treppe bewacht und zum Emblem des Parks wurde. Darüber ist ein brauner, geschmückter Dreifuß, darunter ein weiterer Brunnen in Form eines Schlangenkopfs.*

★ **Eingangspavillons**
*Zwei Pavillons aus rotbraunem Sichtmauerwerk bilden den Eingang, die Türme wurden mit Trencadis-Mosaiken verziert. Die Innenräume sind alle unregelmäßig geschnitten.*

# PARC GÜELL

### ★ Hauptplatz
*Wie eine Schlange windet sich eine endlos lange, anatomisch geformte Bank mit farbenfrohen Trencadis-Mosaiken auf drei Seiten des Platzes, der das Zentrum des sozialen Lebens in der Gartenstadt bilden sollte.*

### INFOBOX

Olot 7, Vallcarca.
93 285 68 99. Lesseps, dann 1,3 km, zu Fuß an einer Hauptstraße bergauf. 24.
tägl. Mai–Aug: 10–21 Uhr; Apr und Sep: 10–20 Uhr; März und Okt: 10–19 Uhr; Nov–Feb: 10–18 Uhr.
**Casa-Museu Gaudí**
93 219 38 11. tägl. Mai–Sep: 10–20 Uhr; Okt–Apr: 10–18 Uhr.
www.bcn.es/parcsijardins

**Das Trias-Haus** ist eines der zwei Wohnhäuser, die wirklich gebaut wurden.

### Oberer Viadukt
*Dies ist einer der drei Naturstein-Viadukte im östlichen Teil, durch den sich ein schöner Weg schlängelt.*

**Eine Natursteinmauer** grenzt den ganzen Park ein. Der Eingang an der Carretera El Carmel hat Drehkreuze aus Gusseisen.

0 Meter 50

### Casa Museu Gaudí
*In dem Haus lebte Gaudí, bevor er in die Sagrada Família zog. Hier kann man Möbel besichtigen, die der Architekt entwarf, darunter Bänke und Schränke aus der Casa Milà.*

### NICHT VERSÄUMEN

★ Eingangspavillons

★ Doppeltreppe

★ Hauptplatz

GROSSRAUM BARCELONA

**Altes Karussell auf dem Tibidabo**

## Tibidabo ❽

Plaça del Tibidabo 3–4. ☎ 93 211 79 42. 🚌 Avinguda del Tibidabo, dann Tramvia Blau u. Zahnradbahn; oder Peu del Funicular, dann Zahnradbahn u. Bus 111 oder 17, 60 oder 73 oder TibiBus von der Plaça Catalunya. **Freizeitpark** 🕐 Mai–Sep: tägl. zu wechselnden Zeiten, tel. nachfragen. 🕐 Okt–Apr: Mo–Fr. **Temple Expiatori del Sagrat Cor** ☎ 93 417 56 86. 🕐 Mo–Fr 10–20 Uhr, Sa 10.30–19 Uhr, So 10.30–14 Uhr. ♿ www.tibidabo.es

Zum Gipfel des Tibidabo fährt Barcelonas letzte noch erhaltene Tram. Der von der Sicht auf die Stadt inspirierte lateinische Name *tibi dabo* (»ich werde dir geben«) spielt auf die Versuchung Christi durch den Satan an, der ihm auf einem Berg die Welt zu seinen Füßen anbot.

Der Freizeitpark (siehe S. 163) eröffnete 1908. Die Fahrgeschäfte wurden in den 1980er Jahren überholt. Faszinieren die alten Fahrgeschäfte mit Charme, so bieten die modernen schwindelerregende Erfahrungen. Die Lage auf 517 Meter Höhe verstärkt den Nervenkitzel. Im Park befindet sich das Museu d'Autòmats mit einer Sammlung von Musik- und Spielautomaten.

Den Tibidabo krönt der Temple Expiatori del Sagrat Cor, den Enric Sagnier zwischen 1902 und 1911 entwarf. Ein Lift fährt zu einer riesigen Christusfigur. Eine kurze Busfahrt bringt Sie zum nächsten Aussichtspunkt, dem Torre de Collserola (siehe S. 95).

## CosmoCaixa ❾

Teodor Roviralta 47–51. ☎ 90 222 30 540. 🚌 Avinguda del Tibidabo. 🕐 Di–So 10–20 Uhr. ♿ www.fundacio.lacaixa.es

Barcelonas frisch renoviertes Wissenschaftsmuseum ist weitaus interessanter und bietet mehr interaktiven Lernspaß als sein alter Vorgänger im benachbarten Modernisme-Gebäude. Das neue Gebäude besitzt neun Ebenen – sechs davon im Untergrund. In einem Glashaus kann man die Welt des Amazonas erleben – mit Fischen, Reptilien, Säugetieren, Vögeln und Pflanzen. Oder man lernt alles über die Entstehung des Universums (»Big Bang«). Wer sich für Gesteine interessiert, der ist an der Geologischen Wand richtig, wer Sterne gucken will, geht ins Planetarium.

## Torre Bellesguard ❿

Carrer de Bellesguard 16. 🚌 Avinguda del Tibidabo. 🕐 für Besucher.

Bellesguard bedeutet »schöner Fleck«. Hier, auf halber Höhe des Collserola-Höhenzugs, befand sich das Sommerhaus der katalanischen Könige des Mittelalters. Das 1408 gebaute Schloss war der Lieblingsresidenz von Martí dem Gütigen (siehe S. 57).

Das umliegende Viertel Sant Gervasi entstand im 19. Jahrhundert nach dem Bau der Eisenbahn. 1900 erbaute Gaudí das jetzige Haus auf dem Gelände des stark verfallenen Schlosses. Das zinnenbewehrte Gebäude mit den hohen, von der Gotik inspirierten Fenstern erinnert an das ursprüngliche Schloss, dessen Mauerreste Gaudí in den Neubau integrierte. Das Dach krönt ein für Gaudí typischer Turm. An der Eingangstür symbolisieren Fischmosaiken Kataloniens vergangene Seemacht.

## Parc del Laberint d'Horta ⓫

Germans Desvalls, Passeig Castanyers. ☎ 93 428 39 34. Ⓜ Mundet. 🕐 Winter: tägl. 10–18 Uhr; Sommer: tägl. 10–21 Uhr. ♿ Mi u. So frei. ♿ www.bcn.es/parcsijardins

Wie schon der Name sagt, handelt es sich hier um einen Irrgarten (Labyrinth) aus Zypressen. Entworfen im 18. Jahrhundert für Joan Antoni Desvalls, den Marqués de Llúpia i d'Alfarràs, bildet diese ruhige Oase im Stadtlärm das Zentrum des ältesten öffentlichen Parks in ganz Barcelona.

Vom Eingang des Parks geht es steil bergauf durch halbwilde Landschaft, entlang dem halb verfallenen alten Schloss des Marquis (heute eine Gartenschule). Man findet hier das gesamte Spektrum barocker Gartenkunst: klassische Tempel, z.B. ein Ariadne-Tempel (Ariadne half Theseus mit ihrem Faden aus dem Labyrinth des Minotaurus) oder einen Danae-Tempel. Eine beeindruckende Treppenflucht führt zu einem neoklassizistischen Tempel. Aber es gibt auch skurrile Gartenelemente, z.B. einen Schein-Friedhof, einen »Romantikgarten« und sogar eine Einsiedelei in einer Höhle.

## CaixaForum ⓬

Avinguda del Marquès de Comillas 6–8, Montjuïc. ☎ 93 476 86 00. Ⓜ Espanya. 🕐 Di–So 10–20 Uhr. www.lacaixa.es/caixaforum

Barcelona entwickelt sich immer mehr zum Zentrum zeitgenössischer Kunst. Dazu passt dieses neue Ausstel-

**Schmiedeeiserne Eingangstür von Antoni Gaudís Torre Bellesguard**

Teatre Nacional de Catalunya an der Plaça de les Glòries Catalanes

lungszentrum bestens. Die Sammlung der La-Caixa-Stiftung in der Antiga Fàbrica Casaramona umfasst mehr als 700 Werke spanischer und internationaler Künstler, dazu eine alte Textilmühle im Stile des Modernisme. Diese Mühle stammt von Josep Puig i Cadafalch, der sie nach seinem Bau der Casa de los Punxes errichtete. Die 1911 eröffnete Anlage sollte als Musterfabrik dienen – hell, sauber und luftig. Aber schon 1920 wurde der Betrieb eingestellt. Das Gebäude wurde dann zuerst als Lager, nach dem Bürgerkrieg als Stall für Polizeipferde genutzt.

Die Sammlung wird häufig umgehängt. Als feste Installation sieht man hier den *Bleiraum (Schmerzraum)* von Joseph Beuys.

## Estació del Nord ⓭

Avinguda de Vilanova. **Stadtplan** 6 D1. Ⓜ Arc del Triomf.

Von diesem alten Bahnhof sind nur die Fassade und der Eingang (1915) erhalten. Der Rest wurde zu einem Sportzentrum, Polizeirevier und Busbahnhof umgebaut. Die eleganten, blau gefliesten Skulpturen (1992) *Espiral arbrada* (»verzweigte Spirale«) und *Cel obert* (»offener Himmel«) von Beverley Pepper beherrschen den hübschen Park.

Das sorgfältig restaurierte Gebäude vor dem Bahnhof ist der Sitz von Kataloniens Elektrizitätsgesellschaft und wurde 1897 vom Architekten Pere Falqués als Elektrizitätswerk gebaut. Das Gebäude aus Eisen und Ziegelstein, dessen Inneres man leider nicht besichtigen kann, ist unverkennbar modernistisch.

## Plaça de les Glòries Catalanes ⓮

Gran Via de les Corts Catalanes. **Stadtplan** 4 F5. Ⓜ Glòries.

Das Gebiet, in dem die Avinguda Diagonal und die Gran Via de les Corts Catalanes sich kreuzen, wurde kürzlich saniert – die Avinguda Diagonal wird bis zum Meer verlängert. Damit erfüllt sich die Vision des Eixample-Planers Ildefons Cerdà *(siehe S. 71)*. An der Nordseite kontrastiert das neue Einkaufszentrum mit dem Flohmarkt Encants Vells *(siehe S. 155)*, der wöchentlich vier Tage von 8 bis 20 Uhr geöffnet ist (neben der nördlich aus der Stadt führenden Autobahn).

Südlich des Platzes liegen das neue Teatre Nacional de Catalunya, ein riesiger Kulturtempel des Architekten Ricard Bofill, sowie das Auditori de Barcelona *(siehe S. 167)* mit den zwei neuen, 1999 eröffneten Konzertsälen von Rafael Moneo. Das Museu de la Música ist Ende 2006 aus dem Palau Baró de Quadras *(siehe S. 73)* in das Auditori de Barcelona umgezogen. Aktuelle Informationen zu den Öffnungszeiten finden Sie unter www.museumusica.bcn.es.

Die Rambla del Poblenou – ein Paradies zum Bummeln

## Poblenou ⓯

La Rambla del Poblenou. Ⓜ Poblenou.

In Poblenou, einem alten Industrie-Stadtteil, sind nun Künstler und Fotografen eingezogen. Zentrum des Viertels ist die Rambla del Poblenou, eine Allee, die sich von der Avinguda Diagonal zum Meer erstreckt. Dort säumen Palmen einen Sandstrand.

An der Kreuzung von Rambla und Carrer de Ramón Turró liegen das Casino de l'Aliança, ein Kulturzentrum und gegenüber El Tio Che, eine beliebte Eisdiele. Bei einem Bummel durch die Seitenstraßen der Rambla sieht man alte Industriegebäude, Zeugnisse jener Zeit, als man Barcelona das »Manchester Spaniens« nannte *(Spaziergang durch Poblenou siehe S. 106f)*.

Blau gefliese Skulptur von Beverley Pepper, Parc de l'Estació del Nord

# Drei Spaziergänge

An schönen Orten zum Spazierengehen mangelt es in Barcelona wahrlich nicht. Auf jeder der Detailkarten im Buch (Altstadt, Eixample und Montjuïc) finden Sie eine Routenempfehlung, die zu den wichtigen Sehenswürdigkeiten führt. Eine klassische Strecke zum Schlendern ist La Rambla *(siehe S. 60f)*, aber auch im Parc Güell *(siehe S. 96f)* kann man schön laufen. Die Spaziergänge auf den folgenden Seiten führen Sie durch weniger bekannte Viertel, jedes davon hat eine ganz eigene Atmosphäre.

Beim ersten Spaziergang entdecken Sie El Born, einst eine verkommene Gegend, heute aber ein ansprechendes Viertel, in dem sich alte Straßen und moderne Läden mischen. Auf dem nächsten Spaziergang kommen Sie durch Gràcia, das »dörfliche« Barcelona: Niedrige Arbeiterhäuser wechseln sich hier mit kleinen Läden und hübschen Plätzen ab, an denen sich ein reges Nachtleben abspielt. Poblenou schließlich ist ein ehemaliges Industrieviertel, in dem viele Gebäude restauriert und umfunktioniert wurden. Nur noch ein paar wenige schlanke Kamine erinnern an die Fabriken.

Jeder Spaziergang vermeidet große Verkehrsstraßen und führt Sie möglichst durch kleine Fußgängerzonen und zu ruhigen Plätzen. Hier geht es weniger um Sightseeing, sondern mehr darum, die Atmosphäre des Viertels, seine Architektur sowie die kleinen Läden und Cafés zu erkunden. Start- und Endpunkt ist jeweils eine Metrostation.

**Trueta-Gedenkstätte, Poblenou-Spaziergang**

## Spaziergänge auf einen Blick

### Drei Spaziergänge
*Diese Karte zeigt Ihnen die Lage und den Verlauf der drei vorgeschlagen Spaziergänge in Barcelona.*

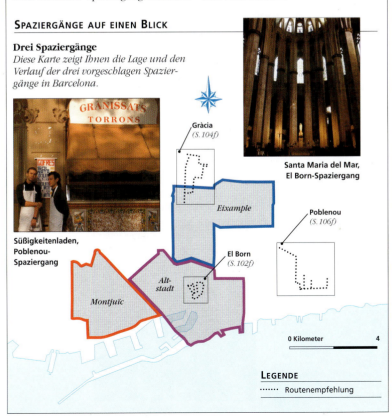

Santa Maria del Mar, El Born-Spaziergang

Süßigkeitenladen, Poblenou-Spaziergang

Gràcia (S. 104f)

Eixample

Poblenou (S. 106f)

El Born (S. 102f)

Altstadt

Montjuïc

0 Kilometer 4

**Legende**
······· Routenempfehlung

◁ An der Plaça del Sol Café kommen Sie während des Spaziergangs durch Gràcia vorbei

# Einstündiger Spaziergang durch El Born

Das Viertel El Born erstreckt sich vom Barri Gòtic jenseits der Via Laietana. Jahrelang wurde es vernachlässigt, heute erlebt es sein Comeback. El Born liegt nahe am Wasser, ab dem 13. Jahrhundert bauten sich hier Kaufleute ihre Häuser. Die engen Straßen tragen immer noch die Namen der Handwerker und Zünfte, die sich hier niederließen, so Carrer dels Sombrerers (Hutmacher), Carrer dels Mirallers (Spiegelmacher), Carrer de la Argentaria (Silberschmiede). Bis heute verströmt dieses Künstlerviertel mittelalterliches Flair.

ceta de Montcada, die zum Carrer de Montcada *(siehe S. 64)* wird. Hier reihen sich gotische Häuser aus dem 14. Jahrhundert aneinander, die meisten beherbergen heute Museen und Sammlungen. Die Casa Cervelló-Guidice auf Nr. 25 ⑥ hat als einziges Haus in der Straße noch die Originalfassade.

Passeig del Born, die Hauptstraße im Viertel El Born ⑮

### Carrer de Montcada

Die Metro-Station Jaume I liegt an der Plaça de l'Angel ①, von dort nehmen Sie den Carrer de La Argentaria, biegen aber bald am »Tabac« links in den Carrer del Vigatans ein. Links liegt eine Jugendherberge, beachten Sie den skulptierten Kopf in der Mauer an der Ecke zum Carrer dels Mirallers ②. Am Ende der Straße nehmen Sie links den Carrer de la Carassa, der auf den Carrer de Barra de Ferro stößt. Gehen Sie nach rechts und biegen Sie gleich wieder nach rechts in den Carrer de Banys Vells ein. Im Haus Nr. 9 ist der kirchliche Wohltätigkeitsladen Farcells Caritas ③. Am Ende der Straße stoßen Sie auf die Seitenmauern der Kirche Santa Maria del Mar ④. Biegen Sie links in den Carrer dels Sombrerers. Auf der linken Seite auf Nr. 23 steht die Casa Gispert ⑤, ein bekannter alter Laden, der frisch gerösteten Kaffee, Nüsse und Trockenobst verkauft. Wo es geradeaus nicht mehr weitergeht, biegen Sie nach links zur Plaçeta de Montcada

Haus Nr. 20 gegenüber ist der Palau Dalmases ⑦; in seinem Hof sieht man eine reich geschnitzte Treppe. Die Nr. 22 daneben ist El Xampanyet *(siehe S. 163)* ⑧, eine bekannte Bar für *cava* (katalanischer moussierender Wein) und Tapas. Auf der rechten Straßenseite des Carrer de Montcada stehen fünf Museen, eines davon ist das Museu Picasso ⑨ *(siehe S. 64)*. Links sind ebenfalls zwei Museen, das erste auf Nr. 14 ist das Museu Barbier-Mueller ⑩ im Palau Nadal. Es zeigt präkolumbische Skulpturen, Keramiken und Ritualobjekte, die der Schweizer Kunstsammler Josef Mueller (1887–1977) mit seinem Schwie-

> **ROUTENINFOS**
>
> **Start:** *Plaça de l'Angel.*
> **Länge:** *1,5 km.*
> **Anfahrt:** *Linie 4, Metro-Station Jaume I an der Plaça de l'Angel.*
> **Rasten:** *Unterwegs kommen Sie an vielen Bars und Esslokalen vorbei, darunter dem Café del Born (Plaça Comercial) und Origens 99,9% (Carrer Vidrieria 6–8), einem katalanischen Restaurant mit Laden. Viele Lokale sind am Carrer de La Argentaria, berühmt für heiße Schokolade ist die Xocalateria Xador (61–63) oder Taller de Tapas (51).*

Besucher strömen zum Museu Picasso ⑨

# DURCH EL BORN

**Straßencafés an der Plaça de Comercial vor dem Mercat del Born** ⑮

Antoni ⑭ abzweigt, sehen Sie einen Bogen mit einem ungewöhnlichen hieroglyphenähnlichen Fries. Bleiben Sie auf dem Carrer Triangle, er mündet in den Carrer del Rec, nach rund 150 Metern kommen Sie zum Passeig del Born ⑮, dem Zentrum des Viertels. Hier fanden zwischen 13. und 17. Jahrhundert Turniere statt, was dem Viertel den Namen gab. Auf der linken Seite öffnet sich der Passeig del Born zur Plaça de Comercial mit dem Mercat del Born ⑯, den ehemaligen Großmarkthallen. Das alte Gebäude aus Eisen und Glas wurde nach dem Vorbild von Les Halles in Paris entworfen, heute ist eine Bücherei darin. Gehen Sie auf dem Carrer del Rec noch ein kleines Stück weiter, an der nächsten Kreuzung biegen Sie nach rechts in den Carrer de l'Esparteria ein, dann nach links in den Carrer de Vidriera, der zur Plaça de les Olles führt. Wenden Sie sich hier nach rechts und folgen Sie dem breiten Gehweg, der an der Plaça del Palau vorbeiführt. Sie kommen an einem alten Eisenwarenladen mit riesigen Paella-Pfannen vorbei. Wenn Sie das Café La Bolsa gegenüber der Straße La Llotja *(siehe S. 63)* ⑰ erreichen, biegen Sie nach rechts in den Carrer dels Canvis Vells ein. Über den kurzen Carrer de l'Anisadeta rechts kommen Sie zur Plaça de Santa Maria ⑱ mit der gleichnamigen Kirche *(siehe S. 64f).*

gersohn Jean Paul Barbier zusammentrug. Im Hof steht die Reproduktion eines riesigen Olmeken-Kopfs aus Mexiko. Gleich dahinter kommen Sie zum Museu Tèxtil i d'Indumentària im Palau del Marquès de Lió (oder Mora) ⑪; hier gibt es Textilien und Kleidungsstücke ab dem 4. Jahrhundert zu sehen. Am Ende des Carrer de Montcada biegen Sie nach rechts in den Carrer de la Princesa, wo Sie an verführerischen Läden vorbeikommen: Erst locken auf Nr. 22 die Fenster des Chocolatier Brunells ⑫, dann auf Nr. 36 der 1890 gegründete Süßwarenladen La Campana ⑬, in dem Sie u.a. *turrón* (ein Gebäck) kaufen können.

**Der Schokoladenladen Brunells** ⑫

## Passeig del Born

Biegen Sie in die nächste kleine Straße rechts ein, der Carrer del Corretger macht einen Knick. Danach nehmen Sie beim Konditor rechts die Carrer Triangle. Wo rechts der Carrer de l'Hostal de Sant

Werfen Sie einen Blick auf die schöne katalanische Gotik im Inneren. Wenn Sie den Platz nach links überqueren, kommen Sie zum Anfang des Carrer de La Argentaria, der lebhaften Hauptstraße, an der sich ein Lokal ans andere reiht. Diese Straße führt Sie direkt zurück zum Start, der Metro-Station an der Plaça de l'Angel.

# 90-minütiger Spaziergang durch Gràcia

Wenn man die Avinguda Diagonal überquert und in das Gewirr der kurvenreichen Straßen und kleinen Plätze eintaucht, bekommt man den Eindruck, man sei in einem Dorf. Seit Gràcia 1897 ein Stadtteil Barcelonas wurde, hat es seine Identität und den Sinn für Unabhängigkeit nie verloren. Vor allem tagsüber fühlt man sich meilenweit entfernt von aller Hektik. Im August und an den Abenden jedoch erwartet einen hier das pralle Leben, denn das Viertel mit seinen exotischen Läden und Bars zieht viele Barceloner und Besucher an.

Gràcia ein. Die Straße macht eine Biegung nach links, gleich danach zweigen Sie rechts in den Carrer Domènech ab. An dessen Ende nehmen Sie links den Carrer de Francisco Giner, der Sie zur Plaça de Rius I Taulet ⑤ führt. Hier steht ein 33 Meter hoher Glockenturm, höher

Die Casa Fuster, ein Modernisme-Gebäude ③

### Passeig de Gràcia
Von der Plaça Joan Carles I ① verläuft der berühmte Passeig de Gràcia als ruhige, baumbestandene Avenue. Auf der linken Seite kommen Sie schnell zur Casa Bonaventura Ferrer ②, einem Modernisme-Gebäude von Pere Falqués I Urpi; Steinmetzarbeiten zeigen wirbelnde Blätter, eine Eisenkrone bildet den Abschluss der Fassade. Kurz danach wird die Straße enger und führt um ein anderes Modernisme-Gebäude herum,

das sich neogotisch präsentiert: Casa Fuster ③, die letzte Arbeit des Architekten Lluis Domènech i Montaner, wurde in ein Hotel umgewandelt. Das Café Vienés im Erdgeschoss kann jeder besuchen.

### Die kleinen Plätze von Gràcia
Wenige Schritte hinter der Casa Fuster wird der Passeig de Gràcia zum edlen Carrer Gran de Gràcia. Über der *patisseria* La Colmena ④ auf Nr. 15 können Sie die hübschen *miradores* (Fenster der Beletage) bewundern. Dann gehen Sie zur Casa Fuster zurück und biegen hinter ihrer Rückseite in den Carrer

### ROUTENINFOS
**Start:** *Plaça Joan Carles I.*
**Länge:** *2,5 km.*
**Anfahrt:** *Linie 3 oder FCG-Zug, Metro-Station Diagonal an der Plaça Joan Carles I.*
**Rasten:** *An fast jedem Platz in Gràcia gibt es Lokale. Vorschläge: Miria (Mittelmeerküche) an der Plaça Rius i Taulet; Café del Sol (Drinks und Musik) oder Mirasol (klassische Bar) an der Plaça de Sol; Niu Toc (Fisch) an der Plaça Revolució de Setembre de 1868 oder Virreina Bar (Sandwiches und Bier) an der Plaça de la Virreina.*

Eine Vorstellung der *castellers* während einer Fiesta ⑤

# DURCH GRÀCIA

**Nightlife an der Plaça del Sol** ⑥

ein. Dann überqueren Sie die Travessera de Gràcia, eine der Haupteinkaufsstraßen des Viertels, und gehen den Carrer Xiquets de Valls entlang, der nach einem bekannten Team von *castellers* benannt ist. Sie kommen zur Plaça del Sol ⑥, einem Zentrum des Nachtlebens, auch Plaça dels Encants genannt. Biegen Sie nach links in den Carrer Maspons. Vor Ihnen, auf der anderen Seite des Carrer del Torrent l'Olla, liegt die Plaça de la Revolució de Setembre de 1868 ⑦. Der Name erinnert an den Staatsstreich von General Prim, der Spaniens herrschende Bourbonen entmachtete, was 1873 zur Konstituierung der Ersten Spanischen Republik führte. Biegen Sie nach links in den Platz ein und verlassen Sie ihn auf dem Carrer de Verdi auf der Stirnseite. Dies ist eine lebhafte, aber nette Straße mit modernen Geschäften. Nach den Cinemes Verdi (rechts), in denen oft ausländische Filme in Originalversion laufen, biegen Sie rechts in den Carrer de l'Or ab. Bald erreichen Sie einen der angenehmsten Plätze von Gràcia, die Plaça Virreina ⑧. Hier steht die Kirche Sant Joan, gegenüber sehen Sie zwei schöne Gebäude: Das eine ist ein Wohnhaus mit Turm, das andere, rot-beige Haus zeigt sich in reinem Modernisme mit schmiedeeisernen Balkonen.

### Casa Vicens

Sie verlassen die Plaça Virreina auf dem schattigen Carrer de Astúries und gehen ihn bis zur Plaça Diamant ⑨. Hier wurde ein Bunker aus der Bürgerkriegszeit entdeckt; es gibt Pläne, ihn zu einem Friedensmuseum auszubauen. Gehen Sie rechts den Carrer Torrent l'Olla hinauf und links den Carrer de Santa Agata hinunter. Nach dem Carrer Gran de Gràcia heißt die Straße Carrer de les Carolines. Auf Nr. 24 am Ende der Straße steht eine frühe Arbeit von Antoni Gaudí, Casa Vicens ⑩. Sie ist in Privatbesitz, aber auch ein Blick von außen lohnt sich. Ein Ziegelfabrikant gab sie als Sommerhaus in Auftrag, Gaudí brauchte fünf Jahre (1883–88) für den Bau. Er ließ sich von maurischer Architektur inspirieren, setzte Ornamente und Farben ein und brach total mit der herkömmlichen Bauweise. Das Haus ist außen grün-weiß gekachelt, man entdeckt kühne gusseiserne Verzierungen und faszinierende Tiere. Von hier gehen Sie zum Carrer Gran de Gràcia zurück. Falls Sie Lust auf mehr Gaudí haben, können Sie hinauf zur Plaça Lesseps wandern und von dort zum Parc Güell *(siehe S. 96f).* Falls nicht, gehen Sie bergab zur hübschen Plaça Trilla ⑪. An der Station Fontana können Sie die Metro nehmen oder zum Start zurückkehren.

*Miradores* über **La Colmena** ④

## LEGENDE

••• Routenempfehlung

Ⓜ Metro-Station

noch erhebt sich die himmelblaue Fassade des Hauptsitzes der Lokalregierung. Eine Tafel an der Wand würdigt die Leistungen der katalanischen *castellers*, Gruppen von Amateur-Turnern, die während Fiestas in Gràcia oft Pyramiden von bis zu acht Menschen bilden. Überqueren Sie den Platz und schwenken Sie in den Carrer Mariana Pineda

**Innenraum mit Buntglasfenstern in der Casa Vicens** ⑩

# Zweistündiger Spaziergang durch Poblenou

Es ist schwer zu glauben, dass das schicke Viertel Poblenou einst die höchste Dichte von qualmenden Fabriken in ganz Katalonien hatte. In den 1960er Jahren waren sie nicht mehr lukrativ oder wurden weiter nach außen verlegt, die alten Gebäude verfielen. Die Olympischen Spiele 1992 brachten viel Aufschwung, seitdem baute man alte Hallen in schicke Ateliers um. Mit den neuen Bewohnern eröffneten neue Restaurants, Diskotheken und Hotels, und so bietet das Viertel heute eine faszinierende Mischung aus Industrie-Architektur und zeitgenössischer Kultur.

Die umstrittene Torre Agbar ③

### Avinguda Diagonal
Verlassen Sie die Metro-Station Plaça de Les Glòries Catalanes ① *(siehe S. 99)* am Ausgang zum Carrer Badajoz, dann kommen Sie zur neuen, zum Meer hin verlängerten Avinguda Diagonal ②. Über Ihnen ragt bald ein ungewöhnlicher, oft kritisierter Turm auf: Die Torre Agbar ③ setzt einen neuen Akzent in der Skyline Barcelonas. Das zylindrische Hochhaus mit Kuppel hat 33 Stockwerke und wurde als umgestülpte Zigarre beschimpft. Der französische Architekt Jean Nouvel entwarf es für die Wasserwerke Aguas de Barcelona.

Gehen Sie weiter die Avinguda Diagonal hinunter, die in der Mitte einen breiten *paseo* hat. Rechts und links fahren Autos, Radfahrer und die Tram, die Glòries mit Sant Adrià del Besòs verbindet. Nach etwa 700 Metern biegen Sie rechts in die Rambla del Poblenou ④ ein, Poblenous Hauptstraße, die zum Meer führt. Sie überqueren den Carrer de Pere IV, danach wird die Rambla attraktiver. In der Mitte befindet sich das Denkmal für Dr. Josep Trueta ⑤. Der Chirurg wurde 1897 in Poblenou geboren, rettete im Bürgerkrieg viele Leben und ging nach dem Ende der Demokratie 1939 für 30 Jahre nach England ins Exil.

### Rambla del Poblenou
Bleiben Sie auf der Rambla, auch wenn Sie drei Mal einen Kreisverkehr überqueren müssen. Am Weg liegen einige interessante Gebäude, so auf Nr. 51 (rechts) ein lachsfarbenes Modernisme-Haus ⑥, das Josep Masdeu 1914 mit Blumenmotiven entwarf. Wo sich die Rambla del Poblenou mit dem Carrer Joncar kreuzt, biegen Sie nach links ab – zwischen El Tio Che ⑦, einem 1912 gegründeten Laden für Eiscreme und *turrón* (ein spanisches Mandelgebäck), und dem Casino de l'Aliança de Poblenou ⑧, das kein Spielkasino ist, sondern ein Konzertsaal. An der ersten Kreuzung nehmen Sie rechts den Carrer Maria Aguilo, eine lebhafte Fußgängerzone mit vielen

Denkmal für Dr. Josep Trueta ⑤

### ROUTENINFOS
**Start:** Plaça de Les Glories Catalanes.
**Länge:** 3,5 km.
**Anfahrt:** Linie 1, Metro-Station Glòries.
**Rasten:** Bars gibt es an der Rambla de Poble Nou, neue Restaurants am Carrer Taulat, einige preiswertere Bars am Carrer Maria Aguilo. In El Tio Che bekommen Sie leckeres Eis.

# DURCH POBLENOU

**El Tio Che, berühmt für sein Eis und und seine *turróns*** ⑦

Geschäften. In einer kurzen Straße, die links abzweigt befindet sich der Markt des Viertels, Mercat de la Unió ⑨, der derzeit restauriert wird. Das Jugendstilhaus daneben (Nr. 24 Plaça de la Unió) hat weiße und grüne Keramikgirlanden um die Fenster drapiert. Auf der rechten Seite des Carrer Maria Aguilo ist auf Nr. 120 ⑩ der Laden des Künstlers Chema Vidal, der Modelle von Poblenous Monumenten fertigt, den noch existierenden und den schon abgerissenen. Überqueren Sie den Carrer del Taulat (die Kreuzung ist leicht versetzt) zum Carrer del Ferrocarril, dort sehen Sie links die alte Plaça del Prim ⑪. Hier stehen vor weiß getünchten, niedrigen Häusern alte, knorrige Ombu-Bäume, eine argentinische Art, die dicke Wurzeln entwickelt. Heute fühlt man sich hier wie auf dem Land, aber dies ist das eigentliche Herz von Poblenou.

Man erzählt sich, dass viele der Fischer und Arbeiter, die hier lebten, in der Mitte des 19. Jahrhunderts Anhänger der Utopie-Bewegung Icaria waren, die militant gegen den Kapitalismus vorging und eine Welt der »universellen Brüderlichkeit« erschaffen wollte.

Gehen Sie zum Carrer del Taulat zurück und von dort nach rechts. Wenn Sie den Spaziergang beenden wollen, biegen Sie nach links auf den Carrer de Bilbao ab, der Sie direkt zur Metro-Station Poblenou führt. Wenn Sie noch Energie haben, bleiben Sie auf dem Carrer de Taulat, an dem Sie hier zwischen modernen Wohnblocks ab und zu Grünflächen sehen. Ein kleiner Abstecher nach links in den Carrer de Ramon Turró und den Carrer Espronceda führt Sie zu einem Park ⑫, der dem indischen Sozialreformer und Philosophen Mahatma Gandhi gewidmet ist. Der Friedensnobelpreisträger Adolfo Pérez Esquivel schuf seine Skulptur.

Zurück auf dem Passeig del Taulat steuern Sie direkt auf das charakteristischste Industriegebäude von Poblenou zu, die Torre de les Aigües ⑬.

**Torre de les Aigües** ⑬

Biegen Sie links in den Carrer de la Selva ein, um zum Fuß des runden, 63 Meter hohen Turms aus rotem Backstein zu kommen, der in der Mitte der Plaça Ramon Calsina steht. Er wurde als Reservoir für das Wasser gebaut, das aus dem nahen Besos kam. Fast ganz oben verläuft eine Metalltreppe um den Turm zu einem Balkon.

Von hier führt der Carrer de la Selva zur Metro-Station Selva del Mar an der Kreuzung zum Carrer de Pujades. Auf dem Weg können Sie einen kleinen Abstecher auf dem Carrer de Llull machen. An der Ecke zum Carrer de Provençals steht der mit 65 Metern höchste Kamin ⑭ Barcelonas, der zu den Macosa-Stahlwerken gehörte. Gehen Sie zum Carrer de la Selva zurück und zur Metro-Station.

**LEGENDE**

... Routenempfehlung

Ⓜ Metro-Station

**Die ungewöhnlichen Ombu-Bäume auf der Plaça del Prim** ⑪

# KATALONIEN

### VIER PROVINZEN (LLEIDA · GIRONA BARCELONA · TARRAGONA) SOWIE ANDORRA

Kataloniens vier Provinzen (Lleida, Girona, Barcelona und Tarragona) sowie das katalanischsprachige Andorra bezaubern mit Naturschönheiten – felsige Küsten, fruchtbare Ebenen, herrliche Sandstrände. Viele Besucher verbringen ihren Urlaub an der Küste, doch Abstecher ins Landesinnere lohnen sich.

Katalonien ist, abgesehen von Barcelona, eine meist ländliche Region mit nur wenig Industrie. Von den vier Provinzen, alle nach ihrer Hauptstadt benannt, ist *Lleida* die größte und am dünnsten besiedelte. Glanzpunkte sind hier die romanischen Kirchen im Boí-Tal und der Aigüestortes-Nationalpark.

Santa Maria, Ripoll

Berge und Meer prägen die Provinz *Girona* na den Ostausläufern der Pyrenäen. Attraktionen sind das zauberhafte Cerdanya-Tal und die alten Klöster Ripoll und Sant Joan de les Abadesses, mittelalterliche Dörfer, eine schöne – häufig übersehene – Hauptstadt sowie eine felsige Küste, die wunderschöne Costa Brava.

Die Provinz *Barcelona* hat ihre eigenen Strände. Im Norden versperrt zwar die Bahnlinie am Meer den Zugang zum Strand, doch der Süden ist reizvoll – z. B. das Seebad Sitges. Im Hinterland locken der heilige Berg von Montserrat (Kataloniens geistliches Zentrum), das Weinbaugebiet Penedès und die Kleinstadt Vic.

Die Hauptstadt der südlichen Provinz *Tarragona* war früher das römische Zentrum der Iberischen Halbinsel. Auf sanft gewelltem Land gedeihen Obst- und Nussbäume, im Ebrotal gibt es riesige Reisfelder. Auch die Küste ist weniger wild. Besonders sehenswert sind die Klöster Poblet und Santes Creus.

Parc Nacional Aigüestortes y Estany Sant Maurici in den Pyrenäen (Provinz Lleida)

◁ Cadaqués an der Costa Brava – ein Fischer prüft seine Netze

# Überblick: Katalonien

Zu Katalonien gehört auch ein Teil der spanischen Pyrenäen, deren blumenübersäte Täler Dörfer mit romanischen Kirchen bergen. Der Parc Nacional d'Aigüestortes und das Vall d'Aran sind Paradiese für Naturliebhaber, während Baqueira-Beret bei Skifahrern beliebt ist. Sonnenanbeter können zwischen der Costa Brava oder den Sandstränden der Costa Daurada wählen. Tarragona bietet zahlreiche römische Denkmäler. Die Klöster Poblet und Santes Creus sowie die Weinberge von Penedès liegen im Landesinneren.

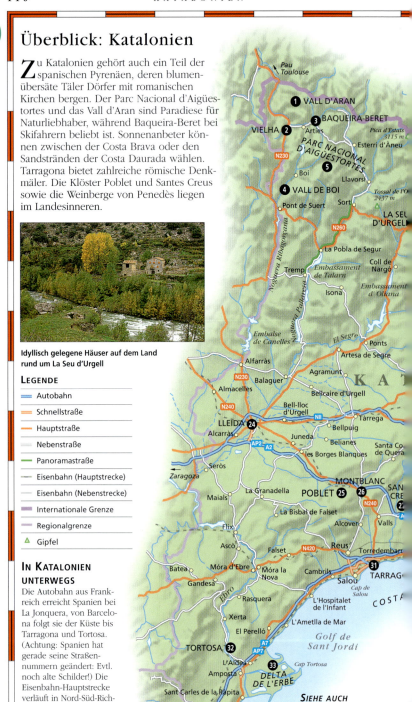

**Idyllisch gelegene Häuser auf dem Land rund um La Seu d'Urgell**

## Legende

- ▬▬ Autobahn
- ▬▬ Schnellstraße
- ▬▬ Hauptstraße
- ▬▬ Nebenstraße
- ▬▬ Panoramastraße
- ▬▬ Eisenbahn (Hauptstrecke)
- ▬▬ Eisenbahn (Nebenstrecke)
- ▬▬ Internationale Grenze
- ▬▬ Regionalgrenze
- △ Gipfel

## In Katalonien unterwegs

Die Autobahn aus Frankreich erreicht Spanien bei La Jonquera, von Barcelona folgt sie der Küste bis Tarragona und Tortosa. (Achtung: Spanien hat gerade seine Straßennummern geändert: Evtl. noch alte Schilder!) Die Eisenbahn-Hauptstrecke verläuft in Nord-Süd-Richtung (küstennah ab Blanes). Andere Bahnlinien verbinden Barcelona mit Vic, Lleida und Tortosa.

### Siehe auch

- **Übernachten** S. 134–141
- **Restaurants** S. 146–151

*Weitere Symbolerklärungen siehe hintere Umschlagklappe*

# KATALONIEN

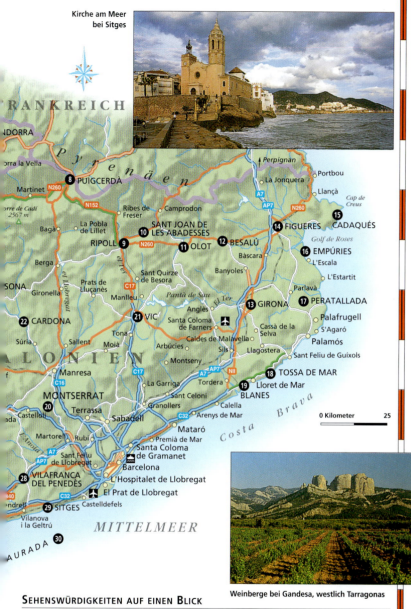

Kirche am Meer bei Sitges

Weinberge bei Gandesa, westlich Tarragonas

## Sehenswürdigkeiten auf einen Blick

- Andorra ❻
- Baqueira-Beret ❸
- Besalú ⓬
- Blanes ⓳
- Cadaqués ⓯
- Cardona ㉒
- Costa Daurada ㉚
- Delta de l'Ebre ㉝
- Empúries ⓰
- Figueres ⓮
- Girona ⓭
- Lleida ㉔
- Montblanc ㉖
- *Montserrat S. 122f* ⓴
- Olot ⓫
- Parc Nacional d'Aigüestortes ❺
- Peratallada ⓱
- *Poblet S. 126f* ㉕
- Puigcerdà ❽
- Ripoll ❾
- Santes Creus ㉗
- Sant Joan de les Abadesses ❿
- La Seu d'Urgell ❼
- Sitges ㉙
- Solsona ㉓
- Tarragona ㉛
- Tortosa ㉜
- Tossa de Mar ⓲
- Vall d'Aran ❶
- Vall de Boí ❹
- Vic ㉑
- Vielha ❷
- Vilafranca del Penedès ㉘

Die Vall d'Aran, umgeben von den schneebedeckten Gipfeln der Pyrenäen

## Schmetterlinge in der Vall d'Aran

In den Tälern und Bergen der Pyrenäen findet man zahlreiche Schmetterlings- und Mottenarten. Vor allem die abgelegene Vall d'Aran ist Heimat mehrerer einzigartiger und seltener Subspezies, die man am besten zwischen Mai und Juli beobachten kann.

**Gelbwürfel-Dickkopf**
(Carterocephalus palemon)

**Schwarzer Apollo**
(Parnassins mnemosyne)

**Malven-Würfelfleckfalter**
(Pyrgus malvae)

## Vall d'Aran ❶

Lleida N 230. 🚍 Vielha.
🛈 Vielha. ☎ 973 64 01 10.

Das »Tal der Täler« – *aran* heißt wie *vall* »Tal« – ist eine schöne, 600 Quadratkilometer große Oase aus Wäldern und blumenübersäten Wiesen inmitten hoher Berge.
Der Riu Garona, der hier entspringt und in Frankreich als Garonne ins Meer mündet, formte das Tal. Bis 1924 die Straße über den Bonaigua-Pass gebaut wurde, war es fast den ganzen Winter vom übrigen Land abgeschnitten. Noch immer macht Schnee den Pass von November bis April unpassierbar, aber heute kann man das Tal leicht von El Pont de Suert aus durch den Vielha-Tunnel erreichen.
Da die Vall d'Aran nach Norden hin liegt, gleicht ihr Klima dem der Atlantikküste. Die feuchte Luft und die schattigen Hänge schaffen günstige Bedingungen für seltene Blumen und Schmetterlinge. Das Tal ist auch für zahlreiche Narzissenarten bekannt.
Entlang dem Riu Garona haben sich winzige Dörfer um romanische Kirchen angesiedelt, etwa **Bossòst**, **Salardú**, **Escunhau** und **Arties**. Das Tal bietet auch ideale Voraussetzungen für Skifahrer und Wanderer.

## Vielha ❷

Lleida. 👥 2700. 🚍 🛈 Carrer Sarriulera 10. ☎ 973 64 01 10.
🗓 Do. 🎉 Festa de Vielha (8. Sep), Feria Vielha (8. Okt).

Mittelalterliche Relikte sind in der größten Stadt des Vall d'Aran erhalten: Die romanische Kirche **Sant Miquel** mit achteckigem Glockenturm birgt ein Holzkruzifix (12. Jh.), den *Mig Aran Christ*, Teil eines größeren, verloren gegangenen Schnitzwerks. Das **Museu de la Vall d'Aran** zeigt volkskundliche Artefakte aus der Region.

🏛 **Museu de la Vall d'Aran**
Carrer Major 26. ☎ 973 64 18 15. ☐ Di–Sa 10–13, 17–20 Uhr, So 11–14 Uhr. ● 1. Jan, 17. Juli, 8. Sep, 25. Dez. 🌐
www.aran.org

**Mig Aran Christ** (12. Jh.), Kirche Sant Miquel, Vielha

## Baqueira-Beret ❸

Lleida. 🚗 100. 🚌 ℹ️ *Baqueira-Beret.* 📞 *973 63 90 00.* 🎉 *Romeria de Nostra Senyora de Montgarri (2. Juli).*

Das große Wintersportgebiet – eines der besten in Spanien – ist bei der Bevölkerung und der spanischen Königsfamilie beliebt. Im Winter kann man sich darauf verlassen, dass die 40 Pisten in Höhen von 1520 bis 2470 Meter schneebedeckt sind.

Bevor Skifahren in Mode kam, waren Baqueira und Beret zwei getrennte Bergdörfer – heute sind sie eine Gemeinde. Schon die Römer nutzten die hiesigen Thermalquellen, die heute müde Skifahrer erfrischen.

## Vall de Boí ❹

Lleida N 230. 🚌 *La Pobla de Segur.* 🚌 *El Pont de Suert.* ℹ️ *Barruera.* 📞 *973 69 40 00.* **www.**vallboi.com

Das kleine Tal am Rande des Parc Nacional d'Aigüestortes besitzt viele kleine Dörfer mit prächtigen, katalanisch-romanischen Kirchen. Charakteristisch für diese Kirchen aus dem 11. und 12. Jahrhundert sind die hohen Glockentürme, wie der sechsstöckige Glockenturm der **Església de Santa Eulàlia** in Erill la Vall.

Die beiden Kirchen in Taüll, **Sant Climent** *(siehe S. 22)* und **Santa María**, besitzen wunderschöne Fresken – allerdings nur als Kopie. Die Originale entfernte man zwischen 1919 und 1923 zur Verwahrung in Barcelonas Museu Nacional d'Art de Catalunya *(siehe S. 88)*. Vom Turm der Sant-Climent-Kirche hat man einen großartigen Ausblick auf die Umgebung. Sehenswert sind auch die Kirchen in **Coll** (schmiedeeiserne Arbeiten), in **Barruera** und **Durro** (Glockenturm).

Am oberen Ende des Tals liegt das Dörfchen **Caldes de Boí**, geschätzt wegen seiner Thermalquellen und Skipisten. Es ist außerdem ein guter Ausgangspunkt zur Erkundung des Parc Nacional d'Aigüestortes.

Der mächtige Turm der Kirche Sant Climent in Taüll, Vall de Boí

## Parc Nacional d'Aigüestortes ❺

Lleida. 🚌 *La Pobla de Segur.* 🚌 *El Pont de Suert, La Pobla de Segur.* ℹ️ *Barruera.* 📞 *973 69 61 89.*

Die ursprüngliche Bergkulisse von Kataloniens einzigem Nationalpark zählt zu den großartigsten Landschaften der Pyrenäen.

Der 1955 eröffnete Park erstreckt sich über eine Fläche von 102 Quadratkilometern. Sein Name – Parc Nacional d'Aigüestortes y Estany de Sant Maurici – geht auf den See *(estany)* von Sant Maurici im Osten und das Gebiet Aigüestortes (»gewundene Wasser«) im Westen zurück.

Der größte Ort ist das Bergdorf Espot am Ostrand des Parks. Im Park gibt es Wasserfälle und an die 150 glasklare Seen, die Gletscher in grauer Vorzeit bis zu 50 Meter tief in den Boden schürften.

Die schönste Kulisse entfaltet sich um den Sant-Maurici-See am Fuß der Serra dels Encantats. Von hier führen Wanderwege entlang der Seenkette in nördlicher Richtung zu den steilen Gipfeln der Agulles d'Amitges. In südlicher Richtung liegt der atemberaubend schöne Estany Negre, der höchstgelegene und tiefste Gebirgssee des Parks.

Charakteristisch für den Frühsommer in den tiefergelegenen Tälern sind die vielen violetten und roten Rhododendronbüsche; später im Jahr blühen wilde Lilien in den Wäldern aus Tannen, Buchen und Weißbirken.

Im Felsgeröll der Berge und auf den Wiesen leben Gämsen, in den Seen Biber und Fischotter. Einige Goldadler nisten auf Felsvorsprüngen, und in den Wäldern kann man manchmal Waldhühner und auch Auerhähne entdecken.

Im Sommer ist der Park ein beliebtes Wandergebiet, im Winter bieten die schneebedeckten Berge ideale Voraussetzungen für Skilanglauf.

**Kristallklarer Bach im Parc Nacional d'Aigüestortes**

## Les Quatre Barres (Die vier Provinzen)

Die vier roten Streifen auf der *senyera*, der katalanischen Flagge, repräsentieren die Provinzen Barcelona, Girona, Lleida und Tarragona. Der Entwurf geht der Legende nach auf Guifré el Pelós, den ersten Grafen von Barcelona *(siehe S. 42)*, zurück. Auf Bitten Karls des Kahlen, König der Westfranken und Enkel Karls des Großen, griff Guifré in eine Schlacht ein, in deren Verlauf er tödlich verwundet wurde. Karl tauchte seinen Finger in das Blut des Sterbenden, fuhr damit über seinen blanken, goldenen Schild und machte ihn so zum Wappen.

**Kataloniens Nationalemblem**

## Andorra ❻

Fürstentum Andorra. 72 000. Andorra la Vella. Plaça de la Rotonda, Andorra la Vella. 376 82 71 17. www.andorra.ad

Andorra nimmt 468 Quadratkilometer der Pyrenäen zwischen Frankreich und Spanien ein. 1993 feierte es seine Unabhängigkeit und hielt die ersten demokratischen Wahlen ab. Seit 1278 stand der Feudalstaat unter Hoheit des spanischen Bischofs von La Seu d'Urgell und des französischen Grafen von Foix (Rechtsnachfolger wurde der französische Staatspräsident). Beide bilden noch immer formal die Staatsoberhäupter.

Amtssprache ist Katalanisch, man spricht aber auch Französisch und Spanisch. Als offizielle Währung gilt der Euro – allerdings ohne eigene Münzprägung.

Andorra ist ein steuerfreies Einkaufsparadies, was die Geschäfte der Hauptstadt **Andorra la Vella** zeigen. Les Escaldes (nahe der Hauptstadt) sowie Sant Julià de Lòria und El Pas de la Casa (die der spanischen und französischen Grenze nächsten Städte) sind ebenfalls Einkaufszentren. Nur wenige Besucher entdecken das ländliche Andorra. Wanderwege führen zum **Cercle de Pessons**, einem Seebecken im Osten, vorbei an romanischen Kapellen wie **Sant Martí** in La Cortinada. Im Norden erstreckt sich das malerische Sorteny-Tal, wo in traditionellen Bauernhäusern gemütliche Restaurants einladen.

## La Seu d'Urgell ❼

Lleida. 13 000. Avenida Valles de Andorra 33. 973 35 15 11. Di, Sa. Festa major (letzte Woche im Aug). www.laseu.org

Die Westgoten erklärten die Stadt zum Bistum (6. Jh.). Fehden zwischen den Bischöfen von Urgell und den Grafen von Foix führten zur Entstehung von Andorra (13. Jh.). Die **Kathedrale** (12. Jh.) birgt eine Statue der hl. Maria von Urgell. Das **Museu Diocesà** zeigt eine Kopie (10. Jh.) des Kommentars zur Apokalypse von Beatus von Liébana.

**🏛 Museu Diocesà**
Plaça del Deganat. 973 35 32 42. Okt-Mai: Mo-Fr 12-13 Uhr, Sa-So 11-13 Uhr; Juni-Sep: Mo-Sa 10-13 Uhr, 16-19 Uhr, So 10-13 Uhr. 1. Jan, 25. Dez, Feiertage.

**Relief, Kathedrale, La Seu d'Urgell**

## Puigcerdà ❽

Girona. 7000. Plaça de l'Ajuntament. 972 88 05 42. So. Festa del l'Estany (3. So im Aug). www.puigcerda.com

Das Wort *puig* ist katalanisch für »Hügel«. Puigcerdà liegt im Vergleich zu den anderen Bergen, die bis zu 2900 Meter hoch sind, auf einer kleinen Anhöhe, doch bietet es schöne Ausblicke auf das Cerdanya-Tal mit dem forellenreichen Riu Segre.

Alfonso II gründete Puigcerdà 1177 nahe der französischen Grenze als Hauptstadt der Landwirtschaftsregion Cerdanya, die Geschichte und Kultur mit der französischen Cerdagne teilt. Die spanische Enklave **Llívia**, ein Städtchen mit mittelalterlicher Apotheke, liegt hinter der Grenze.

Cerdanya ist das größte Tal in den Pyrenäen. Sein Naturreservat **Cadí-Moixeró** *(siehe S. 170)* ist ideal für lange Wanderungen.

**Portal am Monestir de Santa Maria**

## Ripoll ❾

Girona. 11 000. Plaça del Abat Oliva. 972 70 23 51. Sa. Festa Major (11./12. Mai). La Llana i Casament a Pages (So nach Festa Major). www.elripolles.com

Einst Stützpunkt für die Angriffe gegen die Mauren, ist Ripoll heute v. a. für sein 879 gegründetes **Monestir de Santa Maria** *(siehe S. 22)* bekannt. Ripoll wird die »Wiege Kataloniens« genannt, denn das Kloster war Macht- und Kulturzentrum von Wilfried dem Behaarten, dem Gründer des Hauses Barcelona *(siehe S. 42)*, der hier begraben ist.

Im späten 12. Jahrhundert wurde das Westportal mit den schönen romanischen Skulpturen verziert. Außer dem Portal ist nur das mittelalterliche Kloster erhalten. Der Rest wurde im 19. Jahrhundert rekonstruiert.

**Umgebung:** In den Bergen im Westen liegt **Sant Jaume de Frontanyà** *(siehe S. 22)*, eine romanische Kirche.

Die mittelalterliche Stadt Besalú am Ufer des Riu Fluvià

## Sant Joan de les Abadesses ⓰

Girona. 🏠 3800. 🚌 ℹ️ Plaça de Abadia 9. 📞 972 72 05 99. 🚌 So. 🎉 Festa major (2. Woche im Sep). www.santjoandelesabadesses.com

Eine schöne gotische Brücke aus dem 12. Jahrhundert führt über den Riu Ter zu dem Marktstädtchen mit sehenswertem **Kloster**.

Guifré, der erste Graf von Barcelona, schenkte die Abtei 885 seiner Tochter, der ersten Äbtissin. Die schlichte Kirche schmückt nur ein großartiges Kunstwerk, *Die Kreuzabnahme* (1150). Die Holzfigur eines Diebs verbrannte im Spanischen Bürgerkrieg, wurde aber so perfekt ersetzt, dass man die Nachahmung kaum bemerkt. Das Museum zeigt Altarbilder aus Barock und Renaissance.

*Die Kreuzabnahme* (12. Jh.), Kloster Sant Joan de les Abadesses

**Umgebung:** Im Norden liegen **Camprodon** und **Beget**, beide Städtchen mit romanischen Kirchen *(siehe S. 23)*. Camprodon bietet prächtige Häuser und sehr leckere und bekannte Würste.

## Olot ⓱

Girona. 🏠 28 000. 🚌 ℹ️ Carrer Hospici 8. 📞 972 26 01 41. 🚌 Mo. 🎉 Feria de Mayo (1. Mai), Fronleichnam (Juni), Festa del Tura (8. Sep), Feria de Sant Lluc (18. Okt). www.olot.org/turisme

Die Marktstadt liegt inmitten erloschener Vulkane. Ein Erdbeben zerstörte 1474 die Stadt und ihre mittelalterliche Vergangenheit. Im 18. Jahrhundert wurde die Oloter Schule für Textildesign *(siehe S. 28)* von Industriellen gegründet. 1783 entstand eine Zeichenschule. Viele ihrer Arbeiten, darunter Heiligenskulpturen und Gemälde wie *Les falgueres* von Joaquim Vayreda, zeigt das **Museu Comarcal de la Garrotxa** (18. Jh.). Auch Werke des Modernisme-Bildhauers Miquel Blay sind zu sehen. Seine Figuren stützen den Balkon des Hauses Nr. 38 am Passeig Miquel Blay.

🏛️ **Museu Comarcal de la Garrotxa**
Calle Hospici 8. 📞 972 27 91 30. 🕐 Mo, Mi–Sa 11–14, 16–19 Uhr, So, Feiertage 11–14 Uhr. ⛔ 1. Jan, 25. Dez. 📷 ♿

## Besalú ⓲

Girona. 🏠 2000. 🚌 ℹ️ Plaça de la Llibertat 1. 📞 972 59 12 40. 🚌 Di. 🎉 Sant Vicenç (22. Jan), Festa major (Wochenende um 25. Sep). www.ajuntamentbesalu.org

Besonders eindrucksvoll ist diese mittelalterliche Stadt, wenn man sich ihr über die Brücke über den Riu Fluvià nähert. Besalú hat zwei schöne romanische Kirchen: **Sant Vicenç** und **Sant Pere** *(siehe S. 23)*, letztes Relikt eines Benediktinerklosters, das 977 gegründet und 1835 abgerissen wurde. 1964 fand man eine **Mikwah**, ein jüdisches Bad für rituelle Waschungen (erbaut 1264). Es ist eines von nur drei erhaltenen Bädern aus dieser Epoche.

Im Süden bietet der See von **Banyoles** ideale Plätze für ein Picknick. Hier fanden 1992 die Ruderwettbewerbe der Olympischen Spiele statt.

Reiches Angebot von *llonganisses* in der Bergstadt Camprodon

### ZENTRUM VON GIRONA

Banys Arabs ②
Catedral ④
Centre Bonastruc Ça Porta ⑦
Església de Sant Feliu ③
Església de Sant Pere de
  Galligants ①
Museu d'Art ⑤
Museu d'Història
  de la Ciutat ⑥

0 Meter 250

Zeichenerklärung
*siehe hintere Umschlagklappe*

## Girona ⓭

Girona. 75 000.
Rambla de la Llibertat 1. 972 22 65 75. Di, Sa. El Pedal (Fahrradrennen, 3. und 4. Woche im Sep), Sant Narcís (eine Woche ab 29. Okt). www.ajuntament.gi/turisme

A m schönsten zeigt sich Girona am Ufer des Riu Onyar, wo sich die Häuser im Wasser spiegeln. In der Altstadt säumen Läden und Cafés die belebte Rambla de la Llibertat.

Diese Häuser ersetzten im 19. Jahrhundert Teile der Stadtmauer, die französische Truppen 1809 während einer siebenmonatigen Belagerung beschädigten. Der übrige Teil der Wälle, deren älteste Abschnitte die Römer bauten, ist größtenteils unversehrt und bildet nun den Passeig Arqueològic (archäologischen Rundgang) um die Stadt.

Dieser beginnt im Norden nahe der **Església de Sant Pere de Galligants** *(siehe S. 23)*, die nun die archäologische Sammlung der Stadt beherbergt. Von hier führt eine Gasse durch das Nordtor, hier sind noch Teile der römischen Grundmauern zu erkennen. Diese Mauern lassen den Verlauf der Via Augusta erkennen, die ursprünglich von Tarragona bis nach Rom führte. Der beliebteste Andachtsort Gironas ist die geschichtsträchtige **Església de Sant Feliu**, die im 14. Jahrhundert über den Gräbern der Schutzheiligen der Stadt, Felix und Narcissus, entstand. Neben dem Hochaltar sind in die Apsidenwand acht römische Sarkophage eingelassen.

Ihrem Namen zum Trotz entstanden die von einer achteckigen Laterne beleuchteten **Banys Àrabs**, die arabischen Bäder (Ende 12. Jh.), erst über 300 Jahre nach dem Abzug der Mauren.

### 🏛 Centre Bonastruc Ça Porta
Carrer de la Força 8. 972 21 67 61. tägl. 10–18 Uhr (So bis 15 Uhr). 1. und 6. Jan, 25. und 26. Dez.

Das Zentrum zur Geschichte der Juden Gironas liegt im Gewirr der Gässchen des ehemaligen Judenviertels El Call. Hier lebten die Juden vom 9. Jahrhundert bis zu ihrer Vertreibung aus Spanien 1492.

### 🏛 Kathedrale
Die Westfassade der Kathedrale ist reiner katalanischer Barock, das übrige Gebäude gotisch. Der einschiffige Innenraum (1416) von Guillem Bofill ist das breiteste gotische Kirchenschiff Europas. Hinter dem Altar steht ein Marmorthron, der »Stuhl Karls des Großen« benannt

Bunte Häuserfront am Ufer des Riu Onyar in Girona

nach dem Frankenkönig, dessen Truppen 785 Girona einnahmen. Der Chor enthält ein Altarbild aus Silber und Email (14. Jh.), das schönste seiner Art in Katalonien. Das Kathedralenmuseum zeigt romanische Gemälde und Skulpturen, eine illustrierte Abschrift des Kommentars zur Apokalypse (10. Jh.) von Beatus von Liébana und eine Statue des Katalanenkönigs Pere des Feierlichen. Glanzstück ist der Wandteppich *Die Schöpfung* mit lebendig wirkenden Figuren. Die Farben dieses Kunstwerks aus dem 11./12. Jahrhundert sind gut erhalten.

**Wandteppich *Die Schöpfung***

### 🏛 Museu d'Art

Pujada de la Catedral 12. ☎ 972 20 95 36. ⏰ Di–Sa 10–19 Uhr (Okt–Feb: 10–18 Uhr), So 10–14 Uhr. ⏸ 1. und 6. Jan, 25. und 26. Dez. 

Dieses schöne Museum zeigt Werke von der Romanik bis heute. Die Exponate aus Kirchen, die Kriege oder Nachlässigkeit zerstörten, zeugen von vergangenem Reichtum.

### 🏛 Museu del Cinema

Carrer Sèquia 1. ☎ 972 41 27 77. ⏰ Di–So. ⏸ 1. und 6. Jan, 25. und 26. Dez. 

Das Museum neben der Església de Mercadel (Neustadt) zeigt Filme von der Zeit um 1850 bis zur Gegenwart.

### 🏛 Museu d'Història de la Ciutat

Carrer de la Força 27. ☎ 972 22 22 29. ⏰ Di–So. ⏸ 1. und 6. Jan, 25. und 26. Dez. 

Im Museum für Stadtgeschichte in einem früheren Kloster aus dem 18. Jahrhundert sind noch die Nischen zu sehen, in denen die Kapuzinermönche bestattet wurden. Gezeigt werden alte Sardana-Instrumente *(siehe S. 129)*.

# Figueres ⑭

Girona. 🚗 35 000. 🚌 🚉 ℹ️ Plaça del Sol. ☎ 972 50 31 55. 📅 Do. 🎉 Santa Creu (3. Mai), Sant Pere (29. Juni). **www**.figueresciutat.com

Figueres ist die Marktstadt der Empordà-Ebene. Neben der von Platanen gesäumten Rambla befindet sich im ehemaligen Hotel de Paris das **Museu de Joguets** (Spielzeugmuseum). Am unteren Ende der Rambla erinnert eine Statue an Narcís Monturiol i Estarriol (1819–1895), der als Erfinder des U-Boots gilt.

Figueres war Geburtsort von Salvador Dalí, der 1974 das Stadttheater in das **Teatre-Museu Dalí** verwandelte. Viele, aber nicht alle ausgestellten Werke sind von ihm.

**Umgebung: Casa-Museu Castell Gala Dalí**, 55 km südlich von Figueres gelegen, ist ein mittelalterliches Schloss, das Dalí in den 1970er Jahren kaufte. Es birgt zahlreiche seiner Gemälde und Zeichnungen. Weiter östlich liegt das romanische Kloster **Sant Pere de Rodes** *(siehe S. 23)*.

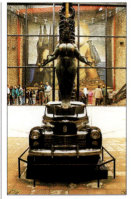

*Taxi im Regen*, Plastik im Garten des Teatre-Museu Dalí

### 🏛 Museu del Joguet

C/ Sant Pere 1. ☎ 972 50 45 85. ⏰ Juni–Sep: tägl.; Okt–Mitte Jan und März–Mai: Di–So. www.mjc-figueres.net

### 🏛 Teatre-Museu Dalí

Pl. Gala-Salvador Dalí ☎ 972 67 75 00. ⏰ Juli–Sep: tägl.; Okt–Juni: Di–So. ⏸ 1. Jan, 25. Dez. www.salvador-dali.org

### 🏛 Casa-Museu Castell Gala Dalí

Carrer Gala Dalí, Púbol (La Pera). ☎ 972 48 86 55. ⏰ Mitte März–Nov: Di–So; Dez–5. Jan: nur Gruppen mit Reservierung.

## DALÍ UND SEINE KUNST

Salvador Dalí i Domènech wurde 1904 in Figueres geboren. Seine erste Ausstellung fand statt, als er 15 Jahre alt war. Nach dem Studium an der Escuela de Bellas Artes in Madrid und der Beschäftigung mit Kubismus, Futurismus und metaphysischer Malerei entdeckte er 1929 den Surrealismus und entwickelte sich zu seinem bekanntesten Vertreter. Bekannt wurde der Künstler durch seine halluzinogenen Bilder wie *Frau-Tier-Symbiose*, die er als »handgemalte Traumfotografien« beschrieb. Dalí, der auch als Schriftsteller und Filmemacher arbeitete, war einer der größten Künstler des 20. Jahrhunderts. Er starb 1989 in seiner Geburtsstadt.

**Deckengemälde im Raum »Palast der Winde«, Teatre-Museu Dalí**

## Cadaqués ⓯

Girona. 2000. Carrer Cotxe 2. 972 25 83 15. Mo. Fiesta major de Verano (erste Wo im Sep), Santa Esperança (18. Dez).

Der hübsche Küstenort mit der Barockkirche **Església de Santa Maria** entwickelte sich in den 1960er Jahren zum »St-Tropez Spaniens«. Damals kamen viele Besucher wegen Salvador Dalí, der hier von 1930 bis zu seinem Tod 1989 sechs Monate pro Jahr zusammen mit seiner Frau Gala lebte. Sein Haus ist heute als **Casa-Museu Salvador Dalí** zugänglich. Aus einer kleinen Fischerhütte entstand durch zahlreiche Umbauten ein großes Anwesen voller einzigartiger Details aus der Hand des Meisters. Das Museum wird von der Fundació Gala-Salvador Dalí betreut.

🏛 **Casa-Museu Salvador Dalí**
Port Lligat. 972 25 10 15. FAX 972 25 10 83. tel. Anmeldung erforderlich. 7. Jan–12. März. www.salvador-dali.org

## Empúries ⓰

Girona. L'Escala. 972 77 02 08. Ostern; Juni–Sep: tägl. 10–20 Uhr; Okt–Mai: tägl. 10–18 Uhr. Ruinen.

Das Ruinenfeld der griechisch-römischen Stadt Empúries *(siehe S. 41)* am Meer umfasst drei Siedlungen (7.–3. Jh. v. Chr.): die **Alte Stadt** (Palaiapolis), die **Neue Stadt** (Neapolis) und die 49 v. Chr. von Julius Caesar gegründete **Römische Stadt**.

Ein freigelegter römischer Pfeiler im Ruinenfeld von Empúries

Blick auf die Costa Brava südlich von Tossa de Mar

Die Griechen gründeten ihre Stadt 600 v. Chr. als Handelshafen auf einer Insel, wo heute Sant Martí de Empúries liegt. Um 550 v. Chr. ersetzte eine größere Siedlung auf dem Festland, die die Griechen Emporion (»Handelsplatz«) nannten, die alte Stadt. 218 v. Chr. landeten die Römer in Empúries und errichteten daneben ihre römische Siedlung. Ein Museum zeigt Funde von dieser Stätte, doch die besten Stücke befinden sich im Museu Arqueològic in Barcelona *(siehe S. 88)*.

## Peratallada ⓱

Girona. 150. Carrer Unió 3, Ajuntament de Forallac, Vulpellac. 972 64 55 22. Feria Peratallada (letztes Wochenende im Apr), Festa Major (6./7. Aug), Mittelalter-Markt (erstes Wochenende im Okt).

Peratallada ist eines der spektakulärsten Dörfchen im Hinterland der Costa Brava: Zusammen mit Pals und Palau bildet Peratallada das »Goldene Dreieck« mittelalterlicher Dörfer. Es liegt hoch auf einem Berg, der Blick aufs Meer ist beeindruckend. Ein verschlungenes Gewirr von Gassen führt zum zentralen Schloss und zum Wach- und Aussichtsturm (11. Jh.). Die alten Herrscher von Peratallada haben starke Verteidigungsmauern ums Dorf gezogen, die bis heute jegliche Dorfvergrößerung verhinderten – dafür aber den mittelalterlichen Charakter erhielten.

## Tossa de Mar ⓲

Girona. 4000. Av. Pelegri 25. 972 34 01 08. Do. Fiesta de hivern (22. Jan), Fiesta de estiu (29. Juni). www.infotossa.com

Die römische Stadt Turissa am Ende der kurvigen Straße gehört zu den schönsten Orten der Costa Brava. Die **Vila Vella** (Altstadt) oberhalb der modernen Stadt ist denkmalgeschützt. Die mittelalterlichen Mauern mit drei Türmen umgeben Fischerhütten und die Kirche (14. Jh.). Das **Museu Municipal** in der Altstadt zeigt archäologische Funde und moderne Kunst.

🏛 **Museu Municipal**
Plaça Roig y Soler 1. 972 34 07 09. tägl. (Sommer). Mo (Winter).

## Blanes ⓳

Girona. 30 000. Paseo de Catalunya 21. 972 33 03 48. Mo. Santa Ana (26. Juli); Fiesta Major Petita (21. Aug). www.blanes.net

Die Hafenstadt Blanes besitzt einen der längsten Strände der Costa Brava. Die Hauptattraktion ist jedoch der **Jardí Botànic Mar i Murtra**, ein 1928 von Karl Faust entworfener Park oberhalb der Klippen. Er zeigt über 7000 mediterrane Pflanzen, darunter viele afrikanische Kakteen.

**Jardí Botànic Mar i Murtra**
Passeig Karl Faust 10. 972 33 08 26. tägl. 1. und 6. Jan, 24. und 25. Dez.

◁ Surrealistische Verzierung an einem der Gebäude des Teatre-Museu Dalí in Figueres

# Die Costa Brava

Die »Wilde Küste« (Costa Brava) erstreckt sich etwa 200 Kilometer von Blanes in Richtung Norden bis zur Empordà-Region nahe der französischen Grenze. Piniengesäumte Sandbuchten, Strände und Urlaubsorte wechseln sich hier ab. Die beliebtesten Orte – Lloret de Mar, Tossa de Mar und Platja d'Aro – liegen im Süden. Sant Feliu de Guíxols und Palamós werden ganzjährig besucht. Landeinwärts findet man mittelalterliche Dörfer wie Peralada, Peratallada und Pals. Vor dem Tourismus-Boom, der in den 1960er Jahren begann, lebte die Region von Wein, Oliven und Fischfang.

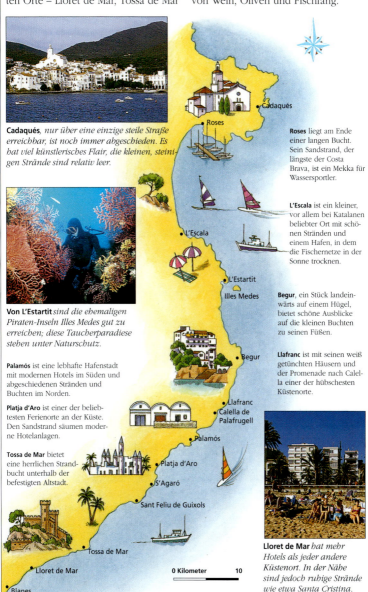

**Cadaqués**, nur über eine einzige steile Straße erreichbar, ist noch immer abgeschieden. Es hat viel künstlerisches Flair, die kleinen, steinigen Strände sind relativ leer.

**Von L'Estartit** sind die ehemaligen Piraten-Inseln Illes Medes gut zu erreichen; diese Taucherparadiese stehen unter Naturschutz.

**Palamós** ist eine lebhafte Hafenstadt mit modernen Hotels im Süden und abgeschiedenen Stränden und Buchten im Norden.

**Platja d'Aro** ist einer der beliebtesten Ferienorte an der Küste. Den Sandstrand säumen moderne Hotelanlagen.

**Tossa de Mar** bietet eine herrliche Strandbucht unterhalb der befestigten Altstadt.

**Roses** liegt am Ende einer langen Bucht. Sein Sandstrand, der längste der Costa Brava, ist ein Mekka für Wassersportler.

**L'Escala** ist ein kleiner, vor allem bei Katalanen beliebter Ort mit schönen Stränden und einem Hafen, in dem die Fischernetze in der Sonne trocknen.

**Begur**, ein Stück landeinwärts auf einem Hügel, bietet schöne Ausblicke auf die kleinen Buchten zu seinen Füßen.

**Llafranc** ist mit seinen weiß getünchten Häusern und der Promenade nach Calella einer der hübschesten Küstenorte.

**Lloret de Mar** hat mehr Hotels als jeder andere Küstenort. In der Nähe sind jedoch ruhige Strände wie etwa Santa Cristina.

# Monestir de Montserrat ⓴

**Benediktiner-
mönch**

Der »zersägte Berg« *(mont serrat)*, dessen höchster Gipfel 1236 Meter erreicht, bildet eine wunderbare Kulisse für Kataloniens heiligsten Ort, das von Kapellen und Einsiedlerhöhlen umgebene Kloster von Montserrat. Es wurde erstmals im 9. Jahrhundert erwähnt und im 11. Jahrhundert vergrößert. 1409 erreichte es Unabhängigkeit von Rom. Die Franzosen zerstörten das Kloster 1811 während des Unabhängigkeitskriegs *(siehe S. 45)* und töteten die Mönche. Das 1844 wiederaufgebaute Gebäude war unter Franco ein Symbol katalanischer Kultur. Noch heute leben hier Benediktinermönche. Besucher können täglich – außer im Juli und in der Weihnachtszeit – um 11 Uhr und um 18.45 Uhr (sonntags nur mittags) in der Basilika die Montserrat-Hymne *Salve Regina y Virolai* hören.

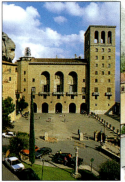

**Plaça de Santa Maria**
*Blickfang des Platzes sind zwei Flügel des gotischen Kreuzgangs (1477). Die moderne Klosterfassade entwarf Francesc Folguera.*

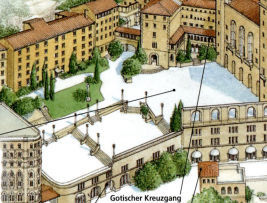

**Gotischer Kreuzgang**

**Zahnradbahn zur Heiligen Höhle (Santa Cova)**

*Das Museum* zeigt katalanische Gemälde (19./20. Jh.), viele italienische und französische Werke und liturgische Gegenstände aus dem Heiligen Land.

**Der Kreuzweg**
*Der Pfad führt an 14 Statuen vorbei – die Stationen des Kreuzes. Er beginnt bei der Plaça de l'Abat Oliba.*

### NICHT VERSÄUMEN

★ Basilikafassade

★ Schwarze Madonna

**Blick auf Montserrat**
*Der Komplex umfasst Läden, Cafés und ein Hotel. Eine zweite Seilbahn bringt Besucher zu den Wanderwegen.*

# MONESTIR DE MONTSERRAT

### ★ Basilikafassade
*Agapit und Venanci Vallmitjana schufen die Skulpturen von Christus und den Aposteln an der Neorenaissance-Fassade. Sie ersetzte 1900 die Platereskfassade der ursprünglichen, 1592 geweihten Kirche.*

### INFOBOX

Montserrat (Provinz Barcelona).
93 877 77 75. Aeri de Montserrat, dann Seilbahn; Monistrol–Enllaç, dann Zahnradbahn. ab Barcelona.
**Basilika** Okt–Juni: tägl. 7.30–19.30 Uhr; Juli–Sep: tägl. 7.30–20.15 Uhr. Mo–Fr ab 9 Uhr, Sa ab 7.30 Uhr, So, Feiertage ab 8 Uhr. **Museum** Mo–Fr 10–18 Uhr, Sa, So, Feiertage 9.30–18.30 Uhr.
www.abadiamontserrat.net

### ★ Schwarze Madonna
*La Moreneta thront hinter dem Hochaltar. Die Kugel der ansonsten von Glas geschützten Figur kann berührt werden.*

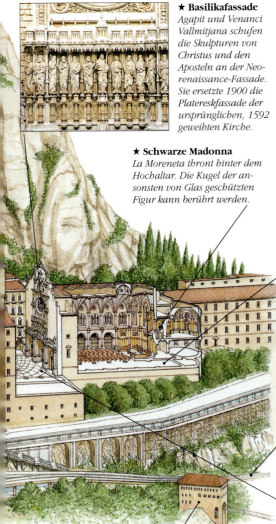

**Innenraum der Basilika**
*Das Sanktuarium unter der Kuppel schmücken ein emaillierter Altar und Werke katalanischer Künstler.*

**Die neue Zahnradbahn** (2003 eröffnet) folgt der alten Eisenbahnstrecke von 1880.

**Endstation der Seilbahn vom Bahnhof Aeri de Montserrat**

### DIE MADONNA VON MONTSERRAT

Die kleine Holzstatue La Moreneta (»Die Dunkelbraune«) gilt als »Seele« Montserrats: Man sagt, der heilige Lukas habe sie gefertigt und Petrus habe sie 50 n. Chr. hierher gebracht. Jahrhunderte später soll sie in der Santa Cova (»Heilige Höhle«) vor den Mauren versteckt worden sein. Den Rußspuren zufolge entstand die Statue jedoch erst im 12. Jahrhundert. 1881 wurde die Madonna zur Schutzpatronin von Katalonien erklärt.

**Die verrußte Madonna von Montserrat**

**Innenhof**
*Gegenüber dem Baptisterium (1902) mit Skulpturen von Carles Collet führt eine Tür auf der rechten Seite die Pilger zur Madonna.*

## Vic ㉑

Barcelona. 32 000.
Carrer Ciutat 4. 93 886 20 91.
Di, Sa. Mercat del Ram (Sa vor
Ostern), Sant Miquel (5.–15. Juli),
Música Viva (3 Tage Mitte Sep),
Mercat medieval (6.–8. Dez).
www.victurisme.com

Am besten besucht man diese kleine Provinzstadt an Markttagen, wenn auf der großen gotischen Plaça Major die ausgezeichneten hiesigen Würste *(embotits)* neben anderen Erzeugnissen der Umgebung angeboten werden.
Im 3. Jh. v. Chr. war Vic Hauptstadt der Auseten. Später wurde sie von Römern kolonisiert – die Ruine eines römischen Tempel ist noch zu sehen. Im 6. Jahrhundert wurde die Stadt Bischofssitz. Im 11. Jahrhundert gab Abt Oliva den Bau des El-Cloquer-Turms in Auftrag, um den herum im 18. Jahrhundert die Kathedrale entstand. Wandmalereien von Josep-Maria Sert (1876–1945; *siehe S. 29*) mit biblischen Szenen schmücken den Innenraum.
Das **Museu Episcopal de Vic** *(siehe S. 23)* neben der Kathedrale besitzt eine der schönsten romanischen Kunstsammlungen Kataloniens. Zu den meist religiösen Werken und Reliquien zählen schlichte Wandgemälde und Holzschnitzereien. Außerdem enthält die Sammlung Fresken aus dem 11. und 12. Jahrhundert und einige großartige Altarbilder.

Auf einem Hügel überragt Cardona das umliegende Land

### 🏛 Museu Episcopal
Plaça Bisbe Oliva 3. 93 886 93 60. Di–So. 1. und 6. Jan, 25. und 26. Dez.

## Cardona ㉒

Barcelona. 6000. Avinguda Rastrillo. 93 869 27 98.
So. Karneval (Ende Feb), Festa major (zweiter So im Sep).

Die Burg (13. Jh.) aus rötlichem Stein, ehemals Sitz der Herzöge von Cardona, thront auf einem Hügel. Sie wurde im 18. Jahrhundert umgebaut und ist heute ein luxuriöser *parador* (*siehe S. 132*). Neben der Burg liegt die elegante **Església de Sant Vicenç** (frühes 11. Jh.), in der die Herzöge von Cardona begraben sind.
Die Burg blickt auf die Stadt und die Muntanya de Sal am Riu Cardener, dessen Salzvorkommen schon die Römer nutzten.

## Solsona ㉓

Lleida. 7000. Carretera de Basella. 973 48 23 10. Di, Fr.
Karneval (Ende Feb), Sant Isidro (Wochenende um 15. Mai), Fronleichnam (Mai/Juni), Festa major (8.–10. Sep).
www.elsolsonesinvita.com

Neun Türme und drei Tore blieben von der gewaltigen Befestigung Solsonas übrig. Die alte Stadt hat herrschaftliche Häuser und eine Kathedrale. Das **Museu Diocesà i Comarcal** zeigt archäologische Funde, das **Museu del Ganivet** präsentiert u. a. eine Messersammlung.

### 🏛 Museu Diocesà i Comarcal
Plaça del Palau 1. 973 48 21 01. Di–So. 1. Jan, 25., 26. Dez.
### 🏛 Museu del Ganivet
Llobera 14. 973 48 15 69. Di–So. 6. Jan, 25., 26. Dez.

## Lleida ㉔

Lleida. 112 000. Plaça Ramón Berenguer IV, s/n. 973 24 88 40. Do, Sa. Sant Anastasi (11. Mai), Sant Miquel (29. Sep).
www.lleidatur.es

Die Hauptstadt der einzigen Provinz Kataloniens ohne Zugang zum Meer wird von **La Suda** überragt, einer 1149 den Mauren abgetrotzte, nun aber zerstörte Festung. Die alte Kathedrale **La Seu Vella** (1203) innerhalb der Festung hoch über der Stadt wurde 1707 unter Felipe V zur Kaserne und ist heute verwahrlost. Noch immer beeindrucken die gotischen Fenster

Altarbild aus dem 12. Jahrhundert, Museu Episcopal de Vic

des Kreuzgangs. Ein Lift fährt von La Seu Vella hinab zur Plaça de Sant Joan. Sie liegt in der lebhaften Fußgängerzone, die Hügel umgibt. Hier stehen die neue Kathedrale und das Rathaus **Paeria** (13. Jh.).

## Poblet ㉕

*Siehe S. 126f.*

## Montblanc ㉖

Tarragona. 6000. Antiqua Iglesia de Sant Francesa. 977 86 17 33. Di, Fr. Festa major (8.–11. Sep).

Von der mittelalterlichen Größe Montblancs zeugt die gewaltige Stadtmauer, Kataloniens feinste Militärarchitektur. Am Tor **Sant Jordi** soll der heilige Georg den Drachen erschlagen haben. Das **Museu Comarcal de la Conca de Barberà** zeigt regionales Kunsthandwerk.

**Museu Comarcal de la Conca de Barberà**
Carrer de Josa 6. 977 86 03 49. Di–Sa, Feiertage.

## Santes Creus ㉗

Tarragona. 150. Plaça de Sant Bernard 1. 977 63 81 41. Sa, So; Santa Llúcia (13. Dez).

Das schönste Kloster des »Zisterzienserdreiecks« befindet sich in Santes Creus.

Die beiden anderen Klöster, Vallbona de les Monges und Poblet *(siehe S. 126f)*, sind nicht weit entfernt. Ramón Berenguer IV *(siehe S. 42)* gründete das **Monestir de Santes Creus** 1150 während der Rückeroberung Kataloniens. Den gotischen Kreuzgang schmücken Figuren, die erst unter Jaume II (1291–1327) erlaubt wurden. Sein Sarkophag steht in der Kirche aus dem 12. Jahrhundert.

**Monestir de Santes Creus**
977 63 83 29. Di–So, Feiertage. 1. Jan, 25. Dez. nach Vereinbarung.

## Vilafranca del Penedès ㉘

Barcelona. 35 000. Carrer Cort 14. 93 892 03 58. Sa. Fira de Mayo (2. Wochenende Mai), Festa major (Ende Aug). www.turismevilafranca.com

Diese Marktstadt liegt in einem wichtigen Weinbaugebiet der Region. Das **Museu del Vi** (Weinmuseum) dokumentiert die Geschichte des Weinhandels. Die Bodegas der Region veranstalten beliebte Weinproben.

**Sant Sadurní d'Anoia**, Zentrum des spanischen Sekts *cava (siehe S. 32f)*, liegt acht Kilometer nördlich.

**Museu del Vi**
Plaça de Jaume I. 93 890 05 82. Di–So, Feiertage.

Umgeben von Pappeln und Haselnusssträuchern: Santes Creus

Der *anxaneta* klettert zur Spitze des Turms der *castellers*

### MENSCHENTÜRME

Die Provinz Tarragona ist berühmt für ihre *Casteller*-Feste, bei denen Männerteams in Wettbewerben versuchen, den höchsten Menschenturm (*castell*) zu bilden. Die Anordnung hängt davon ab, wie viele Männer für die »Grundmauer« zur Verfügung stehen. Die bunt gekleideten Teilnehmer tragen die Namen ihrer Heimatorte auf ihren Hemden. Der Junge, der zur Spitze des Turms klettern und sich dort bekreuzigen muss, ist der *anxaneta*.

*Casteller*-Feste finden das ganze Jahr in vielen Städten der Provinz Tarragona statt: in der Weinstadt Vilafranca zum Fest des heiligen Felix (30. Aug), in Tarragona zum Fest der heiligen Thekla (23. Sep). In Valls treten die rivalisierenden Teams am Johannistag (24. Juni) an, doch den Höhepunkt bildet der Festtag der heiligen Ursula (21. Okt), an dem Teams aus ganz Katalonien auf Vics Stadtplatz gegeneinander antreten.

# Monestir de Poblet ㉕

Das Kloster Santa Maria de Poblet, eine Oase der Stille und Ruhestätte mehrerer Könige, war das erste und bedeutendste der drei als »Zisterzienserdreieck« (siehe S. 125) bekannten »Schwesterklöster«. Nachdem Ramon Berenguer IV es von den Mauren zurückerobert hatte, half es, die Macht Kataloniens zu festigen. Während der Karlistenkriege von 1835 wurde die Abtei geplündert und durch Feuer schwer beschädigt. Die Restaurierung begann 1930, Mönche kehrten 1940 zurück.

**Zum Dormitorium** führt eine Treppe von der Kirche aus. Die 87 Meter lange Galerie stammt aus dem 13. Jahrhundert. Eine Hälfte nutzen die Mönche noch.

**Das Refektorium** (12. Jh.) ist eine gewölbte Halle mit achteckigem Brunnen und Kanzel.

**Museum**

**Blick auf Poblet**
*Die Abtei, die seit dem Mittelalter von einer Befestigungsmauer umgeben ist, liegt in einem abgeschiedenen Tal nahe der Quelle des Riu Francolí.*

**Weinkeller**

**Bibliothek**
*Das gotische Skriptorium wurde im 17. Jahrhundert zur Bibliothek, als der Herzog von Cardona seine Büchersammlung spendete.*

**Frühere Küche**

**Königliches Tor**

**Museum**

## ZEITSKALA

**Königliche Gräber**

- **1150** Gründung von Santes Creus, dritte Abtei des »Zisterzienserdreiecks«
- **1175** Gründung des Schwesternklosters in Vallbona de les Monges
- **14. Jh.** Hauptkreuzgang vollendet
- **1479** Juan II, letzter König Aragóns, wird hier begraben
- **1812** Poblet von französischen Truppen entweiht
- **1940** Rückkehr der Mönche

| 1100 | 1300 | 1500 | 1700 | 1900 |

- **1196** Alfonso II wird als erster König hier begraben
- **1150** Ramón Berenguer IV gründet das Kloster Poblet
- **1336–87** Regentschaft von Pere dem Feierlichen, der Poblet zum königlichen Pantheon erklärt
- **1788–1808** Herrschaft von Carlos IV, der das Hauptaltarbild anbringen lässt
- **1835** Säkularisierung von Klöstern (siehe S. 45); Poblet geplündert
- **1952** Rekonstruktion der Gräber

# MONESTIR DE POBLET

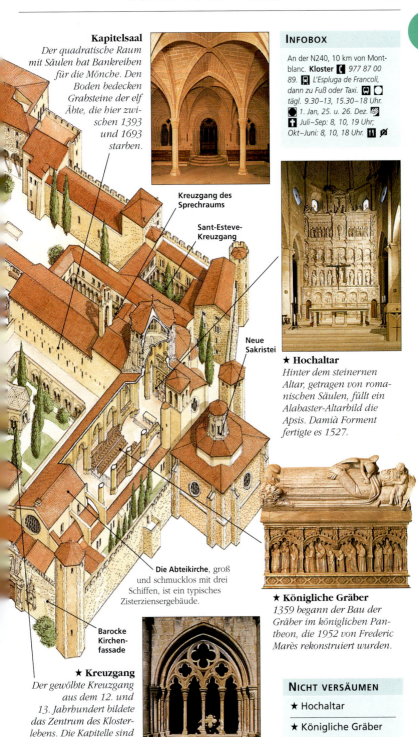

### Kapitelsaal
*Der quadratische Raum mit Säulen hat Bankreihen für die Mönche. Den Boden bedecken Grabsteine der elf Äbte, die hier zwischen 1393 und 1693 starben.*

### INFOBOX
An der N240, 10 km von Montblanc. **Kloster** 977 87 00 89. L'Espluga de Francolí, dann zu Fuß oder Taxi. tägl. 9.30–13, 15.30–18 Uhr. 1. Jan, 25. u. 26. Dez. Juli–Sep: 8, 10, 19 Uhr; Okt–Juni: 8, 10, 18 Uhr.

**Kreuzgang des Sprechraums**

**Sant-Esteve-Kreuzgang**

**Neue Sakristei**

### ★ Hochaltar
*Hinter dem steinernen Altar, getragen von romanischen Säulen, füllt ein Alabaster-Altarbild die Apsis. Damià Forment fertigte es 1527.*

**Die Abteikirche**, groß und schmucklos mit drei Schiffen, ist ein typisches Zisterziensergebäude.

### ★ Königliche Gräber
*1359 begann der Bau der Gräber im königlichen Pantheon, die 1952 von Frederic Marès rekonstruiert wurden.*

**Barocke Kirchenfassade**

### ★ Kreuzgang
*Der gewölbte Kreuzgang aus dem 12. und 13. Jahrhundert bildete das Zentrum des Klosterlebens. Die Kapitelle sind mit schön gearbeiteten Voluten verziert.*

### NICHT VERSÄUMEN
★ Hochaltar

★ Königliche Gräber

★ Kreuzgang

Palmenstrand und Sonne: Uferpromenade in Sitges

## Sitges ㉙

Barcelona. 20 000.
Carrer Sínia Morera 1. 93 894 50 04. Do (Sommer). Festa major (22.–27. Aug.) www.sitges.com

Neun Strände stehen den Gästen von Sitges zur Auswahl. Sitges hat einen Ruf als Schwulen-Resort, aber auch viele Barceloner kommen hierher. Die zahlreichen Bars und Restaurants an der Uferpromenade Passeig Marítim sind äußerst einladend.

In Sitges lebte der Modernisme-Künstler Santiago Rusiñol (siehe S. 29); er stiftete seine Kunstsammlung dem **Museu Cau Ferrat**, gleich neben der Kirche **Sant Bartomeu i Santa Tecla**.

**🏛 Museu Cau Ferrat**
Carrer Fonollar. 93 894 03 64.
Di–So. Feiertage.

## Costa Daurada ㉚

Tarragona. Calafell, Sant Vicenç de Calders, Salou. Tarragona. 977 23 34 15.
www.costadaurada.org

Die Küste Tarragonas mit ihren langen Sandstränden ist als Costa Daurada («Goldene Küste») bekannt. **Vilanova i la Geltrú** und **El Vendrell** sind zwei Hafenstädtchen. Besuchenswert ist das **Museu Pau Casals** in Sant Salvador (El Vendrell), gewidmet dem Cellisten Pablo Casals.

**Port Aventura**, südlich von Tarragona, ist einer der größten Freizeitparks Europas mit Themen wie Mediterrània, Wild West, Mexiko, Polynesien oder China. **Cambrils** und **Salou** weiter südlich gelten als besonders familienfreundliche Orte für die Ferien.

**🏛 Museu Pau Casals**
Avinguda Palfuriana 59–61.
977 68 42 76. Di–So.

**Port Aventura**
Autovia Salou–Vilaseca. 977 77 90 00. Mitte März–6. Jan.

## Tarragona ㉛

Tarragona. 125 000.
Carrer Fortuny 4. 977 25 07 95. Di, Do. Sant Magí (19. Aug), Santa Tecla (23. Sep).

Tarragona ist heute ein Industriehafen, doch vieles ist noch erhalten aus der Zeit, als es Hauptstadt der römischen Provinz Tarraconensis war. Hier begann im 3. Jahrhundert v. Chr. die Eroberung der Iberischen Halbinsel (siehe S. 41).

Die Rambla Nova endet an der Felsenspitze Balcó de Europa, die das ausgedehnte Ruinenfeld des **Amfiteatre Romà** überblickt. Hier befindet sich auch die Ruine der Kirche **Santa Maria del Miracle** (12. Jh.).

Der nahe gelegene römische Turm wurde im Mittelalter in einen Palast umgewandelt. In dem »Castell de Pilato« genannten Gebäude zeigt das **Museu de la Romanitat** römische und mittelalterliche Funde und bietet Zugang zu dem ausgegrabenen römischen Zirkus (1. Jh.). Neben dem Prätorium befindet sich das **Museu Nacional Arqueològic** mit Kataloniens wichtigster Sammlung römischer Artefakte, darunter das *Haupt der Medusa*. Zu den

Überreste des römischen Amphitheaters von Tarragona

beeindruckendsten Überresten der Stadt zählen gigantische prärömische Steine, auf denen die römische Mauer stand. Ein archäologischer Rundgang führt einen Kilometer an der Stadtmauer und ihren Türmen entlang.

Hinter der Stadtmauer erhebt sich die **Kathedrale** (12. Jh.) an der Stelle eines römischen Jupitertempels und einer späteren arabischen Moschee. Die jahrhundertelange Bautätigkeit führte zu der Stilmischung. 1434 schuf Pere Joan das Alabaster-Altarbild der heiligen Thekla im Inneren. Der Kreuzgang (13. Jh.) hat ein frühgotisches Gewölbe, das Tor ist romanisch *(siehe S. 22f).*

*Grabstein der frühchristlichen Nekropole*

**Umgebung:** Der **Aqüeducte de les Ferreres** liegt gleich am Ausgang der Stadt (nahe der A7). Er entstand im 2. Jahrhundert, um Wasser aus dem 30 Kilometer nördlich gelegenen Riu Gaià zu befördern. Der Triumphbogen **Arc de Berà** (1. Jh.) der Via Augusta, steht 20 Kilometer nordöstlich von Tarragona an der N340.

Nahe bei Tarragona liegt **Reus**. Die Stadt hat nicht nur einen günstig gelegenen Flughafen für Flüge an die Costa Daurada, hier wurde auch Antoni Gaudí geboren. Frühe Modernisme-Gebäude der Stadt stammen von Gaudí. Das psychiatrische Krankenhaus Pere Mata wurde von Domènech i Montaner erbaut, der auch das Hospital de la Santa Creu i de Sant Pau *(siehe S. 79)* errichtete.

**🏛 Museu Nacional Arqueològic de Tarragona**
Plaça del Rei 5. 📞 977 23 62 09. ⏰ So, Feiertage 10–14 Uhr; Juni–Sep: Di–Sa 10–20 Uhr; Okt–Mai: Di–Sa 10–13.30, 16–19 Uhr. ♿ www.mnat.es

**🏛 Museu de la Romanitat**
Plaça del Rei. 📞 977 24 19 52. ⏰ Juni–Sep: Di–Sa 9–21 Uhr, So, Feiertage 9–15 Uhr; Okt–Mai: Di–Sa 9–17 Uhr, So, Feiertage 10–15 Uhr. ♿

## Tortosa ❷

Tarragona. 👥 30 000. 🏢 Plaça del Bimil·lenari. 📞 977 51 08 22. 📅 Mo. 🎉 Nostra Senyora de la Cinta (1. Woche im Sep). www.tortosa.altanet.org

Eine Burgruine und mittelalterliche Stadtmauern zeugen von der historischen Bedeutung Tortosas. Ihre Lage am Unterlauf des Ebro machte die Stadt schon für die Iberer strategisch interessant. Die Mauren herrschten hier vom 8. Jahrhundert bis 1148. Von ihrer Festung blieb nur die Burg La Zuda übrig, die in einen *parador* umgewandelt wurde *(siehe S. 141).* Die Fundamente einer 914 erbauten Moschee dienten als Basis für die Kathedrale, die 1347 begonnen wurde. Obwohl ihr Bau zwei Jahrhunderte dauerte, ist der Stil rein gotisch.

1938/39 wurde Tortosa in einer der erbittertsten Schlachten des Bürgerkriegs *(siehe S. 46f)* stark zerstört. Damals bildete der Ebro die Frontlinie zwischen den gegnerischen Truppen.

## Delta de L'Ebre ❸

Tarragona. 🚉 Aldea. 🚌 Deltebre, Aldea. 🏢 Deltebre. 📞 977 48 96 79. www.ebre.com/delta

Das Delta des Ebro ist ein wichtiges Reisanbaugebiet und eine Oase für die Tierwelt. Hier entstand das etwa 70 Quadratkilometer große Naturschutzgebiet **Parc Natural del Delta de L'Ebre**. In Deltebre gibt es ein Info-Zentrum. Ein **Eco-Museu** mit Aquarium zeigt im Delta gefundene Arten.

Die wichtigsten Städte des Deltas sind **Amposta** und **Sant Carles de la Ràpita** – beides gute Ausgangspunkte zur Erkundung des Naturschutzgebietes. Die Fauna lässt sich am besten zwischen der Punta del Fangar im Norden und der Punta de la Banya im Süden beobachten. Bis auf die Illa de Buda sind alle Stellen mit dem Auto erreichbar. Auf dieser Insel brüten Flamingos und andere Wasservögel. Man kann sie von Booten aus sehen, die ab Riumar und Deltebre verkehren.

**🏛 Eco-Museu**
Carrer Martí Buera 22. 📞 977 48 96 79. ⏰ tägl. (tel. Anmeldung empfohlen). ♿

### DIE SARDANA

Kataloniens Nationaltanz ist recht kompliziert: Die Tänzer müssen ihre Schritte und Sprünge genau abzählen. Für die Musik sorgt die *cobla*, ein elfköpfiges Orchester mit einem leitenden Musiker, der eine dreilöchrige Flöte *(flabiol)* und eine kleine Trommel *(tambori)* spielt, sowie mit fünf Holz- und fünf Blechbläsern. Die Sardana wird bei Festen und Zusammenkünften *(aplecs)* aufgeführt. In Barcelona wird sie jeden Samstag (18.30–20.30 Uhr) und Sonntag (12–14 Uhr) vor der Kathedrale auf der Plaça de Catedral getanzt (Mittanzen erwünscht).

Eine in Stein verewigte Gruppe von Sardana-Tänzern

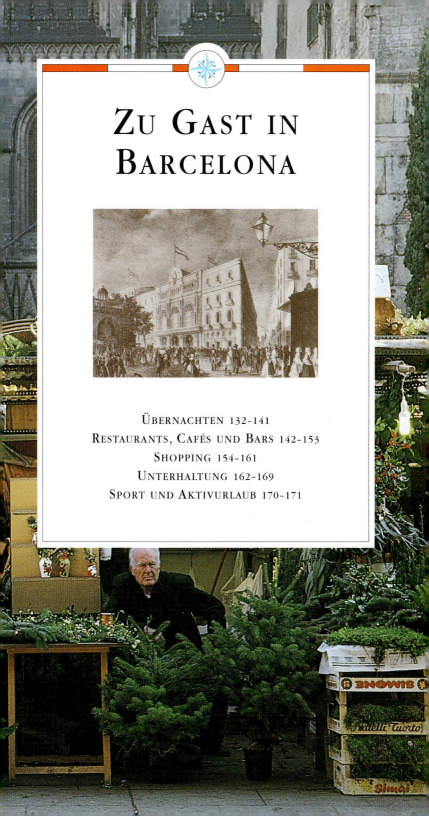

# Zu Gast in Barcelona

Übernachten 132-141
Restaurants, Cafés und Bars 142-153
Shopping 154-161
Unterhaltung 162-169
Sport und Aktivurlaub 170-171

# ÜBERNACHTEN

Logo eines Fünf-Sterne-Hotels

Katalonien verfügt über eine vorzügliche Auswahl an Unterkünften. Bei den Tourismusbüros Barcelonas und Kataloniens erhalten Sie vollständige Listen der Hotels, Landhäuser und Campingplätze sowie der Privatunterkünfte. Die Möglichkeiten sind vielfältig: In Barcelona können Sie im höchsten Wolkenkratzer Spaniens wohnen oder in einem stilvollen, edlen Modernisme-Bau. Eine attraktive Alternative sind die *cases de pagès*, von Familien geführte Bauern-, Dorf- oder Landhäuser. Die besten Hotels jeder Preiskategorie finden Sie im Hotelverzeichnis auf den Seiten 134–141.

**Fassade des Hotels Lloret an Barcelonas Rambla de Canaletes**

## HOTELKATEGORIEN

Alle katalanischen Hotels haben ein blaues Schild am Eingang mit einer Anzahl von Sternen, die eher den Umfang der vorhandenen Ausstattung als die Qualität des Service verdeutlichen: *Hotels* (H) und *hotel-residències* (HR) haben ein bis fünf Sterne; *motels* (M), *hostals* (Hs) und *hostal-residències* (Hr) ein bis drei Sterne und *pensions* (P), die einfachsten Unterkünfte, ein oder zwei Sterne. Die Restaurants der Hotels, Herbergen, Pensionen und Motels sind für jeden zugänglich. *Hotel-residències* und *hostal-residències* besitzen keinen Speiseraum, aber viele bieten ein kleines Frühstück an.

## PREISE

Alle Hotels sind gesetzlich verpflichtet, ihre Preise an der Rezeption und in den Zimmern auszuhängen. Als Faustregel gilt: Je mehr Sterne, desto teurer. Die Preise gelten in der Regel pro Zimmer (bei Mahlzeiten pro Person). Ein Doppelzimmer in einem Ein-Sterne-*hostal* bekommt man schon für 20 Euro pro Nacht; in einem Fünf-Sterne-Hotel bezahlt man über 150 Euro pro Nacht. Die Preise variieren je nach Region, Saison und Ausstattung. Die Preise auf den *Seiten 134–141* gelten für die Zwischen- und Hochsaison. Hotelpreise sind meist ohne Mehrwertsteuer (IVA, derzeit sieben Prozent) angegeben.

## RESERVIERUNGEN

Aufgrund der vielen Messen sind Hotels in Barcelona oft belegt, daher empfiehlt es sich zu reservieren. Im ländlichen Katalonien ist in der Nebensaison keine Reservierung erforderlich, wohl aber in der Hochsaison. Die Ferienhotels an der Costa Brava schließen oft zwischen Herbst und Frühjahr, an der wärmeren Costa Daurada manchmal nur im Winter. In der Regel wird für die Reservierung keine Anzahlung verlangt, doch häufig fragt man nach der Nummer Ihrer Kreditkarte, besonders bei Reservierungen über das Internet. Eine Stornierung sollte spätestens eine Woche vor dem gebuchten Zeitraum erfolgen. Die meisten Hotels halten Zimmer nur bis 20 Uhr frei. Kommen Sie später, sollten Sie dies dem Hotel mitteilen. Bei der Anmeldung müssen Sie – gemäß Polizeivorschriften – Ihren Ausweis vorlegen. Sie erhalten ihn zurück, nachdem die Angaben registriert worden sind. Auch Ihre Kreditkarte wird beim Check-in mitunter verlangt.

## PARADORES

Sieben Paradores gibt es in Katalonien – in Aiguablava, Artíes, Cardona, La Seu d'Urgell, Vic, Vielha und Tortosa. Es sind erstklassige, staatlich betriebene Hotels in historischen Bauten oder in wunderschöner Umgebung gelegenen Gebäuden (dann auch Neubauten). Die Buchung kann über **Central de Reservas** in Madrid (auch im Internet) oder über ein Reisebüro erfolgen.

**Eine der großzügigen Hallen des Parador in Vic**

◁ **Weihnachtsmarkt vor der Kathedrale von Barcelona**

**Traditionelle, aus Stein gebaute katalanische Bauernhäuser**

## UNTERKUNFT AUF DEM LAND

Cases de Pagès nennt man katalanische Bauern- oder Landhäuser. Manche bieten Zimmer mit Frühstück, andere Abendessen oder Vollpension. In Tourismusbüros erhalten Sie den *Guia residències-casa de pagès* von der Generalitat de Catalunya. Sie können eine *casa de pagès* direkt oder über **Turisverd** buchen. Die **Associació Fondes de Catalunya** ist eine Gruppe von *cases fonda* – einfachen Landhotels mit guter Regionalküche (leider zwei Wochen im August geschlossen).

Die **Xarxa d'Albergs de Catalunya** betreibt Jugendherbergen, die auch Erwachsene und Familien aufnehmen, die **Federació d'Entitats Excursionistes de Catalunya** betreut zahlreiche Berghütten für Wanderurlauber.

## FERIENWOHNUNGEN

An der Costa Daurada und der Costa Brava gibt es viele Häuser und Apartments, die man wochenweise mieten kann. Eine neue Unterkunftsvariante sind *aparthotels*. Alle Apartments, eingestuft mit einem bis fünf Sternen, haben eine eigene Küche; jeder Komplex bietet ein Restaurant und oft auch einen Swimmingpool. Informationen erteilen die Tourismus-Büros der Generalitat de Catalunya *(siehe S. 174)* und die meisten Reisebüros.

Feriendörfer *(ciutats de vacances)* wie Cala Montjoi und das Klub-Hotel Giverola an der Costa Brava sind ähnlich, doch schließt die Unterkunft in diesen Bungalows sämtliche Sport- und Unterhaltungsangebote mit ein.

**Campingplatz-Schild**

*Gites de Catalunya* sind edle Landhäuser, die man wochenweise über Turisverd mieten kann. Auch viele *cases de pagès* werden als Ferienhäuser angeboten.

## CAMPINGPLÄTZE

Katalonien bietet 300 Campingplätze, die in fünf Kategorien (L, 1–3 Sterne, Bauernhof) eingeteilt sind. Alle verfügen über Service-Angebote, Wachpersonal und einen Safe. Die Liste *Catalunya Càmpings*, veröffentlicht von der Generalitat de Catalunya *(siehe S. 174)*, ist in Tourismus-Büros erhältlich. Einige Plätze bei Barcelona gehören zur **Associació de Càmpings de Barcelona** (erste drei Wochen im August geschlossen). Statt eines Personalausweises kann ein Campingausweis vorgelegt werden, der auch als Haftpflichtversicherung dient. Wildes Campen ist verboten.

## BEHINDERTE REISENDE

Nur wenige Hotels sind behindertengerecht ausgestattet, dagegen mehrere Jugendherbergen. Die **Federació ECOM** und **Viajes 2000** *(siehe S. 175)* beraten behinderte Reisende.

---

## AUF EINEN BLICK

### PARADORES

**Central de Reservas**
Calle Requena 3,
28013 Madrid.
☎ 91 516 66 66.
FAX 91 516 66 57/58.
www.parador.es

### UNTERKUNFT AUF DEM LAND

**Associació Fondes de Catalunya**
Ramón Turró 63–65, 2
08005 Barcelona.
☎ 902 314 249.
FAX 93 300 16 58.
www.casafonda.com

**Federació d'Entitats Excursionistes de Catalunya**
La Rambla 41, 1er,
08002 Barcelona.
☎ 93 412 07 77.
FAX 93 412 63 53.
www.feec.org

**Turisverd**
Plaça Sant Josep Oriol 4,
08002 Barcelona.
☎ 93 412 69 84.
FAX 93 412 50 16.
www.turisverd.com

**Xarxa d'Albergs de Catalunya**
Carrer Rocafort 116–122,
08015 Barcelona.
☎ 93 483 83 41.
FAX 93 483 83 47.
www.tujuca.com

### CAMPINGPLÄTZE

**Associaciò de Càmpings de Barcelona**
Gran Via de les Corts Catalanes 608, 3ª,
08007 Barcelona
☎ 93 412 59 55.
FAX 93 302 13 36.
www.campingsbcn.com

### BEHINDERTE REISENDE

**Federació ECOM**
Gran Via de les Corts Catalanes 562, 2a,
08011 Barcelona.
☎ 93 451 55 50.
☎ 93 451 69 04.
www.ecom.es

### SPANIEN-INFO

www.spain.info

**In Deutschland**
Myliusstr. 14,
60323 Frankfurt a. M.
☎ (069) 72 50 38.
FAX (069) 72 53 13.

Schubertstr. 10,
80336 München.
☎ (089) 530 74 60.
FAX (089) 530 74 620.

**In Österreich**
Walfischgasse 8/14,
A-1010 Wien.
☎ (01) 512 95 80.
FAX (01) 512 95 81.

**In der Schweiz**
Seefeldstr. 19,
CH-8008 Zürich.
☎ (044) 253 60 50.

# Hotelauswahl

**D**ie Hotels in dieser Liste wurden aus verschiedenen Preisklassen wegen ihrer guten Ausstattung und ihrer günstigen Lage ausgewählt. Viele besitzen ein ausgezeichnetes Restaurant. Nachfolgend sind Hotels in Barcelona sowie im übrigen Katalonien aufgeführt. Die Restaurantauswahl finden Sie auf den Seiten 146–153.

> **PREISKATEGORIEN**
> Preis für ein Doppelzimmer pro Nacht inklusive Frühstück, Service und Steuer.
>
> € unter 75 Euro
> €€ 75–125 Euro
> €€€ 125–200 Euro
> €€€€ 200–275 Euro
> €€€€€ über 275 Euro

## ALTSTADT

### Fontanella € 
Via Laietana 71, 2. Stock, 08002  93 317 59 43  FAX 93 317 59 43  **Zimmer** 11  Stadtplan 5 B1

Die Besitzer dieses *hostals* geben sich alle erdenkliche Mühe, dass sich ihre Gäste bei ihnen wohlfühlen. Mit einem altmodischen Lift erreicht man die Lobby, wo sich alle Gäste versammeln. Gemütliche, einfache Zimmer mit Blumentapeten und guter Ausstattung der Bäder. Auch Mehrbettzimmer (3er- und 4er-Zimmer) erhältlich.

### Gat Raval €
Carrer de Joaquín Costa 44, 08001  93 481 66 70  FAX 93 342 66 97  **Zimmer** 24  Stadtplan 2 F1

Dieses neue hippe *hostal* bietet eine preiswerte Alternative, wenn man im angesagten Viertel El Raval übernachten möchte. Die schrillen Farben (mintgrün) sind nicht jedermanns Geschmack, die riesigen Barcelona-Fotos kommen dagegen gut. Einfache, aber nicht karge Zimmer. Internetzugang für alle Gäste. www.gataccommodation.com

### Hostal d'Avinyó €
Carrer de Avinyo 42, 08002  93 318 79 45  FAX 93 318 68 93  **Zimmer** 28  Stadtplan 5 A3

Dieses einfache *hostal* besticht durch seine zentrale Lage nahe bei Port Vell, den Ramblas und dem Picasso-Museum. Dazu liegt es noch in einer schicken Einkaufsstraße mit trendigen Boutiquen, hippen Bars und Restaurants. Die Zimmer sind sehr einfach, aber sauber. In der Nebensaison noch preiswerter. www.hostalavinyo.com

### Hostería Grau €
Carrer de Ramalleres 27 (Ecke C.des Tallers), 08001  93 301 81 35  FAX 93 317 68 25  **Zimmer** 27  Stadtplan 2 F1

Ganz nahe am Museu d'Art Contemporani (MACBA) und dem Ausgehviertel El Raval gelegen, bietet dieses nette *hostal* einfache, aber mit Blumenmustern hübsch dekorierte Zimmer. Familien können auch Apartments buchen. Wer länger hier wohnen möchte, der bekommt Rabatt auf die Apartments. www.hostalgrau.com

### Peninsular €
Carrer de Sant Pau 34, 08001  93 302 31 38  FAX 93 412 36 99  **Zimmer** 59  Stadtplan 2 F3

Hier in diesem ehemaligen Karmeliterkloster sind die Zimmer wahrhaftig schlicht, aber dafür auch preiswert. Gleich neben La Rambla, hinter der Oper Teatre del Liceu gelegen, besticht dieses Haus durch seinen schönen, grünen Innenhof und das freundliche Personal. Frühstück gibt's in einem sehr hohen, altmodischen Raum. Kein Restaurant.

### Pensió 2000 €
Carrer de Sant Pere més Alt, 08003  93 310 7466  FAX 93 319 42 52  **Zimmer** 7  Stadtplan 5 B1

Dieses kleine, aber charmante *hostal* liegt direkt beim Palau de la Música Catalana. Die gemütlichen Zimmer, manche mit Gemeinschaftsbadezimmern, führen direkt zu einem großen Gemeinschaftsraum mit Sofa und Fernseher. Auch Mehrbettzimmer (mit drei oder vier Betten) sind erhältlich. www.pensio2000.com

### Pensión Francia €
Carrer de Rera Palau 4, 08003  93 319 03 76  **Zimmer** 14  Stadtplan 5 B3

Mitten im Zentrum des schicken Stadtviertels El Born mit Shopping-Meilen und Nachtleben befindet sich diese Pension. Einfache, aber makellos weiße Zimmer erwarten die Gäste. Alle Zimmer mit Fernseher, manche mit Bad auf dem Gang. Wer es ruhig mag, sollte ein Zimmer Richtung Passeig del Palau wählen. Nettes Gemeinschaftszimmer.

### España €€
Carrer de Sant Pau 9–11, 08001  93 318 17 58  FAX 93 317 11 34  **Zimmer** 66  Stadtplan 2 F3

Der berühmte Modernisme-Architekt Lluís Domènech i Montaner entwarf dieses Hotel mit seinen zauberhaften Seejungfrauen an den Wänden des Essraums. Die modernen Zimmer halten nicht ganz, was die prächtige Lobby mit ihren reichen Verzierungen und dem Kamin verspricht. www.hotelespanya.com

### Jardí €€
Plaça Sant Josep Oriol 1, 08002  93 301 59 00  FAX 93 342 57 33  **Zimmer** 40  Stadtplan 5 A2

Dieses beliebte *hostal* liegt am kleinen Plaça del Pi im Barri Gòtic. Manche der frisch renovierten Zimmer bieten einen schönen Ausblick auf den Platz mit der gotischen Kiche Santa María del Pi; aber es gibt auch billigere Zimmer, deren Fenster nicht auf den Platz gehen. Ideal für Nachtschwärmer.

**Zeichenerklärung** siehe hintere Umschlagklappe

## Lloret

*Rambla de Canaletes 125, 08002* • 93 317 33 66 FAX *93 301 92 83* **Zimmer** *58*  **Stadtplan** *5 A1*  €€

Direkt an La Rambla und nahe an der Plaça de Catalunya besticht dieses funktionale Hotel durch seine zentrale Lage. Die Lobby ist nett, die Zimmer selbst ziemlich alt. Die besten Zimmer besitzen einen Balkon zur Straße hin: schön, um Leute zu beobachten, aber auch ziemlich laut. **www.hlloret.com**

## Mesón de Castilla

*Carrer de Valdonzella 5, 08001* • 93 318 21 82 FAX *93 412 40 20* **Zimmer** *57*  **Stadtplan** *2 F1*  €€

Dieses altmodisch-gemütliche Hotel ist in einem ruhigen Haus mit Modernisme-Fassade untergebracht. Das Museu d'Art Contemporani (MACBA) und das schicke Viertel El Raval sind nicht weit. Die Zimmer sind einfach, die handbemalten Möbel haben ihren eigenen Reiz. Mehrbettzimmer sind verfügbar. **www.mesoncastilla.com**

## Park Hotel

*Carrer de Marquès de l'Argentera 11, 08003* • 93 319 60 00 FAX *93 319 415 19* **Zimmer** *91*  **Stadtplan** *5 C3*  €€

Ein Juwel der Architektur der 1950er Jahre: 1951 von Antonio Moragas entworfen, 1990 von seinem Sohn preisgekrönt renoviert: Die schmale Wendeltreppe ist ein echtes Highlight. Die Zimmer sind klein, aber klug möbliert, manche haben einen Balkon. Exzellentes Hotel-Restaurant »Abac«! **www.parkhotelbarcelona.com**

## HCC Montblanc

*Via Laietana 61, 08003* • 93 343 55 55 FAX *93 343 55 58* **Zimmer** *157*  **Stadtplan** *5 B2*  €€€

Dieses angenehme Hotel bietet große Zimmer mit stilvoller moderner Einrichtung sowie zahlreiche Extras wie Internet-Anschluss, eine Terrasse mit großartigem Ausblick, im Sommer sogar einen Pool, ein Fitness-Center und ein gutes Restaurant. Die Straße ist zwar laut, aber die Zimmer haben Schallschutzfenster. **www.hcchotels.es**

## Jazz Hotel

*Carrer Pelai 3, 08001* • 93 552 96 96 FAX *93 552 96 97* **Zimmer** *108*  **Stadtplan** *5 A1*  €€€

Dieses ultramoderne Hotel nahe der Plaça de Catalunya bietet weitaus mehr, als man seinen drei Sternen nach vermuten dürfte, z. B. den Pool mit Sonnenterrasse auf dem Dach. Alle Zimmer (mit Schallschutzfenstern) sind sehr chic, trendy und zeitgeistig eingerichtet. **www.hoteljazzbarcelona.com**

## Metropol

*Carrer Ample 31, 08002* • 93 310 51 00 FAX *93 319 12 76* **Zimmer** *71*  **Stadtplan** *5 A3*  €€€

Dieses alte Hotel aus dem 19. Jahrhundert wurde so stilgerecht renoviert, dass der alte Charme nicht verloren ging. Da das Hotel in einer ruhigeren Straße des Barri Gòtic liegt, sind selbst die Zimmer zur Straßenseite (manche mit Balkon) nicht laut. Die Zimmer nach hinten sind ziemlich dunkel. **www.hesperia-metropol.com**

## Montecarlo

*La Rambla 124, 08002* • 93 412 04 04 FAX *93 318 73 23* **Zimmer** *55*  **Stadtplan** *5 A2*  €€€

Dieses schöne Hotel direkt an La Rambla residiert in einem alten Palais des 19. Jahrhunderts. Die Lobby ist ein Traum aus Marmor und Gold, die Zimmer dagegen angenehm modern. Das Personal ist kompetent, hilfreich und freundlich. Auf der Website des Hotels gibt es manchmal Super-Sonderangebote. **www.montecarlobcn.com**

## Nouvel

*Carrer de Santa Anna 18–20, 08002* • 93 301 82 74 FAX *93 301 83 70* **Zimmer** *54*  **Stadtplan** *5 A1*  €€€

Dieses gut geführte, altmodische Hotel befindet sich in einer kleinen Einkaufsstraße, einer Seitenstraße von La Rambla, nahe der Plaça de Catalunya. Die Zimmer sind geschmackvoll eingerichtet. Die besten Zimmer haben Balkone im Stil des Modernisme. Tolle Lüster aus den 1920er Jahren in der netten Lounge. **www.hotelnouvel.com**

## Oriente

*La Rambla 45–7, 08002* • 93 302 25 58 FAX *93 412 38 19* **Zimmer** *142*  **Stadtplan** *2 F1*  €€€

Das Oriente nutzt ein altes Franziskanerkloster, dessen Kreuzgang zum Ballsaal mit vergoldeten Säulen umgebaut wurde. Das frisch renovierte Hotel bietet modern eingerichtete Zimmer mit schlichten Möbeln. Die schönsten (aber auch lautesten) Zimmer ermöglichen den Blick auf La Rambla. **www.husa.es**

## San Agustín

*Plaça de Sant Agustí 3, 08001* • 93 318 16 58 FAX *93 317 29 28* **Zimmer** *75*  **Stadtplan** *2 F3*  €€€

San Agustín, eines der ältesten Hotels Barcelonas, residiert hinter einer Traumfassade an einem kleinen Platz. Die Zimmer sind modern und geschmackvoll eingerichtet, die Zimmer unter dem Dach besitzen hölzerne Dachbalken – und einen sagenhaften Ausblick auf den Platz. Galerien und Restaurants sind ganz in der Nähe. **www.hotelsa.com**

## Colón

*Avinguda de la Catedral 7, 08002* • 93 301 14 04 FAX *93 317 29 15* **Zimmer** *145*  **Stadtplan** *5 B2*  €€€€

Von diesem Hotel gegenüber der Kathedrale kann man die *Sardana (siehe S. 129)* beobachten: Am Samstagabend (18.30 Uhr) oder Sonntagmorgen (12 Uhr) tanzt man hier den katalanischen Traditionstanz vor der Plaça de Catedral. Das Hotel bietet seinen Gästen zwei Versammlungsräume und Internet-Anschluss. **www.hotelcolon.es**

## Neri

*Carrer de Sant Sever 5, 08002* • 93 304 06 55 FAX *93 304 03 37* **Zimmer** *22*  **Stadtplan** *5 A2*  €€€€

Dieses bezaubernde Hotel kombiniert den Charme eines Palais aus dem 18. Jahrhundert mit zeitgenössischem Komfort: Lichte, helle und schicke Zimmer in sanften Farben, eine Dachterrasse mit tollem Ausblick zur Kathedrale, Bibliothek und Solarium sowie ein Restaurant mit mediterraner Küche erwarten die Gäste. **www.hotelneri.com**

**Stadtplan** *siehe S. 188–197*

### Arts
*Carrer de Marina 19–21, 08005* ☎ 93 221 10 00 FAX 93 221 10 70 **Zimmer** 455     **Stadtplan** 6 E4

Modernes, superluxuriöses Strandhotel am Port Olímpic in einem der höchsten Gebäude Spaniens. Riesige Zimmer bieten atemberaubende Aussichten auf Stadt und Meer, jeder erdenkliche Komfort wird hier geboten. Ganz oben gibt es Suiten, die nochmal alles überbieten: Ein europäisches Spitzenhotel! **www.hotelartsbarcelona.com**

### Le Méridien
*La Rambla 111, 08002* ☎ 93 318 62 00 FAX 93 301 77 76 **Zimmer** 212     **Stadtplan** 5 A1

Sehr elegantes und exklusives Hotel an La Rambla, beliebt bei vielen internationalen Opern-, Musik- und Filmstars. Die Zimmer sind exzellent eingerichtet, aber auch für Geschäftsreisende geeignet. Wer will, kann die extravagante, exklusive »Presidential Suite« buchen. **www.lemeridien-barcelona.com**

## EIXAMPLE

### Hostal Ciudad Condal
*Carrer de Mallorca 255, 08008* ☎ 93 215 10 40 FAX 93 487 04 59 **Zimmer** 15     **Stadtplan** 3 A4

Einfaches *hostal* in einem stilvollen Modernisme-Gebäude in einer der elegantesten Straßen von Eixample. Alle Zimmer haben eine Minibar und Klimaanlage. Die Zimmer nach hinten sind deutlich leiser als die zur Straße hin gelegenen. Kein Frühstück, dafür viele nettes Cafés gleich in der Nachbarschaft. **www.hostalciudadcondal.com**

### Hotel Paseo de Gracia
*Passeig de Gràcia 102, 08008* ☎ 93 215 58 24 FAX 93 215 37 24 **Zimmer** 33     **Stadtplan** 3 B3

Es gibt nur wenige preiswerte Hotels im schicken und teuren Eixample-Viertel – dieses ist eines davon: Wunderbar gelegen an einem der beliebtesten Boulevards, nahe an den viel besuchten Gaudí-Bauwerken, bietet dieses Hotel einfache Zimmer mit Blick auf die Plaça de Catalunya.

### Gran Via
*Gran Via de les Corts Catalanes 642, 08010* ☎ 93 318 19 00 FAX 93 318 99 97 **Zimmer** 53     **Stadtplan** 3 B5

Die Pracht dieses Hotels in einem Palais des 19. Jahrhunderts ist zwar schon etwas abgeblättert, aber die Zimmer sind dafür geräumig, haben schöne alte Holzböden und antike Möbel. Das Haus liegt nördlich der Plaça de Catalunya, gleich beim Passeig de Gràcia. Schön sind Terrasse und Garten, eine wahre Oase. **www.nnhotels.com**

### Hostal Palacios
*Rambla Catalunya 27, 1st, 08007* ☎ 93 301 3079 FAX 93 301 3792 **Zimmer** 11     **Stadtplan** 3 A3

Diese freundliche *hostal* ist in einem großartigen Modernisme-Gebäude untergebracht. Viele originale Einrichtungsdetails blieben bis heute erhalten, u. a. Armaturen, Lampen, Türen und Kacheln – kombiniert mit modernen Möbeln und neuen Badezimmern. Wer will, kann auf dem Flügel in der Lounge spielen. **www.hostalpalacios.com**

### Actual
*Carrer Rosselló 238, 08008* ☎ 93 552 05 50 FAX 93 552 05 55 **Zimmer** 29     **Stadtplan** 3 B3

Die Zimmer dieses modernen Hotels sind minimalistisch chic eingerichtet: Großartig gelegen nahe Gaudís *La Pedrera*, schätzen die Gäste dieses Hauses die vielen Boutiquen am Passeig de Gràcia. Das Hotel ist auf Geschäftsreisende eingerichtet – also gibt es gute Sonderangebote am Wochenende. **www.hotelactual.com**

### Axel
*Carrer Aribau 33, 08011* ☎ 93 323 93 93 FAX 93 323 93 94 **Zimmer** 66     **Stadtplan** 2 F1

Dies ist Barcelonas bestes Schwulenhotel: Das Vier-Sterne-Haus bietet eine Vielzahl von Annehmlichkeiten. Die Zimmer sind modern ausgestattet, die Bar auf der Dachterrasse sehr beliebt. Einrichtungen für Geschäftsleute, aber auch eine Bibliothek. Dazu noch ein Pool und ein gutes Restaurant – mit Drag Shows. **www.hotelaxel.com**

### Catalunya Plaza
*Plaça de Catalunya 7, 08002* ☎ 93 317 71 71 FAX 93 317 78 55 **Zimmer** 46     **Stadtplan** 5 A1

Dieses zuverlässige Hotel im Zentrum von Barcelona ist bei Geschäftsreisenden sehr beliebt. Die großen Aufenthaltsräume im Gebäude aus dem 19. Jahrhundert sind mit bunten Fresken geschmückt. Attraktive Zimmer mit Standardeinrichtung sowie sehr aufmerksames Personal. **www.hotelcatalunyaplaza.com**

### Prestige Paseo de Gracia
*Passeig de Gracia 62, 08007* ☎ 93 272 41 80 FAX 93 272 41 81 **Zimmer** 45     **Stadtplan** 3 A4

Zen und Modernisme – das sind die Stilrichtungen dieses edlen Luxushotels nahe an Gaudís wichtigsten Gebäuden. Die hellen, schicken Zimmer sind exzellent ausgestattet, sogar mit Design-Fernsehern von Bang and Olufsen. Im Chill-out-Bereich »Zeroom« wartet eine Bibliothek über Kunst und Design. Oder man geht in den orientalischen Garten.

### Claris
*Carrer Pau Claris 150, 08009* ☎ 93 487 62 62 FAX 93 215 79 70 **Zimmer** 124     **Stadtplan** 3 B4

Antike Kelims sowie elegante englische und französische Möbel schmücken die Zimmer dieses Hotels nahe Passeig de Gràcia. Das Claris im umgebauten Vedrune-Palais glänzt mit Kunstwerken aus der ganzen Welt, gar einem Privatmuseum ägyptischer Kunst. Aussichtsterrasse mit Pool und Sonnendeck, Mietautos. **www.derbyhotels.es**

---

**Preiskategorien** *siehe S. 134*  **Zeichenerklärung** *siehe hintere Umschlagklappe*

### Condes de Barcelona
*Passeig de Gràcia 73–75, 08008* ✆ *93 445 00 00* FAX *93 445 32 32* **Zimmer** *183*  **Stadtplan** *3 A4*

Dieses Haus nimmt zwei renovierte Modernisme-Gebäude mit Marmor-Lobby und edler Fassade ein. Die Zimmer in beiden Palais sind zeitgenössisch modern und bieten Jacuzzis. Wählen Sie, wenn möglich, ein Zimmer mit Terrasse und Blick auf Gaudís *La Pedrera* gleich auf der anderen Straßenseite. **www.condesdebarcelona.com**

### Hispanos Siete Suiza
*Carrer Sicilia 255, 08025* ✆ *93 208 20 51* FAX *93 208 20 52* **Zimmer** *19*  **Stadtplan** *4 D3*

Dieses *Aparthotel* liegt dicht an Gaudís Kathedrale *Sagrada Família*. Die 18 Doppelzimmer und die eine Suite sind traditionell eingerichtet. Der gesamte Gewinn aus dem Hotel geht an die Dr. Melchor Colet Foundation für Krebsforschung. Colets Auto-Oldtimer-Sammlung ist ständig zu sehen. **www.barcelona19apartments.com**

### Majèstic
*Passeig de Gràcia 68, 08007* ✆ *93 488 17 17* FAX *93 488 18 80* **Zimmer** *303*  **Stadtplan** *3 A4*

Traditionshotel in klassizistischem Palais an einer schicken Straße (gleich bei der Carrer de València). Die stilvoll möblierten Zimmer sind mit Plüsch und alten Drucken geschmückt. Alle Zimmer bieten 5-Sterne-Komfort. Dazu gibt es einige Luxussuiten und einen Pool auf der Dachterrasse mit prima Panorama. **www.hotelmajestic.es**

### Omm
*Carrer Rosselló 265, 08008* ✆ *93 445 40 00* FAX *93 445 40 04* **Zimmer** *59*  **Stadtplan** *3 B3*

Mit seiner glitzernden, ultramodernen Fassade, den raffinierten Balkonen und den Stahl-Glas-Konstruktionen bildet das Omm den Inbegriff des modernen, designbewussten Barcelona. Modische, minimalistische Zimmereinrichtung, trotzdem sehr bequem. Bar und Club sind beliebt bei Models und Möchtegern-Models. **www.hotelomm.es**

### Ritz
*Gran Vía de les Corts Catalanes 668, 08010* ✆ *93 510 11 30* FAX *93 318 01 48* **Zimmer** *122*  **Stadtplan** *3 B5*

Barcelonas elegantestes Grandhotel wurde kürzlich überholt und neu eingerichtet: Die großen luxuriösen Zimmer sind klassisch eingerichtet, die Marmorbäder erinnern an römische Spas. Es gibt einen Health Club und eine Schönheitsfarm. Hier trafen sich Hautevolee, spanische Königsfamilie, Frank Sinatra und Madonna. **www.ritzbcn.com**

## GROSSRAUM BARCELONA

### PEDRALBES Princesa Sofia Intercontinental
*Plaça de Pius XII 4, 08028* ✆ *93 508 10 00* FAX *93 508 10 01* **Zimmer** *500*

Das riesige Luxushotel glänzt mit viel Marmor, Holz und Messing, mit einem Spitzenrestaurant, einer Bar und Konferenzräumen. Es gibt mehrere Pools (innen und im Freien), eine Schönheitsfarm und eine Boutique. Am Wochenende und im Sommer bietet man reduzierte Sonderpreise. **www.intercontinental.com**

### POBLENOU Hostal Poble Nou
*Carrer Taulat 30, 08005* ✆ *93 221 26 01* FAX *93 221 26 01* **Zimmer** *5*

Dieses charmante, kleine *hostal* in einem Stadthaus aus den 1930er Jahren ist perfekt in die traditionelle Nachbarschaft von Poblenou eingebunden. Strandnah, doch schnell ist man mit der Metro in Barcelonas City. Die Zimmer sind einfach, das im Preis enthaltene Frühstück auf der Terrasse genial. **www.hostalpoblenou.com**

### SARRIA-SANT GERVASI Rekor'd
*Carrer de Muntaner 352, 08021* ✆ *93 200 19 53* FAX *93 414 50 84* **Zimmer** *15 + 2 Apartments*

Dieses kleine, moderne Hotel wird hauptsächlich von Geschäftsleuten gebucht. Die großen Zimmer sind praktisch eingerichtet mit modernen Möbeln und Nettigkeiten wie Hometrainer (Fitness-Fahrrad). Sämtliche Service-Angebote für Geschäftsleute sind umfassend und exzellent! **www.hotelrekord.com**

### VALLVIDRERA Gran Hotel La Florida
*Carretera Vallvidrera al Tibidabo 83–93, 08035* ✆ *93 259 30 00* FAX *93 259 30 01* **Zimmer** *74*

Dieses Hotel hat seinen idealen Platz auf den Hügeln über Barcelona gefunden: Große schöne Gärten, atemberaubende Aussichten auf die Stadt und das Meer. Die Suiten sind perfekt ausgestattet, daneben gibt es ein Spa und ein Restaurant. Besonderes Extra: ein Shuttle-Service zur Innenstadt **www.hotellaflorida.com**

## KATALONIEN

### ANDORRA LA VELLA Andorra Park Hotel
*Les Canals 24,* ✆ *376 87 77 77* FAX *376 82 09 83* **Zimmer** *40*

Dieses Haus gehört zu Andorras luxuriösesten Hotels: Es steht an einem steilen baumbewachsenen Abhang und bietet edle, klassisch moderne Zimmer. Dazu kommen eine Bibliothek und ein Swimmingpool, der in den Felsen gesprengt wurde. Nebenan ist ein Kaufhaus. **www.andorraparkhotel.com**

**Stadtplan** *siehe S. 188–197*

### ARTIES Parador Don Gaspar de Portolà
*Ctra Bequeira-Beret, 25599 (Lleida)* ☎ 973 64 08 01  FAX 973 64 10 01  **Zimmer 57**

Ein moderner, komfortabler *parador* im traditionellen Baustil der Region. Arties ist eines der nettesten Dörfer im ganzen Vall d'Aran. Entlang der engen Straßen findet man einige mittelalterliche Kapellen. Der perfekte Startplatz für Skifahrer im Vall d'Aran, aber auch für Bergwanderer. **www.parador.es**

### AVINYONET DE PUIGVENTÓS Mas Pau
*Carretera de Besalúa Olot, 17742 (Girona)* ☎ 972 54 61 54  FAX 972 54 63 26  **Zimmer 20**

Das schöne Hotel in einem burgartigen Gebäude aus dem 16. Jahrhundert liegt inmitten von Gärten und Wiesen. Viele der luxuriösen Zimmer und Suiten befinden sich in dem 25 Meter hohen Turm, von dem man eine tolle Aussicht hat. Selbst das Restaurant bietet diese spannenden Blicke übers Land. **www.maspau.com**

### BANYOLES Mirallac
*Passeig Darder 50, 17820 (Girona)* ☎ 972 57 10 45  FAX 972 58 00 87  **Zimmer 27**

Von diesem klassisch-altmodischen Hotel überblickt man den ganzen See von Banyoles. Die konventionellen Zimmer des Hotels werden ergänzt durch einen riesigen Swimmingpool und zahlreiche Wassersportangebote. Das Restaurant bietet lokale Spezialitäten, darunter viel Fisch. Wer Wassersport liebt, der ist hier richtig.

### BAQUEIRA-BERET Royal Tanau
*Ctra de Beret, 25598 (Lleida)* ☎ 973 64 44 46  FAX 973 64 43 44  **Zimmer 30**

Das luxuriöse Boutique-Hotel inmitten des Skigebiets Tanau bietet ein reiches Verwöhnprogramm: Jacuzzis (innen und im Freien) und ein eigenes Spa. Im Winter bringt der eigene Skilift die Gäste auf die Piste. Und natürlich alles, was man für zünftigen Après-Ski benötigt. Neben Zimmern auch Apartments. **www.solmelia.com**

### BEGUR Aigua Blava
*Platja de Fornells, 17255 (Girona)* ☎ 972 62 20 58  FAX 972 62 45 62  **Zimmer 86**

Reizendes kleines Hotel in der Fornell-Bucht, einem der schönsten Plätze der ganzen Costa Brava. Umgeben von vielen Pinien und Gärten genießt man hier wunderschöne Meeresblicke. Die Zimmer sind hell und luftig; daneben gibt es zehn Apartments mit Komplettausstattung. November bis Mitte Februar geschlossen. **www.aiguablava.com**

### BEUDA Can Felicià
*Segueró, 17851 (Girona)* ☎ 972 59 05 23  FAX 972 59 05 23  **Zimmer 6**

Die herrliche Aussicht lohnt den Aufenthalt in diesem Landhotel, das in einer ehemaligen Schule untergebracht ist. Von den hellen, farbenfrohen Zimmern blickt man in einen großen Garten, ein perfektes Hotel für Familien mit Kindern, denn auch ein kleiner Pool fehlt nicht. Das Abendessen ist im Preis inbegriffen. **www.canfelicia.com**

### BEUDA Mas Salvanera
*Mas Salvanera s/n, 17850 (Girona)* ☎ 972 59 09 75  FAX 972 59 08 63  **Zimmer 9**

Dieses kleine familiengeführte Hotel befindet sich in einem umgebauten Bauernhaus aus dem 17. Jahrhundert. Neben dem hübschen Garten sind vor allem die hausgemachten Delikatessen verlockend. Vielfältige Angebote für Radtouren, zum Fischen und für Ausritte in der Gegend stehen zur Auswahl. **www.salvanera.com**

### BOLVIR DE CERDANYA Torre del Remei
*Camí Reial s/n, 17539 (Girona)* ☎ 972 14 01 82  FAX 972 14 04 49  **Zimmer 20**

Vornehmes Luxushotels in wunderbarem Jugendstilgebäude, das von einem üppigen Garten umgeben ist. Die klassisch ausgestatteten Zimmer lassen wirklich keinen Wunsch offen (inkl. Videorekorder). Dazu gibt es für die Gäste ein eigenes Spa und ein Fitness-Center. **www.torredelremei.com**

### CADAQUÈS Misty
*Carretera Nova Port Lligat, 17488 (Girona)* ☎ 972 25 89 62  FAX 972 15 90 90  **Zimmer 11**

Dieses Hotel mit drei Häusern, Pool und großem Garten ist eines der schönsten an der Costa Brava: Ideal für Familien ist beispielsweise der eigene Grillplatz. Es gibt zwar kein Restaurant, dafür aber eine üppig ausgestattete Snackbar. Die Luxemburger Besitzer veranstalten häufig Grillpartys. Januar bis März geschlossen. **www.hotel-misty.com**

### CARDONA Parador de Cardona
*Carrer de Castell s/n, 08261 (Barcelona)* ☎ 93 869 12 75  FAX 93 869 16 36  **Zimmer 54**

Diese mittelalterliche Burg von Cardona beherbergt heute einen der spektakulärsten *paradores* in ganz Spanien: Die Gäste des luxuriösen Hotels erwarten elegante Himmelbetten, ein katalanischens Spezialitätenrestaurant und tolle Aussichten über das Land. **www.parador.es**

### CASTELLDELFELS Gran Hotel Rey Don Jaime
*Avinguda del Hotel 22, 08860 (Barcelona)* ☎ 93 665 13 00  FAX 93 664 51 51  **Zimmer 220**

Riesiges Hotel im mediterranen Stil mit gemauerten Bogen und weiß gekalkten Wänden. Es gibt moderne Zimmer oder traditionelle Zimmer im rustikalen Stil zur Auswahl. Exzellente Angebote für Sport und Aktivurlaub, darunter Squash. Vom Berg aus kann man bis zum Mittelmeer blicken. **www.grup-soteras.com**

### CASTELLÓ D'EMPURIES Allioli
*Urbanització Castell Nou, 17486 (Girona)* ☎ 972 25 03 00  FAX 972 25 03 00  **Zimmer 42**

In dieses alte katalanische Bauernhaus aus dem 17. Jahrhundert, direkt an der Straße von Roses nach Figueres, kommen Einheimische gerne zum Sonntagsessen. Die einfachen Zimmer und der Pool sind ideal für Familien mit Kindern. Mitte Dezember bis Ende Februar geschlossen. Restaurant ganzjährig offen. **www.hotelallioli.com**

**Preiskategorien** *siehe S. 134* **Zeichenerklärung** *siehe hintere Umschlagklappe*

## CÓLL Casa Peyró €€

*Carrer Unic s/n, 25527 (Lleida)* ☎ 973 29 70 02 **Zimmer** 8

In diesem winzigen Bergdorf gibt es ein wunderbares, familiengeführtes kleines Hotel mit acht Zimmern zu entdecken: Alles ist noch ganz traditionell, die Zimmer, die Sauna und die angebotenen Massagen. Es gibt kein Restaurant, aber die Familie kocht sehr lecker für ihre Gäste. Die Preise beinhalten Halbpension.

## L'ESCALA El Roser €

*Carrer L'Eglésia 7, 17130 (Girona)* ☎ 972 77 02 19 **FAX** 972 77 45 29 **Zimmer** 22

Direkt am Strand und im historischen Zentrum von L'Escala befindet sich dieses reizende, altmodische Seehotel. Das Restaurant gilt als eines des besten in der ganzen Region. Die Zimmer sind tadellos und nett eingerichtet. Im November geschlossen. **www.elroserhostal.com**

## L'ESPLUGA DEL FRANCOLÍ Hostal del Senglar €

*Plaça de Montserrat Canals 1, 43440 (Tarragona)* ☎ 977 87 01 21 **FAX** 977 87 01 27 **Zimmer** 38

Auf drei Stockwerken bietet dieses Hotel einfache Zimmer mit schlichter Möblierung. Das traditionelle Familienhotel veranstaltet häufig Grillabende im schönen Garten. Im dazugehörigen Restaurant finden sich zahlreiche Spezialitäten der Region auf der Speisekarte. **www.hostaldesenglar.com**

## FIGUERES Hotel Durán €€

*Carrer de Lasauca 5, 17600 (Girona)* ☎ 972 50 12 50 **FAX** 972 50 26 09 **Zimmer** 60

Dieses ocker- und pinkfarbene Hotel beherbergt eines der besten Restaurants der ganzen Region: Gegründet 1835, wird es bis heute von derselben Familie geführt. Die Zimmer sind angenehm schlicht, aber nicht karg, viele haben schöne schmiedeeiserne Balkone auf die ruhige Straße hinaus. **www.hotelduran.com**

## LA GARRIGA Gran Hotel Balneario Blancafort €€€€

*Carrer Mina, 7, 08530 (Barcelona)* ☎ 93 860 56 00 **FAX** 93 861 23 90 **Zimmer** 312

Dieses nette Hotel aus dem 19. Jahrhundert steht im bekannten Badeort La Garriga nahe Barcelona: Die umfangreichen Renovierungen hoben das Haus auf 5-Sterne-Luxus-Niveau an. Die Zimmer sind klassisch mit Originaldrucken und modernen Möbeln eingerichtet. Schönheitsfarm und Garten inklusive. **www.balnearioblancafort.com**

## GIRONA Pensión Bellmirall €

*Carrer de Bellmirall 3, 17004 (Girona)* ☎ 972 20 40 09 **Zimmer** 7

Dieses alte, charmante Haus befindet sich direkt im historischen Zentrum von Girona. Zwischen den Massivsteinmauern befinden sich sehr individuell eingerichtete Zimmer mit traditionellen Betten und katalanischer Kunst (Originale). Im hübschen Garten gibt es am Morgen ein riesiges Frühstück. Im Februar geschlossen.

## GOMBRÉN Fonda Xesc €

*Plaça Roser 1, 17531 (Girona)* ☎ 972 73 04 04 **Zimmer** 14

Mitten im Zentrum des alten Bergdorfes bietet dieses altmodisch wirkende Hotel einfache, aber perfekt saubere Zimmer. Im regional bekannten Restaurant serviert man katalanische Spezialitäten, beispielsweise hausgemachte *embotits*, die man auch im zugehörigen Laden kaufen kann. **www.fondaxesc.com**

## GRANOLLERS Fonda Europa €€

*Carrer Anselm Clavé 1, 08400 (Barcelona)* ☎ 93 870 03 12 **FAX** 93 870 79 01 **Zimmer** 7

In diesem Mini-Hotel übernachten Reisende bereits seit 1714. Bis heute wird es von derselben Familie geführt. Die Zimmer im zweiten Stock des Gebäudes sind inzwischen komplett renoviert – und weiterhin schlicht eingerichtet. Das Restaurant ist eine sehr gute Wahl: Die katalanischen Spezialitäten werden nach alten Rezepten zubereitet.

## LLORET DE MAR Santa Marta €€€€

*Platja Santa Cristina, 17310 (Girona)* ☎ 972 36 49 04 **FAX** 972 36 92 80 **Zimmer** 78

Das weiße, moderne Platja Santa Cristina liegt an einer Bucht direkt neben den Ausläufern der Resorts von Lloret de Mar. Ruhige Pinienwälder und grüne Gärten erstrecken sich bis zur Küste. Vielfältige Sportangebote, darunter Tennis. Von Mitte Dezember bis Januar geschlossen. **www.hstamarta.com**

## MONTSENY Sant Bernat €€€

*Finca El Clot, Ctra Sta Ma de Palautordera a Seva, km 20.7, 08460 (Barcelona)* ☎ 93 847 30 11 **Zimmer** 23

Beeindruckendes Landhaus mitten in der Serra de Montseny, das von allen Seiten mit Grün überwuchert ist. Die Zimmer und Suiten sind praktisch eingerichtet mit rustikalen Möbeln und Gemälden an der Wand. Reizvolle Umgebung mit Gärten und Teich. Vielfältiges Sportangebot. **www.santbernat.com**

## MONTSERRAT Abat Cisneros €€

*Plaça del Monestir, 08199 (Barcelona)* ☎ 93 877 77 01 **FAX** 93 87 77 24 **Zimmer** 82

Dieses Hotel gehört zum berühmten Klosterkomplex von Montserrat. Frisch getraute Ehepaare kommen hierher, um den Segen der Schwarzen Madonna (La Moreneta) für ihre Ehe zu empfangen. Die Zimmer sind schlicht, aber weitaus komfortabler, als man es in einem Kloster vermuten würde.

## PALS Lindos Huéspedes €€€

*Carretera de Torroella de Montgri a Pals km 10, 17256 (Girona)* ☎ 972 66 82 03 **FAX** 972 66 82 03 **Zimmer** 6

In einer alten Mühle nahe der mittelalterlichen Ortschaft Pals befindet sich dieses kleine, schicke Hotel. Nach umfangreichen Umbauten gibt es nun sechs luxuriöse Zimmer – ganz in Weiß gehalten. Keine Kinder zugelassen! Im Januar und Februar geschlossen. **www.lindoshuespedes.com**

**Stadtplan** *siehe S. 188–197*

## PERAMOLA Can Boix de Peramola €€

*Carrer Afores s/n, 25790 (Lleida)* 973 47 02 66 FAX 973 47 02 81 **Zimmer** 41

Preiswertes Berghotel, das seit zehn Generationen von derselben Familie geführt wird. Zauberhafte Zimmer und Apartments mit atemberaubender Aussicht. Ein idealer Ausgangspunkt für Wanderungen in den Vorbergen der Pyrenäen. Von Mitte Januar bis Mitte Februar geschlossen. **www.canboix.com**

## REGENCÓS Hotel del Teatre €€€

*Plaça Major s/n, 17214 (Girona)* 972 30 62 70 FAX 972 30 62 73 **Zimmer** 7

Mitten im Zentrum der beliebten mittelalterlichen Stadt Regencós hat dieses Boutique-Hotel in zwei alten renovierten Häusern des 18. Jahrhunderts seinen Platz gefunden. Gemäßigter Minimalismus, charmante Details und ziemlich schicke Möbel bestimmen hier die Zimmer. Wunderbarer Pool (mit Schatten) im Garten. **www.hoteldelteatre.com**

## SA TUNA (BEGUR) Hotel Sa Tuna €

*Platja Sa Tuna, 17255 (Girona)* 972 62 21 98 FAX 972 62 21 98 **Zimmer** 5

Einfaches, weiß getünchtes kleines Hotel an einer der schönsten Buchten der Costa Brava. Die kürzlich erfolgten Renovierungen, die der Enkel des Gründers veranlasste, haben dem Hotel sehr gut getan. Es gibt Zimmer mit eigener Terrasse mit Meerblick. Gutes Restaurant. Oktober bis März geschlossen. **www.hostalsatuna.com**

## SADURNI D'ANOIA Sol I Vi €€

*Ctra San Sadurni–Vilafranca km 4, Lavern, 08739 (Barcelona)* 938 99 32 04 FAX 938 99 33 26 **Zimmer** 25

Dieses traditionelle Hotel steht inmitten von Weinbergen – die ideale Lage, um die Wein- und Cava-Produktion der Region südwestlich Barcelonas zu erkunden. Die Zimmer sind einfach, bequem und tadellos. Das superbe Restaurant bietet traditionelle katalanische Gerichte. **www.solivi.com**

## S'AGARÓ Hostal de la Gavina €€€€€

*Plaça de la Rosaleda, 17248 (Girona)* 972 32 11 00 FAX 972 32 15 73 **Zimmer** 74

Dieses elegante Strandhaus im mediterranen Stil bietet völlig auf eigenem, exklusivem Land: Die umliegenden Gärten, der »Pool im Meer« – alles gehört zu diesem Anwesen. Die Zimmer sind edel mit Seidentapeten und antiken Möbeln ausgestattet. Luxus-Spa und Gourmetrestaurant. Mitte Oktober bis Ostern geschlossen. **www.lagavina.com**

## SANT PERE DE RIBES Els Sumidors €€

*Carretera de Vilafranca km 2.4, 18810 (Barcelona)* 93 896 20 61 FAX 93 896 20 61 **Zimmer** 9

Idyllisch am Hang gelegen mit einem schönen Blick auf die Weinberge von Penèdes bietet dieses Hotel viel Atmosphäre und Charme – dafür aber weniger Luxus. Versteckt unter wildem Wein erinnert es an die »ruhige alte Zeit« ganz ohne das glitzernde Nachtleben des benachbarten Sitges. **www.sumidors.com**

## SANTA CRISTINA D'ARO Mas Torrellas €€

*Carretera Santa Cristina-Platja d'Aro, 17246 (Girona)* 972 83 75 26 FAX 972 83 75 27 **Zimmer** 17

Attraktives Landhotel in einem alten Gebäude aus dem 18. Jahrhundert. Auffallend ist der große gelbe Turm, in dem sich die besten Zimmer befinden. Dazu gibt es einen Pool, Tennisplatz und die Möglichkeit zu Ausritten. Exzellentes Restaurant. Von Oktober bis März geschlossen.

## SANTA PAU Cal Sastre €€

*Carrer de les Cases Noves, 1, 17811 (Girona)* 972 68 01 32 FAX 972 68 04 81 **Zimmer** 11

Das Landhaus aus dem 18. Jahrhundert wurde geschmackvoll renoviert und bietet heute zeitgemäßen Komfort. Umgeben von einem schattigen Garten und dem mittelalterlichen Ort Santa Pau lässt es sich hier gut hinter alten Mauern wohnen. Von hier aus sind vielfältige Radtouren möglich. **www.calsastre.com**

## LA SEU D'URGELL Parador de La Seu d'Urgell €€

*Carrer Sant Domènec 6, 25700 (Lleida)* 973 25 20 00 FAX 973 35 23 09 **Zimmer** 80

Nur der Kreuzgang (heute die Lounge) blieb vom alten Renaissance-Kloster noch erhalten: Der *parador* nahe der Kathedrale La Seu (12. Jh.) bietet alle modernen Annehmlichkeiten inklusive Pool mit Glasdach, schöne Zimmer und vielfältige Möglichkeiten zum Wandern und Skifahren in der Nähe Andorras. **www.parador.es**

## SITGES Capri €€

*Avinguda de Sofia 13–15, 08870 (Barcelona)* 93 811 02 67 FAX 93 894 51 88 **Zimmer** 26

Das schöne Hotelgebäude stammt aus der Zeit um 1900 und kombiniert heute altmodischen Charme mit zeitgemäßem Komfort. Auch ein Spa, ein Pool und ein schöner Garten gehören dazu. Nur 50 Meter zum Strand und zum Ortskern. Luxussuiten verfügbar. **www.grup-carbonell.com**

## SITGES Romàntic €€

*Carrer Sant Isidre 33, 08870 (Barcelona)* 93 894 83 75 FAX 93 894 81 67 **Zimmer** 58

Das Romàntic macht seinem Namen alle Ehre: Die einfachen Zimmer sind mit viel Kunst und ausgesuchten Antiquitäten geschmückt. Der schöne schattige Garten mit Brunnen ist der ideale Platz für ausgedehnte Frühstücke und für entspannende Cocktails am Abend. **www.hotelromantic.com**

## SOLDEU (ANDORRA) Sport Hotel Village €€€

*Ctra General s/n,* 376 87 05 00 FAX 376 87 05 33 **Zimmer** 148

Dies ist das beste Hotel im beliebten Skigebiet von Soldeu. Viele der komfortablen Zimmer bieten Aussicht auf die Pisten. Das Vier-Sterne-Hotel bietet allen erdenklichen Luxus inklusive Pool, Jacuzzi und – als echte Besonderheit – einen eigenen Skilift, der einen direkt vom Hotel zu den Pisten bringt. **www.sporthotels.ad**

**Preiskategorien** *siehe S. 134* **Zeichenerklärung** *siehe hintere Umschlagklappe*

## TARRAGONA Lauria

*Rambla Nova 20, 43004 (Tarragona)* ☎ *977 23 67 12* FAX *977 23 67 00* **Zimmer** *72*

Modernes funktionales Hotel im Zentrum von Tarragona und doch nahe am Meer gelegen. Hinter dem eleganten Eingang warten geräumige Zimmer mit nicht allerneuester Einrichtung. Das Haus bietet viele Annehmlichkeiten, darunter einen Pool und Einrichtungen für Geschäftsleute. **www.hlauria.es**

## TARRAGONA Imperial Tarraco

*Passeig Les Palmeres s/n, 43003 (Tarragona)* ☎ *977 23 30 40* FAX *977 21 65 66* **Zimmer** *170*

Das Imperial Tarraco ist die beste Wahl, die man in Tarragona treffen kann. Dieses moderne und große Hotel mit einem Traumpanorama direkt am Balconi del Mediterrani bietet großzügige, elegante Zimmer. Die Suiten haben eigene Terrassen. Die Hotel ist nicht weit vom Stadtzentrum entfernt. **www.husa.es**

## TAVÉRNOLES El Banús

*El Banús, 08519 (Barcelona)* ☎ *93 812 20 91* FAX *93 888 70 12* **Zimmer** *12*

Kleines, mit Familienerbstücken möbliertes Landhaus. In zwei Anbauten gibt es Mehrbettzimmer und Apartments mit Küche für das Wochenende oder längere Buchungen. Ideal für Familien oder Gruppen (Wochenendpreis für vier Personen 230 Euro, für sechs Personen 260 Euro). Von November bis März geschlossen. **www.elbanus.com**

## TAVERTET El Jufré

*Tavertet, 08511 (Barcelona)* ☎ *93 856 51 67* FAX *93 856 51 67* **Zimmer** *8*

Dieses alte, umgebaute Bauernhaus (*casa rural*) ist seit über 800 Jahren im Besitz derselben Familie und bietet eine fantastische Sicht auf die Berge. In den ehemaligen Ställen finden sich heute gemütliche, komfortable Zimmer. Ein perfekter Ausgangspunkt für Wanderungen und zur Erkundung von Osona. Die Preise sind inkl. Vollpension.

## TORRENT Mas de Torrent

*Afueras, 17123 (Girona)* ☎ *972 30 32 92* FAX *972 30 32 93* **Zimmer** *39*

Ansprechend umgebautes Landhaus aus dem 18. Jahrhundert. Neben dem Hauptgebäude mit seinen zehn schönen und komfortablen Zimmern gibt es noch einige Bungalows im großen Garten. Daneben auch Luxussuiten mit eigenem Pool. Wunderbare Aussicht. **www.mastorrent.com**

## TORTOSA Parador Castillo de la Zuda

*Castillo de la Zuda, 43500 (Tarragona)* ☎ *977 44 44 50* FAX *977 44 44 58* **Zimmer** *72*

Das von Mauren auf dem Berggipfel erbaute Kastell dient heute als Hotel: Dieser *parador* gewährt einen überwältigenden Ausblick auf die Stadt Tortosa und das Tal des Riu Ebre. Exzellentes Restaurant mit vielen Tischen im Freien, dazu viele Luxus-Extras und natürlich auch ein Pool. **www.parador.es**

## TOSSA DE MAR Diana

*Plaça d'Espanya 6, 17320 (Girona)* ☎ *972 34 11 16* FAX *972 34 18 86* **Zimmer** *21*

Diese Jugendstilvilla gibt den perfekten Rahmen für dieses großartige Hotel: Die schönsten Zimmer mit Balkon ermöglichen tolle Aussichten auf die Landschaft und das Tal. Die elegante Lobby mit vielen schönen Einrichtungsgegenständen ist heute zu einer gemütlichen Lounge umgebaut. **www.diana-hotel.com**

## TREDÒS Hotel de Tredòs

*Carretera a Baqueira-Beret km 177.5, 25598 (Lleida)* ☎ *973 64 40 14* FAX *973 64 43 00* **Zimmer** *45*

Dieses bei Skifahrern und Bergwanderern beliebte Hotel im Val d'Aran bietet ein gutes Preis-Leistungs-Verhältnis: Die attraktiven Zimmer sind rustikal eingerichtet. Die gemütliche Lounge mit offenem Kamin erfreut die Wanderer, dazu ein herzförmiger Pool im Freien. Oktober, November, Mai und Juni geschlossen. **www.hoteldetredos.com**

## VIC Parador de Turismo de Vic

*Paratge Bac de Sau, 08500 (Barcelona)* ☎ *93 812 23 23* FAX *93 812 23 68* **Zimmer** *36*

Dieser frisch renovierte *parador* liegt 14 Kilometer von Vic entfernt, bietet aber schöne Aussichten auf den Sau-Stausee. Ein ruhiger Platz inmitten von Pinienwäldern und Felsformationen. Der *parador* bietet komfortable Zimmer, einen Tennisplatz und einen Pool im Freien (nur im Sommer). **www.parador.es**

## VIELHA (VIELLA) Parador Valle de Arán

*Carretera de túnel, 25530 (Lleida)* ☎ *973 64 01 00* FAX *973 64 11 00* **Zimmer** *118*

Das Herzstück dieses großen und modernen *parador* ist die Lounge mit dem riesigen Panoramafenster: Spektakuläre Ausblicke auf die Berglandschaft sind garantiert. Dazu gibt es ein sehr schönes Spa und ein exzellentes Restaurant. Die Zimmer sind geräumig und gut ausgestattet. **www.parador.es**

## VILADRAU Hostal de la Glòria

*Carrer Torreventosa 12, 17406 (Girona)* ☎ *938 84 90 34* FAX *938 84 94 65* **Zimmer** *22*

Dieses traditionelle Hotel bietet Familienatmosphäre mitten in der Serra de Montseny. Das Restaurant hat ausgesuchte katalanische Spezialitäten auf der Karte. Der schöne Pool befindet sich mitten im eigenen Garten. Die Besitzer verleihen Fahrräder und organisieren Ausritte. **www.hostaldelagloria.com**

## VILANOVA I LA GELTRÚ César

*Carrer Isaac Peral 8, 08800 (Barcelona)* ☎ *93 815 11 25* FAX *93 815 67 19* **Zimmer** *30*

Ganz nahe am Ribes Roges Strand befindet sich dieses hübsche Hotel in einem bezaubernden Haus aus der Zeit um 1900. Zwei Schwestern betreiben das Hotel und achten sehr auf alle schönen Details: Möbel, Stoffe, Einrichtung und Schmuck sind liebevoll zusammengestellt. Gutes Restaurant und Pool im Freien. **www.hotelcesar.net**

**Stadtplan** *siehe S. 188 – 197*

# Restaurants, Cafés und Bars

Zum Essen auszugehen ist in Katalonien allgemeiner Brauch und gesellschaftliches Ereignis zugleich. Die Katalanen sind stolz auf ihre Küche und erwarten, in Restaurants gut zu speisen. Gut besucht sind sonntags die Landrestaurants. In Barcelona gibt es unglaublich viele Restaurants. Die Speisen – vom anspruchsvollen Festessen bis zum einfachen Snack – werden in der Regel mit frischen Zutaten zubereitet. Die Restaurants und Cafés auf den Seiten 146–153 wurden wegen ihrer guten Küche und besonderen Atmosphäre ausgewählt. Auf den Seiten 30f und 144f finden Sie eine Auswahl typischer katalanischer Gerichte.

Diese Wandfliese wirbt für ein Restaurant

*Bodegas* sind urige Weinschenken, meist ohne Küchenbetrieb

## Restaurants und Bars

Barcelona und Katalonien verfügen über einige der besten spanischen Restaurants mit erstklassiger katalanischer Küche, doch preiswerter kann man in Bars und Cafés essen, die *tapes* (Tapas) servieren. In manchen Bars, speziell in Kneipen (bis spät in die Nacht geöffnet), gibt es keine Mahlzeiten. Auch *bars i restaurants*, *hostals* und *fondes* – alte katalanische Wörter für die verschiedenen Gaststätten – servieren preisgünstiges Essen. *Xirin-guitos* sind einfache Bars am Strand, die nur im Sommer geöffnet haben.

Die meisten Restaurants schließen einen Tag pro Woche (manche nur mittags oder abends), während des Jahresurlaubs und an einigen gesetzlichen Feiertagen. Die Schließungszeiten erfahren Sie auf den Seiten 146–153 am Ende des jeweiligen Restauranteintrags.

## Essenszeiten

Katalanen frühstücken wie auch die Spanier oft zweimal. Das erste, leichte Frühstück *(el esmorzar)* besteht aus einigen Keksen oder Toasts und Marmelade sowie *cafè amb llet* (Milchkaffee). Zwischen 10 und 11 Uhr folgt das zweite Frühstück, oft in einem Café. Üblich sind ein Croissant oder eine *entrepà* (Sandwich) mit Wurst, Schinken oder Käse oder eines der berühmten *truita de patates* (Kartoffelomeletts). Dazu trinkt man Obstsaft, Kaffee oder Bier.

Ab 13 Uhr strömen die Katalanen in die Bars auf ein Bier oder einen *aperitivo* mit Tapas. Um 14 Uhr trifft man sich, soweit möglich, zu Hause zum *dinar* (Mittagessen), dem Hauptgericht des Tages, oder nimmt dieses in einem Restaurant ein.

Zwischen 17.30 und 18 Uhr füllen sich die Cafés, *salons de te* und *pastisseries* zu *el berenar* mit Sandwiches, Gebäck, Kaffee, Tee oder Obstsaft. Snacks wie *xurros* (frittiertes Spritzgebäck) kann man auch an Ständen kaufen. Um 19 Uhr trifft man sich in den Bars zu Tapas mit Sherry, Wein oder Bier.

In Katalonien beginnt *el sopar* (das Abendessen) meist um 21 Uhr. Einige Restaurants servieren es jedoch auch früher. Im Sommer essen viele Leute oft erst gegen 23 Uhr zu Abend. An Sommerwochenenden versammeln sich viele (Groß-)Familien häufig im Restaurant zum Mittagessen, das aus vielen Gängen besteht.

Bardekoration, Barcelona

## Etikette

Krawatte und Jackett sind selten nötig, doch Katalanen besuchen Restaurants meist gut gekleidet. Tagsüber geht es in den Urlaubsorten leger zu, abends hingegen sind Shorts verpönt.

Restaurant in Barcelonas Port Olímpic, einem beliebten Ausgehbezirk

**Straßentisch einer *cafeteria* in Cadaqués an der Costa Brava**

## SPEISEKARTE

Außer Tapas sind die *plats combinats* und das *menú del dia* die preiswertesten Menüs in katalanischen Restaurants. *Plat combinat* (Fleisch oder Fisch mit Gemüse und Kartoffeln) gibt es nur in einfacheren Gaststätten. Viele Restaurants bieten ein dreigängiges *menú del dia* zum Festpreis an. Änderungswünsche sind nur selten möglich. In einigen Gourmet-Restaurants gibt es ein *menú de degustació*, bei dem man aus sechs oder sieben Gerichten auswählen kann.

Das katalanische Wort für Speisekarte ist *carta*. Sie beginnt mit *sopes* (Suppen), *amanides* (Salaten), *entremesos* (Vorspeisen), *ous i truites* (Eiern und Omeletts) und *verdures i llegums* (Gemüse). Hauptgerichte sind *peix i marisc* (Fisch und Meeresfrüchte) und *carns i aus* (Fleisch und Geflügel). Tafeln an der Wand nennen die Tagesgerichte. Paella und andere Reisgerichte werden auch als erster Gang serviert. Gewöhnlich folgt auf Reis ein Fleischgericht; nach *fuet* oder *secallona* (zwei Wurstsorten) bzw. Salat folgt eine Paella.

Desserts heißen *postres*. Frische Früchte bekommt man überall, ansonsten ist die Auswahl nicht sehr groß – am besten sind die berühmte *crema catalana*, *flan* (Karamelcreme) und *natillas* (Pudding).

Vegetarische Gerichte sind in Katalonien (noch) selten. Einige Gemüse-, Salat- und Eiergerichte sind »vegetarisch«, können aber auch Schinken oder Fisch enthalten. Mehr und mehr bieten Restaurants echte vegetarische Speisen. Kinder sind überall willkommen und erhalten auf Anfrage kleinere Portionen.

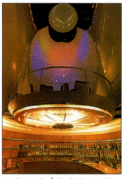

**Las Torres de Ávila *(siehe S. 163)*, eine Bar in Barcelona**

## WEINE

Trockene Fino-Weine sind gut zu Meeresfrüchten, Oliven, Suppen und Vorspeisen. Zu Hauptgerichten trinkt man gerne Weine aus Penedès *(siehe S. 32)* oder anderen Weingebieten Spaniens wie Rioja, Ribera del Duero und Navarra. Oloroso-Weine sind nach dem Essen, *cavas (siehe S. 32f)* sonntagmittags beliebt.

## RAUCHEN

Gastronomiebetriebe über 100 Quadratmeter müssen separate Nichtraucherzonen haben, ein kleinerer Betrieb kann sich als Raucher- oder Nichtraucherlokal ausweisen.

## PREISE UND RECHNUNG

Bei Bestellungen à la carte kann es passieren, dass der Preis um einiges über dem eines *menú del dia* liegt – speziell bei Meeresfrüchten, Fisch oder *Ibérico*-Schinken. Werden teure Fische wie Seezunge oder Schwertfisch billig angeboten, ist es meist Tiefkühlware. Seebarsch und Spezialitäten wie Garnelen, Hummer und Krabben werden nach Gewicht berechnet.

*El compte* (die Rechnung) beinhaltet den Service und möglicherweise einen kleinen Betrag für das Gedeck. Die Mehrwertsteuer (IVA) von derzeit sieben Prozent wird manchmal auf den angegebenen Preis aufgeschlagen. Die Kellner erhalten selten mehr als fünf Prozent Trinkgeld; oft wird die Rechnung einfach aufgerundet. Schecks werden in Restaurants selten benutzt, Reiseschecks gewöhnlich akzeptiert. Doch kann es passieren, dass man kein Wechselgeld zurückbekommt.

Die wichtigsten Kreditkarten werden in den meisten Restaurants akzeptiert, nicht jedoch in Tapas-Bars, Cafés, kleinen Dorfgaststätten, Kneipen und in vielen Bodegas.

## BEHINDERTE REISENDE

Nur wenige Restaurants sind auf Rollstuhlfahrer eingerichtet. Fragen Sie telefonisch, ob der Zugang mit Rollstuhl möglich ist.

**Das Restaurant Set Portes *(siehe S. 147)*, Port Vell, Barcelona**

# Glossar typischer Gerichte

Oliven

Die katalanische Küche ist als *cuina de mercat* (Marktküche) bekannt. Selten findet man ein so breites Angebot wie auf Barcelonas Boqueria-Markt *(siehe S. 155)*. Die Paprika glänzt, der Fisch funkelt, es gibt Fleisch in Hülle und Fülle. Dazu werden unzählige Olivensorten angeboten. Im Frühjahr bekommt man *Calçot*-Zwiebeln und Saubohnen, ab Ostern isst man besonders gerne Erdbeeren zum *cava*. Im Herbst findet man über 30 Pilzsorten auf dem Markt.

## TAPAS

Wer in Barcelona abends von einer Bar zur anderen zieht, kann dabei viele leckere Tapas probieren.
**Anxoves:** Anchovis.
**Escopinyes:** Herzmuscheln.
**Bunyols de bacallà:** Kabeljau-Teigbällchen.
**Calamars a la romana:** Frittierte Tintenfischringe.
**Pa amb tomàquet:** Mit Tomate, Knoblauch und Olivenöl eingeriebenes Brot.
**Panadons d'espinacs:** Kleine Spinatpasteten.
**Patatas bravas:** Kartoffelstücke in Tomatensauce.
**Pernil:** Schinken aus der gewürzten, getrockneten Schweinskeule.
**Pescaditos:** Kleine Bratfische.
**Popets:** Baby-Tintenfisch.
**Truita:** Omelett.
**Truita de patates:** Kartoffel-Zwiebel-Omelett.

*Pa amb tomàquet* (Brot mit Tomate), oft mit Schinken serviert

## VORSPEISEN

Manche Vorspeisen können Sie auch als komplettes Hauptgericht bestellen.
**Amanida catalana:** Katalanischer Salat.
**Arròs negre:** »Schwarzer Reis«.
**Cargols a la llauna:** Schnecken in würziger Sauce.

La Boqueria, Barcelonas riesiger überdachter Markt an den Rambles

**Empedrat:** Stockfisch mit weißen Bohnen.
**Escalivada:** Gegrillte oder gebratene Auberginen und Paprika mit Olivenöl.
**Espinacs a la catalana:** Spinat mit Pinienkernen, Rosinen und Schinken, manchmal auch mit Mangold *(bledes)*.
**Esqueixada:** Salat mit Kabeljau.
**Faves a la catalana:** Saubohnen mit Blutwurst, Schinken, Zwiebeln und Knoblauch.
**Fideus:** Nudelgericht, meist mit Fisch und Fleisch serviert.
**Garotes:** Rohe See-Igel, frisch von der Costa Brava, serviert mit Brot, Knoblauch oder Frühlingszwiebeln. (Für Mutige zum Ausprobieren)
**Musclos:** Muscheln.
**Ous remenats amb camasecs:** Rührei mit Waldpilzen.
**Pa de fetge:** Leberpastete.
**Sardines escabetxades:** Eingelegte Sardinen.
**Xató:** Kabeljau-Tunfisch-Salat mit *romesco*-Sauce.

## SUPPEN

**Caldereta de llagosta:** Langustensuppe.
**Escudella i carn d'olla:** Brühe des traditionellen Eintopfs; Fleisch und Gemüse *(carn i olla)* werden als Hauptgang serviert.
**Gaspatxo:** Kalte Suppe mit rohem Gemüse.
**Sopa de farigola:** Thymiansuppe.
**Sopa de bolets:** Pilzsuppe.

## HAUPTGERICHTE

Zubereitungsmethoden: *a la brasa* (über offenem Feuer); *bullit* (gekocht); *cremat* (gebraten/karamellisiert); *estofat* (geschmort); *farcit* (gefüllt); *al forn* (im Ofen); *a la graella/planxa* (auf heißem Blech gebraten oder gegrillt); *a la pedra* (auf heißem Stein).

### FISCH UND MEERESFRÜCHTE

**Allipebre d'anguiles:** Aaleintopf.
**Anfós al forn:** Barsch, gebacken und gefüllt.
**Calamars farcits:** Tintenfisch mit Schweinefleisch, Tomaten und Zwiebeln.
**Cassola de peix:** Fischkasserolle.
**Congre amb pèsols:** Meeraal mit Erbsen.
**Escamarlans bullits:** Gekochte Garnelen.
**Gambes a la planxa:** Gegrillte Garnelen.
**Graellada de peix:** Gegrillte Meeresfrüchte.
**Llagosta a la brasa:** Hummer, über offener Flamme gekocht.
**Llagostins amb maionesa:** Riesengarnelen mit Mayonnaise.
**Llobarro al forn a rodanxes:** Gebackener Seebarsch.
**Lluç a la planxa:** Gegrillter Seehecht.
**Molls a la brasa:** Gegrillte Meeräsche.
**Orada a la sal:** Goldbrasse, im Salzmantel gebacken.
**Paella valenciana:** Paella mit Huhn und Meeresfrüchten.
**Rap a l'all cremat:** Seeteufel mit knusprigem Knoblauch.
**Romesco de peix:** Meeresfrüchte mit *romesco*-Sauce. Tarragonas *romesco*-Hersteller wetteifern jeden Sommer.
**Sarsuela:** Fischsuppe mit Meeresfrüchten.

# GLOSSAR TYPISCHER GERICHTE

**Sèpia amb pèsols:** Tintenfisch mit Erbsen.
**Suquet de peix:** Eintopf aus viel Fisch, Tomaten, Paprika, Kartoffeln und Mandeln.
**Verats a la brasa:** Gegrillte Makrele.

## FLEISCH

**Ànec amb naps:** Ente mit Steckrüben; auch mit Birnen serviert *(ànec amb peres)*.
**Boles de picolat:** Fleischbällchen in Tomatensauce; mit Tintenfisch: *mar-i-muntanya*-Gericht.
**Botifarra amb mongetes:** Würstchen und Bohnen.
**Bou a l'adoba:** Rindfleischkasserolle.
**Costelles a la brasa amb allioli:** Gebratene Lammschnitzel mit Knoblauchmayonnaise.
**Costelles de cabrit rostides:** Gebratenes Ziegenschnitzel.
**Cuixa de xai al forn:** Lammhaxe.
**Estofat de bou:** Rindfleischeintopf mit Würstchen, Kartoffeln und würzigen Kräutern.
**Estofat de quaresma:** Gemüse-Eintopf.
**Freginat:** Kalbsleber mit Zwiebeln.
**Fricandó:** Geschmortes Kalbfleisch mit Waldpilzen.
**Llom de porc:** Schweinekoteletts.
**Oca amb peres:** Gans mit Birnen.
**Niu:** Pikanter Fisch-Fleisch-Eintopf aus Palafrugell an der Costa Brava mit Taube, Tintenfisch, Kutteln, Schweinsfüßen, Eiern und Knoblauchmayonnaise.
**Peus de porc a la llauna:** Schweinsfüße in Sauce.
**Pollastre amb samfaina:** Huhn mit *samfaina*.
**Pota i tripa:** Lammhaxe und Kutteln.
**Tripa a la catalana:** Kutteln in *sofregit* und Wein mit Pinienkernen und Mandeln.
**Xai amb pèsols:** Lamm mit Erbsen.

Reichhaltige Käse-Auswahl auf einem Markt Barcelonas

## WILD

Zwar geht die Jagdsaison von Oktober bis Februar, doch ist Wild, vor allem Kaninchen, ganzjährig im Angebot.
**Becada amb coc:** Waldschnepfe im Brotteig.
**Civet de llebre:** Hasenpfeffer.
**Conill a la brasa amb allioli:** Kaninchen mit Knoblauchmayonnaise.
**Conill amb cargols:** Junges Kaninchen mit Schnecken.
**Conill amb xocolata:** Kaninchen mit Knoblauch, Leber, Mandeln, Brot, Schokolade und Wein.
**Estofat de porc senglar amb bolets:** Wildschweinkasserolle mit Waldpilzen.
**Guatlles amb salsa de magrana:** Wachtel in Granatapfelsauce.
**Perdiu:** Rebhuhn.
**Perdius amb farcellets de col:** Rebhuhn mit Kohlknödeln.

Auberginen und Paprika werden viel verwendet

## GEMÜSE

**Albergínies:** Auberginen.
**Bledes:** Mangold.
**Bolets:** Pilze.
**Calçots:** Frische Lauchzwiebeln, über offenem Feuer gebraten und in Tomatensauce getunkt – im Frühjahr eine ganz besondere Spezialität in der Provinz Tarragona.
**Carbassó arrebossat:** Zucchini.
**Carxofes:** Artischocken.
**Julivert:** Petersilie.
**Mongetes tendres i patates:** Gartenbohnen und Kartoffeln.
**Pastanagues:** Karotten.
**Pebrots:** rote Paprika.

## DESSERTS

Zwar sind *pastisseria* (Gebäck) und *dolços* (Süßkeiten) in Katalonien sehr beliebt, doch die Desserts in Restaurants wenig aufregend. Oft gibt es nur Eis oder Obst: Apfel *(poma)*, Birne *(préssec)*, Banane *(plàtan)*, Orange *(taronja)*, Trauben *(raïm)*.
**Crema catalana:** Eiercreme.
**Figues amb aniset:** Feigen in Anis.
**Flan:** Karamelcreme.
**Formatge:** Käse.
**Gelat:** Eis.
**Mel i mató:** Frischer Ziegenkäse mit Honig, Zucker oder Marmelade.
**Menjar blanc:** Mandelpudding.
**Peres amb vi negre:** Birnen in Rotwein.
**Postre de músic:** Schale mit gemischten Nüssen und Trockenobst, früher der Lohn für Wandermusiker.
**Recuit:** Gestockte Schafs- oder Kuhmilch.

Mel i mató – traditionelles Dessert aus Weichkäse und Honig

# Restaurantauswahl

**PREISKATEGORIEN**
Preis für ein Drei-Gänge-Menü inklusive einer halben Flasche Hauswein, Service und Steuern.

€ unter 20 Euro
€€ 20–35 Euro
€€€ 35–50 Euro
€€€€ über 50 Euro

Die Restaurants in dieser Auswahl umfassen alle Preiskategorien. Auswahlkriterien sind Preis-Leistungs-Verhältnis, Qualität des Essens und interessante Lage. Die Restaurants sind in Barcelona nach Stadtteilen und Preiskategorien geordnet, im Abschnitt *Katalonien* sind die Städte alphabetisch aufgelistet.

## ALTSTADT

### Bar Pinotxo €
*Mercat de la Boqueria (La Rambla 89), 08002* ☎ *93 317 17 31*  **Stadtplan** 5 A1

Bar Pinotxo ist die berühmteste Bar in der ganzen Boqueria: Eisgekühlten *cava* gibt es hier aus großen Stahlcontainern, die Zutaten von den Marktständen aus der Nachbarschaft werden frisch zubereitet und serviert. Die Bar ist sonntags und an Abenden nach 20 Uhr geschlossen.

### Can Culleretes €
*C/Quintana 5, 08002* ☎ *93 317 30 22*  **Stadtplan** 5 A2

Alle Ecken und Winkel, Fresken und Kacheln verströmen die Historie dieses ältesten Restaurants Barcelonas (gegründet 1786). Das Personal ist schroff, aber effektiv, das Essen billig, reichlich und sättigend. Probieren Sie Gans mit Apfel oder Ente mit Backpflaumen. Sonntagabend, montags und im Juli geschlossen.

### Dim Sum House €
*C/Bergara 7, 08007* ☎ *93 270 12 93*  **Stadtplan** 5 A1

Das ist keiner der Kitsch-Chinesen, die man in Spanien so häufig antrifft: Dieses saubere und moderne China-Restaurant bietet preiswertes Mittagsessen und eine nette Auswahl an *dim sum*. Probieren Sie die Shrimps mit Klößchen und das Brot *chashao*. Sonntags geschlossen.

### Elisabets €
*C/Elisabets 2, 08001* ☎ *93 317 58 26*  **Stadtplan** 2 F2

Eine echte Entdeckung: Hier hat man sich auf katalanische Küche spezialisiert, aber man kocht vom Feinsten. Wer herzhafte Mittagsgerichte sucht, der ist hier richtig. Die Tapas freitagabends sind legendär. An der Bar bekommt man jederzeit Drinks und ein Sandwich. Gute Bier-Auswahl. Drei Wochen im August geschlossen.

### Mosquito €
*C/Carders 46, 08003* ☎ *93 268 75 69*  **Stadtplan** 5 C2

Diese relaxte Bar wird von Einheimischen wie von Fremden geliebt: Prima Musik, freundliches Personal, billige Drinks und eine gute Auswahl asiatischer Köstlichkeiten wie die Chicken Tikka *brochetes*, Singapur-Nudeln und *Gyoza*-Knödel machen das Mosquito zur willkommenen Abwechslung zwischen all den Tapas-Bars. Montags geschlossen.

### Organic €
*C/Junta de Comerç 11, 08001* ☎ *93 301 09 02*  **Stadtplan** 2 F3

Geräumiges und »sanftes« Restaurant, das v. a. vegetarische Spezialitäten serviert. Alle Zutaten kommen aus biologischem Anbau. Es gibt asiatische Gerichte, Lasagne, Eintöpfe und ein »All you can eat«-Salatbüffet. Das selbstgebackene Brot mit Nüssen ist lecker, das Personal meist überfordert und unfreundlich. Kleiner Shop anbei.

### El Salón €€
*C/Hostal d'en Sol 6–8, 08002* ☎ *93 315 21 59*  **Stadtplan** 5 B3

Barocke Einrichtung, große Samtsessel und prächtige Lüster lassen das El Salón wie ein Boudoir des 18. Jahrhunderts erscheinen. Die Speisekarte wechselt täglich, aber immer gibt es neue und raffinierte Gerichte, oft im Stil der katalanischen oder französischen Küche. Am Sonntag und zwei Wochen im August geschlossen.

### Els Quatre Gats (Els 4 Gats) €€
*C/Montsió 3 bis, 08002* ☎ *93 302 41 40*  **Stadtplan** 5 A1

In dieser Kneipe, einer Institution Barcelonas, saßen schon Picasso, Albeniz und Gaudí. Hier stellte Picasso zum ersten Mal seine Bilder aus. Das Lokal hängt voller Kunst des frühen 20. Jahrhunderts und »verströmt« seine Historie. Der große Speisesaal grenzt an Kitsch, aber es macht Spaß, hier mediterrane Gerichte zu genießen.

### Euskal Etxea €€
*Placeta Montcada 1–3, 08003* ☎ *93 310 21 85*  **Stadtplan** 5 B3

Direkt im Gebäude des Baskischen Kulturinstituts befindet sich auch das Euskal Etxea, die beste Adresse Barcelonas für baskische *pintxos* (kleine Brötchen mit vielfältigen Auflagen). Hier kann man auch richtig gut *à la carte* speisen. Sonntagabends und im August geschlossen.

**Zeichenerklärung** *siehe hintere Umschlagklappe*

## Mam i Teca

*C/Lluna 4, 08001* 93 441 33 35

**Stadtplan** 2 F2

Kleine sonnengelbe Bar mit viel gutem Jazz, Blues und Rock. Die Tapas sind erstklassig, u.a. einheimische Käsesorten und Würste sowie Deftiges, z.B. Schinken mit Bohnen. Gute Weinauswahl, gute Bierauswahl und ein vielfältiges Angebot an schottischen Single Malt Whiskys. Dienstags geschlossen.

## Pla de la Garsa

*C/Assaonadors 13, 08003* 93 315 24 13

**Stadtplan** 5 B2

Obwohl dieses Restaurant in den alten Ställen eines Palais aus dem 17. Jahrhundert seinen Platz gefunden hat, tut dies der gemütlichen Atmosphäre keinen Abbruch. Auf zwei Etagen kann man hier einen schönen, romantischen Abend verbringen. Preiswerte Mittagsgerichte, 40 Sorten Käse, interessante Auswahl an Rotweinen.

## Taller de Tapas

*C/Argenteria 51, 08003* 93 268 85 59

**Stadtplan** 5 B2

Backsteinwände und viel sichtbarer Stahl geben diesem Restaurant einen sehr großstädtischen Touch. Das Personal ist freundlich und professionell, die teuren Tapas alle ganz frisch zubereitet. Probieren Sie regionale Gerichte wie die an der Costa Brava so beliebten *palamos prawns*.

## 7 Portes (Set Portes)

*Passeig Isabel II, 14, 08003* 93 319 30 33

**Stadtplan** 5 B3

Seit 1836 gilt das Set Portes als Institution in Barcelona. Seine Gästeliste liest sich wie das *Who's Who*: Von Che Guevara bis zu Winston Churchill, alle waren sie hier. Seine Marmorfliesen und der holzverkleidete Speisesaal sind ebenso berühmt wie die *paella*, die hier in zehn Varianten angeboten wird.

## Agua

*Passeig Marítim de la Barceloneta 30, 08003* 93 225 12 72

**Stadtplan** 6 D4

Die Panoramafenster dieses Designer-Restaurants reichen vom Boden bis zur Decke, damit die Aussicht auf das Meer auch zur Geltung kommt. Hier gibt es ausgezeichnete Tapas, Fisch- und Reisgerichte. Spezialitäten sind Muscheln, *Butan*-Kartoffeln, gegrillter Hummer und Paella. Dazu lädt auch eine große Terrasse ein.

## Biblioteca

*C/Junta de Comerç 28, 08001* 93 412 62 21

**Stadtplan** 2 F3

Eine seltene Kombination: ein Restaurant mit angeschlossenem Kochbuchladen. Die Gäste können in die offene Küche sehen. Es gibt hochklassige Gerichte mit Zutaten der Saison, z.B. Reis mit Taube und Blutwurst oder Schwarze Spaghetti mit *calçots* (katalanische Zwiebeln) und verlorenen Eiern. Das Personal lässt zu wünschen übrig.

## Café de l'Academia

*C/Lledó 1, 08002* 93 319 82 53

**Stadtplan** 5 B3

Kleines intimes Restaurant im Kerzenschein und mit netter Terrasse, ganz nahe an der Plaça Sant, im Zentrum des Barri Gòtic gelegen. Die Speisekarte bietet superbe katalanische Gerichte, interessante Salate und hausgemachte Nudeln. Die Nachspeisen sind einfach göttlich. Samstag und Sonntag geschlossen.

## Cal Pep

*Plaça de les Olles 8, 08003* 93 310 79 61

**Stadtplan** 5 B3

Das Cal Pep gilt als die beste Bar für fangfrischen Fisch und Seafood. Aber es gibt auch eine große Auswahl an leckeren Tapas. An der langen Stehtheke wird es oftmals sehr voll. Wer an einem der fünf Tische sitzen möchte, der sollte frühzeitig kommen. *Peixet fregit* (Bratfisch) sollten Sie probieren. Sonntags und montagmittags geschlossen.

## Can Majó

*C/Almirall Aixada 23, 08003* 93 221 54 55

**Stadtplan** 5 B5

Das ist der ideale Platz für *Paella*-Liebhaber: Wer je an einem Sommerabend auf der Terrasse des Can Majó mit Meerblick die Seafood-*paella* probiert hat, wird sie nicht vergessen. Bei Schalentieren wird es schnell sehr teuer, aber sie sind ihren Preis wert. Lecker ist *suquet* (Fisch-Kartoffel-Eintopf). Sonntagabends und montags geschlossen.

## Comerç 24

*C/Comerç 24, 08003* 93 319 21 02

**Stadtplan** 5 C3

Diese Designerbar mit edelgrauen Wänden und bunten Akzenten bietet neue und innovative Tapas: Wer als Gruppe mit mindestens sechs Personen kommt, kann das »Festival« der Tapas bestellen. Probieren Sie *arròs a banda* (paella) oder *tortilla de patatas* (Kartoffelomelette). Reservierung notwendig. Sonntag und Montag geschlossen.

## Taxidermista

*Plaça Reial 8, 08002* 93 412 45 36

**Stadtplan** 5 A3

Sanfte Farben und sehr hohe Raumdecken heben dieses Restaurant heraus aus der Masse der Tapas-Bars am Plaza Reial. Die erfindungsreichen Köche bieten vielfältige Gerichte im mediterranen Stil, darunter Ausgefallenes wie *babaganush* (Sardinentorte) und Enten-*confit*. Montags geschlossen.

## Carballeira

*C/Reina Cristina 3, 08003* 93 310 10 06

**Stadtplan** 5 B3

Dies ist das erste galizische Fischrestaurant in Barcelona. Das Carballeira ist bekannt für gegrillten Fisch und gegrilltes Seafood, für perfekte *paellas* und für seine galizischen Spezialitäten, darunter Oktopus (Tintenfisch) mit Paprika. Sonntagmittag und montags geschlossen.

**Stadtplan** *siehe S. 188–197*

### Hofmann  P 🚶 ≡   €€€€
C/Argenteria 74–78, 08003  ☎ 93 319 58 89  *Stadtplan* 5 B2

Dieses Restaurant mit Kochschule hat seinen Michelin-Stern redlich verdient: Hochklassig-raffinierte Gerichte werden vom aufmerksamen Personal serviert. Die Tageskarte bietet immer eine gute Wahl. Hier verkehren Hollywood-Stars wie Mel Gibson, Kevin Costner, John Travolta und Cindy Crawford. Samstag und Sonntag geschlossen.

## EIXAMPLE

### Crêperie Bretonne  P 🚶 ≡   €
C/Balmes 274, 08006  ☎ 93 217 30 48  *Stadtplan* 3 A1

Diese etwas kitschige Crêperie gibt es schon seit über 30 Jahren. Man bereitet die *crêpes* im Stil der Bretagne in über 250 Variationen zu – von süß bis salzig und mit allerlei Füllungen von Käse bis Schokolade. Dazu gibt es gesunde und angenehme Kräutertees. Montags geschlossen.

### Cata 1.81  P ≡   €€
C/València 181, 08011  ☎ 93 323 68 18  *Stadtplan* 3 A4

Ein langer, enger und blendend weißer Raum: So präsentiert sich diese Bar, die entscheidend zur Tapas-Revolution beigetragen hat. Hier bekommt man u. a. auch Russischen Salat in überraschenden Geschmacksrichtungen. Exzellente Weinkarte. Top-Adresse für die neue katalanische Küche. Mittags und sonntags geschlossen.

### Madrid-Barcelona  P 🚶 ≡ ♿   €€
C/Aragó 282, 08007  ☎ 93 215 70 27  *Stadtplan* 3 A4

Das schicke Restaurant auf zwei Ebenen wirkt mit seinen schmiedeeisernen Balustraden und dem polierten Holz weitaus teurer als es in Wirklichkeit ist. Es ist sehr beliebt – wie die langen Warteschlangen beweisen. Probieren Sie hier die *pescaditos fritos* (frittierte Fische) auf Málaga-Art und andere leckere und preiswerte Tapas.

### Thai Lounge  P 🚶 ≡   €€
C/València 205, 08007  ☎ 93 454 90 32  *Stadtplan* 3 A4

Ein typisches Thai-Restaurant mit Buddha-Statuen und Teakholzmöbeln. Diese Thai Lounge konnte sich in Barcelona durchsetzen – besonders mit ihren Currys, der Spezialität des Hauses. Es gibt auch zahlreiche andere gute Gerichte. Und wo bekommen Sie schon ein komplettes Menü für 24 Euro?

### Cinc Sentits  P ≡   €€€
C/Aribau 58, 08011  ☎ 93 323 94 90  *Stadtplan* 2 F1

Das minimalistische Restaurant bietet einen einwandfreien Service und ungewöhnliche Menüvorschläge, z. B. das *Omasake*, die Empfehlung des Chefs. Alles wird mit einheimischen Produkten frisch und kreativ zubereitet. Kinder sind nur mittags an Wochentagen willkommen, abends und am Wochenende nicht!

### Shibui  🚶 ≡ ♿   €€€
C/Comte d'Urgell 272–274, 08036  ☎ 93 321 90 04  *Stadtplan* 2 E1

Diese Sushi-Bar ist hell und klar eingerichtet mit viel japanischem Zierrat. Im Untergeschoss kann man hausgemachte *tatamis* konsumieren. Dazu gibt es ständig Diashows und hilfreichem Personal. Vielleicht ein guter Platz für Ihre nächste Party? Sonntags geschlossen.

### Alkimia  ≡ ♿   €€€€
C/Indústria 79, 08025  ☎ 93 207 61 15  *Stadtplan* 3 C2

Das ist der kommende Star in der gastronomischen Szene Barcelonas: Dieses kleine Designer-Restaurant will die katalanische Küche mit neuen und fremden Geschmackskombinationen wiederbeleben. Beispiel: Reis mit Flusskrebsen und *nyora*-Pfeffer, Ochsenschwanz mit Mandarinen-Essenz und *Hortchata*-(Tigernuss-)Schaum.

### Casa Calvet  🚶 ≡ ♿   €€€€
C/Casp 48, 08010  ☎ 93 412 40 12  *Stadtplan* 3 B5

Dieses wunderbare Restaurant wurde ursprünglich von Gaudí als Wohn- und Geschäftshaus für einen reichen Textilhändler entworfen. Die bequemen Sitze, die genialen Tische und der perfekte Service erinnern an gute, längst vergangene Zeiten. Die Küche ist sehr modern und effektiv. Sonntags geschlossen.

### El Prinicipal del Tragaluz  ≡ ♿ 🎵   €€€€
C/Provença 286–288, 08008  ☎ 93 272 08 45  *Stadtplan* 3 A3

Diese Niederlassung der Tragaluz-Restaurants eignet sich gut für einen besonderen Anlass: Romantisch, edel, mit raumhohen Fenstern und mit viel Geschmack präsentiert sich das Restaurant. Es gibt frische Muscheln, *foie gras*, Trüffeln, Lobster und andere Luxusdinge. Der Service ist leicht »frostig«. Live-Musik von Juni bis August.

### Moo  P ≡ ♿   €€€€
C/Rosselló 265, 08008  ☎ 93 445 40 00  *Stadtplan* 3 A3

In der kurzen Zeit, seit das Moo eröffnet wurde, haben die beiden Roca-Brüder es zum vollen Erfolg geführt. Die Gerichte treffen den Nerv der Zeit, beispielsweise Garnelen aus Dublin mit Rosen und Lakritze, Seebarsch mit Zitronenthymian oder Desserts, die nach Parfümsorten kreiert wurden.

**Preiskategorien** *siehe S. 146*  **Zeichenerklärung** *siehe hintere Umschlagklappe*

# GROSSRAUM BARCELONA

### GRÀCIA Chido One  €
*C/Torrijos 30, 08012* ☎ *93 285 03 35*  
**Stadtplan** 3 C2

Vollgestopft mit mexikanischen Kunsthandwerk und alten mexikanischen *Jalapeño*-Dosen bietet dieses Restaurant auch Zeitgenössisches: Preiswerte Suppengerichte, warme *posole*, leckere *enchiladas* mit Chili-Sauce, Tacos und »lebensgefährlich« starke Margaritas. Einmal die Woche gibt es Live-Musik – natürlich mexikanisch.

### GRÀCIA Envalira  €€
*Plaça del Sol 13, 08012* ☎ *93 218 58 13*  
**Stadtplan** 3 B1

Direkt an der Plaça del Sol in Barcelona bietet dieses Restaurant viel Atmosphäre: laut und rau, aber mit viel Spaß. Man ist hier nie allein, dafür gibt es aber preiswertes und herzhaftes Essen, das den Geldbeutel nicht zu stark belastet, z. B. Reisgerichte. Sonntagabend und montags geschlossen.

### GRÀCIA La Rosa del Desierto  €€
*Plaça Narcís Oller 7, 08006* ☎ *93 237 45 90*  
**Stadtplan** 3 A2

Das ist Barcelonas ältestes marokkanisches Restaurant – und gilt bis heute noch als eines der besten. In stilechter Umgebung kann man hier *couscous* in vielen Variationen genießen. Es gibt auch zahlreiche Gerichte mit Fleisch, Suppen und Salate. Probieren Sie die arabischen Teesorten. Sonntagabend geschlossen.

### GRÀCIA Botafumeiro  €€€€
*C/Gran de Gràcia 81, 08012* ☎ *93 218 42 30*  
**Stadtplan** 3 A2

Dieses legendäre Fischrestaurant zeigt schon am Eingang, was Sache ist: Stapelweise wird hier frischer Fisch auf Eis angeliefert. Von Woody Allen bis Madonna kommen die Stars gerne hierher, wenn sie in Barcelona sind. Probieren Sie unbedingt *pulpo Gallego* (Tintenfisch auf galizische Art). Reservierung ist zwingend erforderlich.

### GRÀCIA Ot  €€€€
*C/Torres 25, 08012* ☎ *93 284 77 52*  
**Stadtplan** 3 B2

Das kleine und besondere Lokal wurde rasant bekannt in der Stadt: Es gibt nur ein Tagesmenü, das aber hat es in sich. Beispiel gefällig? Knoblauchschaum auf gesalzenem, geräuchertem Eber mit lila Kartoffeln oder Thunfischeintopf mit Weintraubengratin. Das Tagesmenü folgt dem frischen Angebot auf dem Mercat de la Llibertat.

### GRÀCIA Roig Robí  €€€€
*C/de Sèneca 20, 08006* ☎ *93 218 92 22*  
**Stadtplan** 3 A2

Kleines und charmantes Restaurant mit kleinem Innenhof. Hier serviert man noch die klassische katalanische Küche. Die Speisekarte bietet eine gute Auswahl von *Bacalao*-(Stockfisch-)Gerichten bis zu vegetarischen Spezialitäten mit Bohnen und Artischocken. Samstagmittag und Sonntag geschlossen.

### HORTA Can Travi Nou  €€€
*C/Jorge Manrique, 08035* ☎ *93 428 03 01*

Wohl nur wenige Menschen fahren für ihr Abendessen so weit aus der Stadt hinaus, aber dieses Bauernhaus aus dem 14. Jahrhundert ist wohl die Reise wert: Man speist in altmodischer Atmosphäre im Freien und genießt die vollkommenen Steaks, Reisgerichte und frischen Fische. Sonntagabend geschlossen.

### POBLENOU Els Pescadors  €€€
*Plaça Prim 1, 08005* ☎ *93 225 20 18*

Dieses Restaurant bietet gleich mehrere Alternativen: die Terrasse, den altmodische Essraum oder die gekachelte Cafeteria. Sie haben die Wahl. Hier gibt es tagesfrische Muscheln und andere Seafood-Köstlichkeiten. Probieren Sie die *anxoves* (Anchovis, Sardellen). Sonntags und montagmittags geschlossen.

### SANT GERVASI La Balsa  €€€
*C/Infanta Isabel 4, 08060* ☎ *93 211 50 48*

Das angesagte In-Lokal für viele Stars, Sportler, Künstler, Schauspieler und Politiker nicht nur aus Barcelona: Es gibt wunderbare baskische, katalanische und mediterrane Gerichte, diskretes Personal und geschmackvolle Einrichtung. Motto: Sehen und gesehen werden.

### TIBIDABO El Asador de Aranda  €€€
*Avinguda del Tibidabo 31, 08022* ☎ *93 417 01 15*

Wer Fleisch liebt, der ist hier genau richtig: Hier gibt es alle Arten von Steaks, Chops und Ribs, dazu Schwein und Lamm, alles vom Grill, und als Spezialität: *burgos morcillas* (Blutwurst). Die Weinkarte führt zahlreiche Weinsorten aus La Ribera.

### TIBIDABO L'Orangerie  €€€€
*Carretera de Vallvidrera 83–93, 08035* ☎ *93 259 30 00*

Hoch auf den Bergen über Barcelona bietet dieses Restaurant eine schöne Aussicht auf Stadt und Meer. Man kann nachmittags zu Kaffee und Kuchen kommen, am Sonntagnachmittag zum Jazz-Brunch oder am Abend für größere Gourmetfreuden. An manchen Tagen wird Live-Musik gespielt.

**Stadtplan** *siehe S. 188–197*

# KATALONIEN

### ALTAFULLA Faristol
*C/Sant Martí 5 (Tarragona), 43893* ☎ *977 65 00 77*

In diesem alten Landhaus (18. Jh.) werden sie von den englisch-katalanischen Besitzern herzlich empfangen. Es gibt gute und bodenständige katalanische Küche – und Sie sind meilenweit entfernt vom Trubel Barcelonas. Zimmer sind verfügbar. Freitag und Samstag Live-Musik. Oktober bis Mai nur Freitag bis Sonntag geöffnet.

### ANDORRA LA VELLA Borda Estevet
*Carretera de la Comella 2,* ☎ *376 86 40 26*

Dieses alte Gutshaus wird noch immer für seinen ursprünglichen Zweck gebraucht: Man trocknet einheimischen Tabak. Die Speisekarte bietet eine reiche Auswahl andorranisch-katalanischer und französischer Gerichte. Die Fleischgerichte sind wunderbar, besonders *carns a la llosa*, das heiß auf der Platte serviert wird.

### ARENYS DE MAR Hispania
*C/Real 54, Carretera NII, 08350* ☎ *93 791 04 57*

Dieses berühmte Bistro hat schon manchen Preis für seine Küchenkunst eingeheimst. Die Gäste kommen von weit her gefahren, um den *suquet* (Fischeintopf) und wunderbare *crema catalanas* (Vanillepudding mit Karamelkruste) zu genießen. Sonntagabends, dienstags, Ostern und im Oktober geschlossen.

### BERGA Sala
*Passeig de la Pau 27, 08600* ☎ *93 821 11 85*

Herzhafte und gesunde Gerichte mit frischen Pilzen aus den benachbarten Wäldern, das ist die Spezialität dieses Hauses. Berga ist ein wahres Pilzparadies. Dazu kombiniert die innovative Küche häufig Wild, das ganzjährig verfügbar ist. Sonntagabends und montags geschlossen.

### BOLVIR DE CERDANYA Torre del Remei
*Camí Reial (Girona), 17539* ☎ *972 14 01 82*

Eines der besten Hotels und Restaurants der ganzen Region findet sich hier in diesem Palais, das von großzügigen Gärten umgeben ist. Der Küchenchef zaubert mit frischen Produkten der Region z. B. zarte Kalbsbacken mit Früchten oder Muschelgerichte. Es gibt wunderbare Desserts und viele einheimische Käsesorten.

### CAMBRILS Can Bosch
*Rambla Jaume I, 19, 43850* ☎ *977 36 00 19*

Klassisches und renommiertes Restaurant mit exzellenten Fischgerichten, Seafood und Reisspezialitäten. Berühmt ist *arroz negro* (Reis mit Tintenfischtinte). Daneben gibt es eine opulente Weinkarte. Sonntagabends, montags und eine Woche im Juni geschlossen.

### FIGUERES Hotel Empordà
*Hotel Empordà, Carretera NII, 17600* ☎ *972 50 05 62*

Dieses seit 1961 exisitierende Hotelrestaurant hat entscheidenden Anteil daran, dass die katalanische Küche wieder auf die Landkarte der Gourmets zurückkehrte. Bis heute treffen sich hier die Genießer, um die Gerichte von Jaime Subirós zu feiern. Probieren Sie doch den Klassiker *mar y muntaña* (»Meer und Berg«).

### GIRONA El Celler de Can Roca
*Carretera Taialá 40, 17007* ☎ *972 22 21 57*

Celler de Can Roca bietet seinen Gästen eine Fusion von katalanischer und französischer Nouvelle Cuisine. Die Roca-Brüder brillieren mit innovativen Gerichten – und mit ihrem rapiden Tempo: Wer hier Gast ist, der wird wirklich staunen. Sonntag, Montag, die ersten beiden Juli-Wochen und Weihnachten geschlossen.

### GRATALLOPS Cellers de Gratallops
*Piró 32 (Priorat), 43737* ☎ *977 83 90 36*

Dieses kleine Dorfrestaurant gehört zur Bodega Clos l'Obac, die sich als Pionier mit den Weinen des Priorats einen Namen gemacht hat. Die Menüs der Speisekarte sind stark marokkanisch beeinflusst. Wer sich auf einer Reise durch diese Weinregion befindet, der sollte hier einen Halt einlegen.

### LA SEU D'URGELL El Castell
*Carretera N260 km 229 (Lleida), 25700* ☎ *973 35 07 04*

Dieses idyllische Hotel-Restaurant liegt am Fuße des Schlosses von La Seu d'Urgell. El Castell bietet seinen Gästen eine sehr moderne Variante der katalanischen Küche, dazu exzellent ausgesuchte Weine. Empfehlenswert sind die Pilzgerichte aus den Pyrenäen. Auf der Terrasse gilt eine andere Speisekarte als innen.

### LLEIDA Lo Punt del Gourmet
*C/ Salmerón 10, 25004* ☎ *973 23 45 10*

Mit seiner prima Regionalküche bezaubert dieses Restaurant immer wieder: *escalivada* (gegrillte Paprika mit Auberginen), Schnecken *à la llauna* (im Ofen gebacken). Spezialität ist *xatonada* (Bohnen, Pilze und Kabeljau). Am Sonntagabend und montags geschlossen.

**Preiskategorien** siehe S. 146  **Zeichenerklärung** siehe hintere Umschlagklappe

## LLORET DE MAR El Trull  🅿🚻📋♿♪🚬  €€

*Ronda Europa 1, Cala Canyelles, 17310* 📞 *972 36 49 28*

Wenn Sie einmal in die ruhige Region des Lloret de Mar kommen, dann sollten Sie diesen netten Platz unbedingt ausprobieren: Hier gibt es gegrillten Lobster, frischen Fisch, *fideus* (katalanische Nudeln) und *paella*. Die Wein- und Sektkarte ist überraschend lang. Im Sommer gibt es häufig Live-Musik.

## MANRESA Sibar  🚻📋♿🚬  €€€

*C/Carrasco i Formiguera 18 (Barcelona), 08242* 📞 *93 874 81 71*

Im Erdgeschoss gibt es eine nette Cafétéria für Kaffee und Kuchen, im Keller befindet sich das Restaurant: Das riesige, legendäre *chuleton* (T-Bone-Steak) müssen Sie mindestens zu zweit ordern. Der weitere (fast unglaubliche) Hit sind Spiegeleier mit Bratkartoffeln. Ausprobieren! Dazu gibt es sehr gute und preiswerte Weine der Region.

## MARTINET Boix  🅿🚻📋♿🚬  €€

*Carretera N260 km 204,5 (Lleida), 25724* 📞 *973 51 50 50*

Sehr berühmtes katalanisches Restaurant am Ufer des Riu Segre: Die gebratene Lammkeule ist so zart, dass man sie fast mit dem Löffel essen kann. Dazu gibt es genau die richtigen Weine aus der Region Costers del Segre. Sonntagabends und montags geschlossen.

## MONT-RAS La Cuina de Can Pipes  🅿📋♿🚬  €€€€

*Barri Canyelles (Girona), 17253* 📞 *972 30 66 77*

In diesem eleganten Herrenhaus aus dem 18. Jahrhundert serviert man heute den Gästen eher regionale Gerichte: Muschelgratin, Lachskaviar mit Paprika, Baby-Tintenfisch mit Schweinsfuß und Steinbutt mit Pilzreis sind nur einige Beispiele. Große Desserts, über 200 Weinsorten. Reservierung ist unbedingt notwendig.

## PERALADA Castell de Peralada  🅿📋  €€€€

*Hotel Castell de Peralada, C/Sant Joan (Girona), 17491* 📞 *972 53 81 25*

Dieses mittelalterliche Schloss gibt eine spektakuläre Kulisse für ein besonderes Dinner: Hier pflegt man die Küche des Empordàn, der Wein kommt aus den eigenen *bodegas*. Das Restaurant befindet sich innerhalb eines Kasinos, daher Zugang nur für Erwachsene. Im Juli und August wird auf der Terrasse serviert (hier sind Kinder willkommen).

## ROSES El Bulli  🅿🚻📋🚬  €€€€

*Cala Montjoi, Ap 30 (Girona), 17480* 📞 *972 15 04 57*

Viele Gourmets und Fans halten dieses Bistro für das beste in ganz Spanien: Küchenchef Ferran Adrià gehört sicherlich zu den radikalsten Köchen unserer Zeit. Seine Gerichte sind mehr Science-Fiction denn Ernährung. Und das in einer wirklich schönen Strandumgebung. Reservierung notwendig. Oktober bis März geschlossen.

## SANT CELONI El Racó de Can Fabes  🅿📋♿  €€€€

*C/ de Sant Joan 6 (Barcelona), 08470* 📞 *93 867 28 51*

Santi Santamaría gehört sicherlich zu den bekanntesten Köchen Spaniens: Er hat aus diesem Landrestaurant – seinem Geburtshaus! – ein gastronomisches Wunderland gemacht: Fenchelcreme mit Krabben, Flugente in Kakaobohnen-Sauce. Reservierung zwingend erforderlich.

## SANT POL DE MAR Sant Pau  🅿📋♿🚬  €€€€

*C/Nou 10 (Barcelona), 08395* 📞 *93 760 06 62*

Dieses gute Restaurant ist nur eine Fahrstunde von Barcelona entfernt. Auf den Tischen stehen Zucchini-Blüten als Schmuck. Besondere Spezialitäten sind *espardenyes* (Seegurken) und wilder Eber. Auf der Terrasse gibt es nur den Apéritif und den Kaffee. Montags geschlossen.

## SITGES El Velero  🚻📋♿🚬  €€

*Passeig de la Ribera 38 (Barcelona), 08870* 📞 *93 894 20 51*

Dieses Strandrestaurant bietet seinen Gästen deutlich mehr als nur die Standards *paella* und gegrillter Fisch. Hier gibt es Seezunge auf Wildpilzen mit Krabbensauce, Lobster mit Kichererbsenmus oder *navajas* (Venusmuscheln) als Vorspeise. Vom 22. Dezember bis 22. Januar geschlossen.

## TARRAGONA El Merlot  🅿🚻📋🚬  €€€

*C/Cavallers 6, 43003* 📞 *977 22 06 52*

Mitten in der Altstadt gelegen, serviert dieses Restaurant klassische mediterrane Küche. Dazu gehört natürlich frischer Fisch. Aber es gibt auch ausgefallene Spezialitäten: Blumensalat mit Apfelkernen, Tartar mit *foie gras* und zum Abschluss Anis-Eis. Gute Weinkarte.

## VALLS Masia Bou  🅿🚻🚬  €€

*Carretera Lleida km 21.5 (Tarragona), 43800* 📞 *977 60 04 27*

Die Spezialität hier heißt *calcots* (gegrillte katalanische Lauchzwiebeln), serviert mit Mandeln, Haselnüssen und einem Paprika-Dip. Man isst die heißen Zwiebeln auf einen Haps und trinkt viel nach. Eine sehr lustige und echt traditionelle Angelegenheit.

## VIC Floriac  🅿🚻🚬  €€

*Carretera Manresa-Vic N141 km 39.5, Collsuspina (Barcelona),* 📞 *93 743 02 25*

Dieses Herrenhaus aus dem 16. Jahrhundert beherbergt heute ein Restaurant, das seinen Gästen riesige Platten regionaler Tapas serviert. Die hausgemachten Desserts sind einfach göttlich. Probieren Sie auch den gratinierten Kabeljau mit *allioli* (Knoblauchmayonnaise). Zwei Wochen im Februar und zwei Wochen im Juli geschlossen.

**Stadtplan** *siehe S. 188–197*

# Cafés und Bars

**PREISKATEGORIEN**
Preis für ein Drei-Gänge-Menü inklusive einer halben Flasche Hauswein, Service und Steuern.

€ unter 20 Euro
€€ 20–35 Euro
€€€ 35–50 Euro
€€€€ über 50 Euro

Hier finden Sie die besten und interessantesten Cafés und Bars in Barcelona – von traditionellen über neue bis hin zu den ganz trendigen Läden. Die meisten Cafés bieten auch alkoholische Getränke an, die meisten Bars auch Kaffee, sodass der Gast überall irgendetwas nach seinem Geschmack findet.

## ALTSTADT

### Barcelona Rouge € 
*C/Poeta Cabanyes 21, 08004* ☎ 93 442 49 85 — *Stadtplan 2 D3*

Nur sehr wenige Menschen kennen diese Late-Night-Bar, aber wer sie kennt, will sie nicht mehr missen. Am Eingang muss man klingeln, um in den interessanten Raum eingelassen zu werden: Durch einen Gang mit Samt und Engeln kommt man in einen Raum mit gemütlichen Sofas. Wunderbare Cocktails. Sonntags und montags geschlossen.

### Boadas €
*C/dels Tallers 1, 08001* ☎ 93 318 88 26 — *Stadtplan 2 F1*

Hier tranken schon Sophia Loren und viele andere Stars: An den Wänden sieht man ihre Fotos, Autogramme, Grußadressen und andere Hinterlassenschaften. Die Bartender in Livrée mischen die coolsten Martinis für hippe Katalanen und einige Urlauber. Sonntags geschlossen.

### Bodega La Palma €
*C/Palma de Sant Just 7, 08002* ☎ 93 315 06 56 — *Stadtplan 5 B3*

Diese altmodische, rustikale *bodega* (Weinkeller) liegt im Zentrum der Altstadt. Der Wein kommt direkt aus den alten Holzfässern, die eben nicht zur Dekoration hier stehen, und wird in Tonkrügen serviert. Die Tapas sind ganz okay. Sonntags, Ostern und im August geschlossen.

### Caelum €
*C/de la Palla 8, 08002* ☎ 93 302 69 93 — *Stadtplan 5 A2*

Dieser elegante Tee-Salon befindet sich im früheren Frauenbad des Jüdischen Viertels (El Call). Der ruhige und mit sanften Farben eingerichtete Salon bietet seinen Gästen Tee, aber auch Cappucinos und eine kleine Auswahl an Süßigkeiten wie *yemas* (süßes Eigelb), *roscoes* (runde Bisquits) und Schokotrüffel. Montagmorgens geschlossen.

### El Bosc de les Fades €
*Passatge de la Banca 72, 08002* ☎ 93 317 26 49 — *Stadtplan 5 A3*

Hohle Baumstämme, funkelnde Feenlichter und fliegende Bänder geben dieser besonderen Bar einen märchenhaften Touch: Hierher kommt man eher für einen Drink, denn für einen Kaffee. Diese Location ist Pflicht für alle Bargänger. Entspannen Sie sich und genießen Sie Ihren Cocktail, den Wein oder Ihr Bier. Aber auch der Kaffee ist lecker.

### El Café que pone Muebles Navarro €
*C/Riera Alta 4-6, 08001* ☎ 93 442 39 66 — *Stadtplan 2 E2*

Trotz aller Secondhand-Möbel ist das hier der richtige Platz für alle Bohemiens. Hier ist nichts neu gekauft, die ganze Mischung aus alten Sofas, Lehnsessel und Kaffeehaustischen bildet ein wildes Durcheinander. Ein großartiger Platz zum Diskutieren – beispielsweise bei leckeren kleinen Snacks. Montags geschlossen.

### El Xampanyet €
*C/Montcada 22, 08003* ☎ 93 319 70 03 — *Stadtplan 5 B3*

Diese kleine Bar wird von den Menschen in Barcelona geliebt – wegen des preiswerten katalanischen *cava*, den exzellenten *montaditos* (kleine Sandwiches) und wegen der *tapas*. Es gibt wenige Sitzgelegenheiten, daher ist es meist gerammelt voll. Sonntagabends, montags und im August geschlossen.

### Escribà €
*La Rambla 83, 08002* ☎ 93 301 60 27 — *Stadtplan 5 A3*

In einem schrulligen, vielfarbigen Modernisme-Gebäude am Südrand des Boqueria-Markts zu finden, ist dieser berühmte Coffeeshop eine echte Institution Barcelonas. Dies ist der richtige Platz, um die Atmosphäre von Barcelona kennenzulernen, aber auch ideal für einen Kaffee nach der Besichtigung des Boqueria-Marktes.

### Ginger €
*C/Palma de Sant Just 1, 08002* ☎ 93 310 53 09 — *Stadtplan 5 B3*

Die Freunde des Ginger sind stolz auf das Geheimrezept ihrer Bar: Weinbar auf der einen, Cocktailbar an der anderen Seite. Dazwischen stehen viele bequeme Lehnsessel. Dazu gibt es gedämpftes Licht, guten Jazz und sehr leckere Tapas. Es fällt jedem leicht, hier den ganzen Abend zu verbringen.

Zeichenerklärung *siehe hintere Umschlagklappe*

CAFÉS UND BARS

### La Granja
*C/Banys Nous 4, 08002* ☎ *93 302 69 75*  **Stadtplan 5 A2**

Das Paradies für Bohemiens: Man nennt das La Granja auch La Vaca Lechera (Die Milchkuh), denn es handelt sich dabei um eine alte Molkerei mit alten Molkereimaschinen. Die absolute Spezialität hier ist dicke, starke, heiße Schokolade. Unbedingt probieren! Der ideale Platz für frostige Wintermorgen.

### Luz de Gas – Port Vell
*Moll del Dipòsit s/n, 08039* ☎ *93 484 23 26*  **Stadtplan 5 B4**

Das zweistöckige Boot scheint eine besondere Anziehungskraft zu besitzen: Es liegt am äußeren Rand des Hafens von Port Vell, gleich neben anderen Gin-Palästen und Luxus-Yachten, aber die Menschen kommen am liebsten hierher. Ob es am eiskalten *cava* liegt? Oder an den besonders leckeren Tapas?

### Marsella
*C/Sant Pau 65, 08001* ☎ *93 442 72 63*  **Stadtplan 2 E3**

Eine der ältesten Bars im Barrio Chino, dem unteren Teil von El Raval: Früher bestimmten hier Prostituierte und Kriminelle das Bild, heute wird das Viertel langsam chic. Alte Kronleuchter und historische Weinflaschen geben eine gemütliche Atmosphäre. Die Drink-Auswahl ist hauptsächlich auf grünen Absinth beschränkt. Keine Speisekarte!

### Sandwich & Friends
*Passeig del Born 27, 08003* ☎ *93 310 07 86*  **Stadtplan 5 B3**

An der Wand prangt das Bild *Friends* vom katalanischen Designer Jordi Labanda (der viel im Magazin *Wallpaper* veröffentlicht): Hier gibt es nur Sandwiches, diese allerdings mit schätzungsweise rund tausend verschiedenen Füllungen. Wenn Sie eine ausgefallene Kombination lieben, wird man den Wunsch hier sicher erfüllen.

### Textil Café
*C/Montcada 12, 08003* ☎ *93 268 25 98*  **Stadtplan 5 B3**

Dieses gemütliche Café geht direkt über in einen der schattigen Innenhöfe von Montcada: Die kleine Küche bietet den Gästen eine nette Auswahl an Kuchen, Quiches, Salaten und Sandwiches. Ideal für einen kleinen Mittagsimbiss. Die Bedienungen sind nicht die schnellsten. Live-Musik einmal pro Woche, DJs am Sonntag. Montags geschlossen.

### Va de Vi
*C/Banys Vells 16, 08003* ☎ *93 319 29 00*  **Stadtplan 5 B2**

Die gemauerten Steinbögen, die schönen Fliesenböden und die hölzernen Tische geben diesem Weinkeller eine besondere Atmosphäre: Hier hält man für die Gäste mehr als 4000 Weinflaschen, *cava* und Likör vorrätig. Empfehlenswert: spanische Käsevielfalt und die *charcuterie*. Perfekt für einen Nachtimbiss. Täglich ab 18 Uhr.

## EIXAMPLE

### Cacao Sampaka
*C/Consell de Cent 292, 08007* ☎ *93 272 08 33*  **Stadtplan 3 A4**

Dieses Schokolade-Paradies von Albert Adrià (Bruder von Ferran Adrià) ist Pflicht für alle Schokoladenkenner und -liebhaber: Es erwarten Sie Schokoladenbonbons aus verschiedenen südamerikanischen Kakaosorten, Füllungen aus Blumen, Obst oder Gewürzen, bizarre Geschmacksrichtungen wie Anchovis oder schwarze Oliven *(siehe S. 156)*.

### Laie Librería Café
*C/Pau Claris 85, 08010* ☎ *93 302 73 10*  **Stadtplan 3 B3**

Ein Buchladen mit Café sehr nahe der Plaça de Catalunya: Hier kann man seine Shopping-Tour bei einem guten Kaffee beenden. Nette Terrasse, leichte Abendkarte und ab und zu Live-Musik. An Dienstagen im Februar steht Live-Jazz auf dem Programm. Sonntags Geschlossen.

## GROSSRAUM BARCELONA

### GRÀCIA Café del Sol
*Plaça del Sol 16, 08012* ☎ *93 415 56 63*  **Stadtplan 3 B1**

Dieses Café, eines der beliebtesten in Gràcia, wurde früher von dem wunderbaren Pianisten Señor Ramón geleitet. Obwohl er seit einigen Jahren tot ist, füllt sein altes Klavier immer noch eine Ecke des Cafés. Leider spielt niemand mehr auf dem Instrument, dafür gibt es Rock, Punk, Reggae oder Blues von CDs. Es gibt auch Tapas.

### GRÀCIA Mirabé
*C/Manuel Arnús 2, 08035* ☎ *93 418 56 67*

Diese elegante Lounge-Bar gleich bei der Standseilbahn-Station zum Tibidabo besticht durch ihre raumhohen Fenster, die eine wunderbare Aussicht auf die Stadt gewähren. Auf den idyllischen Terrassen kann man im Frühling und Sommer gute Drinks genießen, aber nicht essen.

**Stadtplan** *siehe S. 188–197*

# SHOPPING

Barcelona hat sich in den letzten Jahren zu einer absoluten Top-Adresse in Sachen Shopping entwickelt. Die wichtigen Einkaufsviertel sind klar voneinander zu unterscheiden: Passeig de Gràcia für schicke Designerläden, das Barri Gòtic für Antikes und Boutiquen, El Born für hochklassige Mode und El Raval für zahlreiche Märkte und Museumsläden. Obwohl dies kein starres Raster darstellt

Schaufenster mit Auslagen

und sich immer mal wieder verändert, kann man sich mit dieser Einteilung gut orientieren. In Barcelona gibt es 44 Lebensmittelmärkte – in jedem Viertel gleich mehrere – und zahlreiche Flohmärkte wie in Els Encants oder die Antiquitätenmesse in Sant Cugat. Am besten fahren Sie nicht mit dem eigenen Auto zu den Märkten, sondern mit öffentlichen Verkehrsmitteln oder mit dem Taxi.

Wunderschön ausgestelltes Konfekt in der Patisserie Escribà

## LECKEREIEN

Barcelonas Konditoreien sind schon wegen ihrer herrlichen Auslagen ein Erlebnis, doch keine *pastisseria* ist verlockender oder spektakulärer als **Escribà**. Auch andere Lebensmittelläden sind interessant, vor allem **Colmado Quílez** in Eixample. In diesem schönen alten Laden finden Sie viele Schinken- und Käsesorten, Eingemachtes und eine Auswahl spanischer und ausländischer Weine und Spirituosen.

## KAUFHÄUSER UND PASSAGEN

Die Filiale von **El Corte Inglés**, Spaniens größter Kaufhauskette, auf der Plaça de Catalunya ist ein Wahrzeichen Barcelonas. Hier findet man alles unter einem Dach, vom Adapter bis zum Schlüsseldienst. In der Stadt gibt es weitere Filialen. Auch Barcelonas Verbrauchermärkte haben ein großes Warenangebot. Da sie am Stadtrand liegen – südlich an der Gran Via Richtung Flughafen und auf der Avinguda Meridiana Richtung Norden –, erreicht man sie nur mit dem Auto.

Sehr beliebt sind beim Publikum die in den 1980er Jahren gebauten *galeries* (Modepassagen). **Bulevard Rosa** auf dem Passeig de Gràcia bietet eine riesige Vielfalt an Kleidung und Accessoires. Das **L'Illa**, ein großes Einkaufszentrum mit Filialen bekannter Ketten und Einzelhandelsgeschäften, befindet sich an der Avinguda Diagonal.

## MODE

Mode junger Schneider, aber auch berühmter Designer findet man auf und um den Passeig de Gràcia. **Adolfo Domínguez** führt klassische Damen- und Herrenmode; **Armand Basi** verkauft Freizeit- und Sportkleidung; reduzierte Designermode bietet **Contribuciones**.

Viele Geschäfte offerieren traditionell gutes Schneiderhandwerk, **Calzados E Solé** in der Altstadt hat sich auf handgefertigte Schuhe und Stiefel spezialisiert.

## SPEZIALITÄTEN

Bei einem Bummel durch Barcelona trifft man auf wunderbare Geschäfte, die traditionelles Kunsthandwerk anbieten. **La Caixa de Fang** hat eine gute Auswahl katalanischer und spanischer Keramikwaren, wie katalanische Kochtöpfe und bunte Fliesen. **L'Estanc** bietet alles für den Raucher, einschließlich der besten Havanna-Zigarren. **La Manual Alpargatera**, ein altes Schuhgeschäft, führt Espadrilles im katalanischen Stil, die an Ort und Stelle in allen Farben handgefertigt werden.

Das älteste Geschäft in ganz Barcelona, **Cereria Subirà** (*siehe S. 54f*), verkauft Kerzen in allen nur erdenklichen Formen und Variationen.

Abteilung für Herrenmode bei Adolfo Domínguez

## Design, Kunst und Antiquitäten

Wenn Sie modernes Design oder Geschenke suchen, dann sollten Sie **Vinçon** auf dem Passeig de Gràcia besuchen, der alles für Ihr Heim, einschließlich schöner Stoffe und Möbel, führt. Ein Muss ist **BD-Ediciones de Diseño**, das einer Kunstgalerie ähnelt. In dem von Domènech i Montaner entworfenen Gebäude werden Möbel nach Entwürfen von Gaudí und Charles Rennie Mackintosh verkauft sowie wunderbare moderne Möbel und Accessoires.

Die meisten kommerziellen Kunstgalerien und Grafikhandlungen finden Sie in dem Carrer del Consell de Cent in

Herrliche Obststände auf dem Markt La Boqueria

Eixample, während man im Barri Gòtic – vor allem auf dem Carrer de la Palla und dem Carrer del Pi – in faszinierenden Antiquitätenläden herumstöbern kann. Neben schönen Möbeln und alten Puppen verkauft **L'Arca de l'Avia** alte Seidengewänder und Spitze.

## Bücher und Zeitungen

Die meisten Zeitungsstände im Zentrum verkaufen deutschsprachige Zeitungen; die beste Auswahl ausländischer Zeitungen haben **L'Illa** und **Crisol** im FNAC, die auch Bücher, Videos, CDs und Fotozubehör führen.

Stilvolle Inneneinrichtung bei Vinçon

## Märkte

Lassen Sie sich auf keinen Fall den Markt **La Boqueria** auf der Rambla entgehen, einen der schönsten Lebensmittelmärkte Europas. Antiquitäten werden donnerstags auf der Plaça Nova verkauft, Käse und Süßigkeiten jeden ersten und dritten Freitag, Samstag und Sonntag auf der Plaça del Pi, Münzen, Briefmarken und Bücher sonntagmorgens auf der Plaça Reial. Der traditionelle Flohmarkt **Encants Vells** *(siehe S. 99)* findet montags, mittwochs, freitags und samstags an der Nordseite der Plaça de les Glòries Catalanes statt.

## Auf einen Blick

### Leckereien

**Colmado Quílez**
Rambla de Catalunya 63.
**Stadtplan** 3 A4.
93 215 23 56.

**Escribà Pastisseries**
La Rambla 83.
**Stadtplan** 2 F4.
93 301 60 27.

Gran Via de les Corts Catalanes 546.
**Stadtplan** 2 E1.
93 454 75 35.

### Kaufhäuser und Passagen

**Bulevard Rosa**
Passeig de Gràcia 55.
**Stadtplan** 3 A4.
93 378 91 91.

**El Corte Inglés**
Avinguda Diagonal 617–19.
93 366 71 00. (eine von mehreren Filialen).

**L'Illa**
Avinguda Diagonal 545–57.
93 444 00 00.

### Mode

**Adolfo Domínguez**
P de Gràcia 89. **Stadtplan** 3 A3. 93 215 13 39.

**Armand Basi**
Passeig de Gràcia 49.
**Stadtplan** 3 A3.
93 215 14 21.

**Calzados E Solé**
Carrer Ample 7. **Stadtplan** 5 A3. 93 301 69 84.

**Contribuciones**
Riera de Sant Miquel 30.
**Stadtplan** 3 A2.
93 218 71 40.

### Spezialitäten

**La Caixa de Fang**
C/ Freneria 1. **Stadtplan** 5 B2. 93 315 17 04.

**Cereria Subirà**
Bajada Llibreteria 7. **Stadtplan** 5 B2. 93 315 26 06.

**L'Estanc**
Via Laietana 4. **Stadtplan** 5 B3. 93 310 10 34.

**La Manual Alpargatera**
C/ d'Avinyó 7. **Stadtplan** 5 A3. 93 301 01 72.

### Design, Kunst, Antiquitäten

**L'Arca de l'Avia**
Carrer dels Banys Nous 20.
**Stadtplan** 5 A2.
93 302 15 98.

**BD-Ediciones de Diseño**
C/de Mallorca 291. **Stadtplan** 3 B4. 93 458 69 09.

**Vinçon**
P de Gràcia 96. **Stadtplan** 3 B3. 93 215 60 50.

### Bücher und Zeitungen

**Crisol**
Rambla de Catalunya 81.
**Stadtplan** 3 A4.
93 215 27 20.

### Märkte

**La Boqueria**
La Rambla 101.
**Stadtplan** 5 A2.

**Encants Vells**
C/ Dos de Maig, P de les Glòries. **Stadtplan** 4 F5.

*Stadtplan siehe Seiten 188–197*

# Essen und Trinken

Barcelona ist stolz auf sein kulinarisches Erbe – und das zu Recht: Hier in Katalonien produziert man erstklassiges Obst und Gemüse, Fleisch mit wunderbarem Geschmack und erstaunlich viele Käsesorten. Das Mittelmeer schenkt Katalonien frische Fische und Meeresfrüchte, die Weinbaugebiete Penedès und Priorat liefern einige der besten Weine der Welt. Kaum weniger bekannt sind die *chocolatiers* und *patisseries* – all das zusammen trägt dazu bei, dass Barcelona eine kulinarische Kultur entwickelt hat, die bald ganz vorne mitspielen wird.

## CHARCUTERIE, KÄSE UND DELIKATESSEN

Leider ist es schwierig, die frischen Produkte nach Hause zu transportieren, viele Delikatessen lassen sich nur hier genießen – wie wär's mit einem Picknick am Strand oder auf einem der Hügel? Einige Produkte kann man jedoch durchaus für zu Hause oder als Mitbringsel kaufen. La Boqueria, der bekannteste Lebensmittelmarkt auf La Rambla, lohnt natürlich immer einen Besuch, ruhiger können Sie in einem der wunderbaren Feinkostläden auswählen. **Origins 99.9%** in El Born führt fast ausschließlich katalanische Produkte – Gläser mit kleinen Arbequina-Oliven, Sant-Joan-Salz mit Trüffelaroma, Öle und Essige, leckeres Eingemachtes und nach alten Rezepten zubereitete *charcuterie*. Gleich um die Ecke ist **La Botifarrería de Santa María** bekannt für die *charcuterie* nach Hausmacherart, hier gibt es eine große Auswahl an Würsten, z.B. aus Schwein mit Tintenfisch, Rind mit Roter Bete oder Lamm mit Pilzen. In der **Casa Gispert** bekommen Sie getrocknete Früchte und Nüsse sowie frisch gerösteten Kaffee. Die **Formatgeria La Seu** ist der einzige Käseladen in Spanien, der ausschließlich spanischen und katalanischen Käse verkauft. Alle Käsesorten kommen von kleinen Erzeugern, die Auswahl reicht von cremigem katalanischem Ziegenkäse über sechs Monate alte Manchegos bis hin zu San Simóns, die über Buchenholz geräuchert werden und die Form einer Narrenkappe haben. Für den sehr moderaten Preis von 2,50 € kann man drei Käsesorten probieren und dazu ein Glas Wein trinken. Katherine McLaughlin, die Besitzerin der Formatgeria La Seu, führt auch eine kleine Auswahl an Olivenölen.

Allgemein für Lebensmittel und besonders für spanische Konserven (die oft in schönen Verpackungen verkauft werden) empfiehlt sich **Colmado Quílez**, ein faszinierender alter Laden, der von Safran über Schinken bis hin zu Sauerkraut alles führt. Ein weiterer interessanter Ort zum Einkaufen in Eixample ist **Mantequería Ravell**, Barcelonas erster Feinkostladen. Das Angebot ist nicht ausschließlich spanisch, aber durchwegs vom Feinsten (und Teuersten) – von Himalaja-Salz bis zu eingelegten *Guindilla*-Pepperoni aus dem Baskenland. Zum Laden gehört ein Feinschmeckerrestaurant im ersten Stock.

Die **Herboristería del Rei** ist zwar kein Lebensmittelladen, führt aber eine Riesenauswahl an Kräutern, Tees und Honigsorten. Als sie 1823 eröffnete, machte Königin Isabel II sie zum Hoflieferanten. In dem hübschen Marmorbrunnen mit der Büste des Botanikers und Kräuterspezialisten Linneo wurden früher die Blutegel aufbewahrt.

## SCHOKOLADE, PRALINEN UND SÜSSIGKEITEN

Schicke Konditoreien und Schokoladeläden findet man hauptsächlich in Eixample, eine Ausnahme ist **Xocoa**, der überall in der Stadt Filialen hat, auch eine in El Born und eine im Barri Gòtic. Xocoa ist der trendigste *chocolatier* der Stadt, »in« sind derzeit Retro-Verpackungen und ausgefallene Formen wie Schokolade-CDs und riesige Schlüssel. **Escribà Pastisseries** ist extravaganter, er kreiert wunderbare Torten, Kuchen, Gebäck und lebensgroße Modelle berühmter Persönlichkeiten.

Am exquisitesten aber ist **Enric Rovira**, der ein wenig abseits der üblichen touristischen Routen liegt. Ihn aufzusuchen lohnt sich, schon allein wegen der *rajoles* aus Schokolade, Nachbildungen der Gaudí-Fliesen, sowie der Verpackungen, die bekannte katalanische Künstler entworfen haben.

Der Süßwarenladen **Cacao Sampaka** gehört Albert Adrià (Ferran Adriàs Bruder) und hat eine erstaunliche Auswahl ungewöhnlicher Aromen im Angebot, von traditionellen Kräutern bis zu Anchovis, schwarzen Oliven und Blauschimmelkäse. Traditionellere spanische Süßigkeiten führt **Antiga Casa Mauri**, so z.B. *turrón* (katalanisches Gebäck aus Nougat und Mandeln), **Caelum** bietet im Kloster hergestellts Konfekt an, so *yemas* (aus gesüßtem Eidotter) und *mazapans* (aus Marzipan). **Jauja** ist etwas für Nostalgiker, hier gibt es altmodische Bonbons und Pralinen. Relativ neu ist **Papabubble**, ein riesiger Laden mit Holzpanelen und Marmor, in dem Sie teils zusehen können, wie die Süßigkeiten hergestellt werden.

## BÄCKEREIEN, KONDITOREIEN UND PATISSERIEN

Fast jede Straße in Barcelona hat ihre eigene *panadería*. Sie hat in der Regel durchgehend geöffnet, am meisten Betrieb ist morgens und gegen 17 Uhr, wenn die Spanier gern einen Imbiss zu sich nehmen und die Kinder von der Schule nach Hause kommen. Eine der besten Bäckereien ist **Cusachs**, die seit der Eröffnung 1963 die traditionellen katalanischen

*coques* herstellt. Sie können süß oder pikant sein, ein Muss sind sie am 24. Juni, dem Fest von Sant Joan *(siehe S. 35),* dem längsten Tag im Jahr.

Eine andere gute *panadería* ist **Foix de Sarriá** am Major de Sarriá, sie ist für ihr Gebäck in der ganzen Stadt bekannt. Zu den Spezialitäten zählen die *sachertorte, panellets* (runde Marzipan-Kuchen), *pasta de té* (Obsttörtchen) und *saras* (Biskuit mit Buttercreme und und Mandeln).

Das größte Auswahl an Brot hat **Bopan** an der Rambla de Catalunya. Bopan ist zugleich ein Café, es gibt dunkles, süßes oder Ölbrot, eine internationale Auswahl an Backwaren aus Deutschland, Italien und Frankreich, auch arabische Brotspezialitäten.

## WEINE UND ZIGARREN

Schon allein der Auswahl wegen ist **Lavinia** unschlagbar. Der größte Weinladen Spaniens hat Filialen in Madrid und seit neuestem auch in Paris. Er führt Tausende von Weinen aus der ganzen Welt, ist aber insgesamt nicht gerade preiswert. In El Born bietet **Vila Viniteca** eine großartige Auswahl spanischer und katalanischer Weine an: von preiswerten, aber gut trinkbaren Tafelweinen für rund 3 € die Flasche bis hin zu kostbaren Priorats und Riojas, für die man dann etwa 300 € pro Flasche rechnen muss. Aber wenn man sich schon dafür entscheidet, Flaschen aus Barcelona mitzunehmen, dann ist es fast ein Muss, den katalanischen Champagner *(cava)* zu erwerben. Man bekommt ihn überall, aber wer etwas ganz Besonderes will, sollte zu **Xampany** gehen, der sich auf *cavas* spezialisiert hat, die nach alten Verfahren in der Weinregion Penedès gekeltert und ausgebaut werden.

Der ultimative Ort für Zigarrenliebhaber und Pfeifenraucher ist **Gimeno**. Hier bekommt man alles, was im weitesten Sinne mit Tabak zu tun hat, vor allem aber eine feine Auswahl kubanischer Havanas.

## AUF EINEN BLICK

### CHARCUTERIE, KÄSE UND DELIKATESSEN

**La Botifarrería de Santa María**
Carrer Santa María 4.
93 319 97 84.

**Casa Gispert**
C/Sombrerers 23, El Born.
Stadtplan 5 B3.
93 319 75 35.

**Colmado Quílez**
Rambla de Catalunya 63, Eixample.
Stadtplan 3 A3.
93 215 23 56.

**Formatgeria La Seu**
C/Dagueria 16, Barri Gòtic.
93 412 65 48.

**Herboristeria del Rei**
C/ del Vidre 1, Barri Gòtic.
93 318 05 12.

**Mantequeria Ravell**
C/Arago 313.
Stadtplan 3 A4.
93 457 51 14.

**Origins 99.9%**
C/Vidrieria 6–8, El Born.
93 310 75 31.

### SCHOKOLADE, PRALINEN UND SÜSSIGKEITEN

**Antiga Casa Mauri**
C/Flassanders 32.
Stadtplan 5 C2.
93 310 04 58.

**Cacao Sampaka**
C/Consell de Cent 292, Eixample.
Stadtplan 3 A4.
93 272 08 33.

**Caelum**
C/Palla 8, Barri Gòtic.
Stadtplan 5 A2.
93 301 69 93.

Marina Square, 6 Raffles Boulevard.
67 33 11 11.

**Enric Rovira**
Avinguda Jose Tarradellas 113, Eixample.
93 419 25 47.

**Escribà Pastisseries**
La Rambla 83, Barri Gòtic.
Stadtplan 5 A1.
93 301 60 27.

**Jauja**
C/Santa Anna 27, Barri Gòtic.
Stadtplan 5 A1.
93 318 13 45.

**Papabubble**
C/Ample 28, Barri Gòtic.
Stadtplan 5 A3.
93 268 86 25.

**Xocoa**
C/Vidrieria 4, El Born.
Stadtplan 5 B2.
93 319 63 71.

C/Princesa 10, El Born.
93 319 66 40.

C/Petritxol 11-13.
93 301 11 97.

### BÄCKEREIEN, KONDITOREIEN UND PATISSERIEN

**Bopan**
Rambla de Catalunya 119.
Stadtplan 3 A3.
93 237 35 23.

**Cusachs**
Bailén 223.
Stadtplan 3 C2.
93 213 77 29.

**Foix de Sarriá**
Major de Sarriá 57.
93 203 07 14.
FAX 93 280 65 56.

### WEINE UND ZIGARREN

**Gimeno**
La Rambla 100.
Stadtplan 5 A1.
93 318 49 47.

**Lavinia**
Av. Diagonal 605, Eixample.
Stadtplan 3 A2.
93 363 44 45.

**Vila Viniteca**
C/Agullers 7–9, Born.
Stadtplan 5 B3.
93 310 19 56.

**Xampany**
C/Valencia 200.
Stadtplan 3 A4.
93 453 93 38.

**Stadtplan** *siehe Seiten 188–197*

# Mode und Accessoires

Läden mit modischer Kleidung findet man überall in Barcelona, aber selbst Modebewusste erfahren vielleicht erst hier, dass die Stadt in Sachen Mode mit New York, London oder Paris durchaus mithalten kann. Zu den interessanten katalanischen Designern gehören Antonio Miró und Custo, Ketten mit High-Street Fashion sind Mango und Zara, unzählige Boutiquen verkaufen spanische Mode, die zur spannendsten der Welt zählt.

## Schmuck, Taschen und Accessoires

Taschen, Schmuck, Hüte und andere Accessoires sind wichtig für jede Frau, die sich für Mode interessiert, und Barcelona hat unzählige kleine Läden, in denen sich das Outfit vervollkommnen lässt. **New Born** ist winzig, aber voll mit hinreißendem handgefertigtem Schmuck mit Emailblumen und -schmetterlingen in allen Regenbogenfarben. Die deutsche Designerin Alexandra Steinforth entwirft einmalige Abendkleider.

Das **Rafa Teja Atelier** ist eine Fundgrube für exquisit bestickte Jacken, Patchwork-Schals, Handtaschen mit Applikationen und handbemalte Seidentücher in vielen Farben.

Gut zu Barcelonas Straßenleben passen **Demano**-Handtaschen, es gibt sie überall in der Stadt, auch bei **Vinçon** *(siehe S. 155)* und **Casas**. Die innovativen Designs wurden in Zusammenarbeit mit Marcela Manrique, Liliana Andrade, Eleonora Parachini und dem Rathaus entwickelt; dahinter steckt der Gedanke, das PVC-Abfallmaterial der Banner und Plakate für Kulturereignisse wiederzuverwenden.

**0,925** ist in den Ställen des Palau Cerbello aus dem 13. Jahrhundert zu finden, in dem auch das Museu Picasso zu Hause ist. Hier gibt es eine große Auswahl an handgefertigtem Schmuck aus Silber, Gold und Titan, der von rund 20 spanischen und katalanischen Designern entworfen wurde. Einzelstücke entdecken Sie auch bei **Hipòtesi**. Er begann vor 17 Jahren, heute führt der Laden Artikel von rund 650 Designern. Neben Schmuck finden Sie hier auch Schals und Taschen aus den unterschiedlichsten Materialien – von Knöpfen und Reißverschlüssen bis hin zu Weißgold und Platin. Im Laden gibt es auch Arbeiten der Massana School of Art zu kaufen.

## Spanische und internationale Designer-Label

Bei den Designern **Giménez & Zuazo** finden auch kritische Kundinnen einzigartige Kleider, Röcke und Hosen – und das zu durchaus bezahlbaren Preisen. In El Born gibt es viele Läden, die ein Top-Angebot von Designermarken führen, darunter **Black Jazz** für junge Männer, u.a. mit den Kollektionen von Dolce & Gabbana, Bikkembergs und Vivienne Westwood. Die Avenida Diagonal und der Passeig de Gràcia sind die Straßen für Modebewusste. Hier sind die großen Label zu Hause, z.B. **Chanel**, **Carolina Herrera**, **Gucci** und **Hermès** sowie **Loewe** für Luxus-Lederwaren und die **Pelleteria La Sibèria**, in der man Mode aus Wildleder, Nappa oder Pelz sowohl kaufen als auch maßschneidern lassen kann.

## Secondhand- und Vintage-Mode

Der kleine Carrer Riera Baixa in El Raval ist Barcelonas Antwort auf die Londoner Carnaby Street. Es gibt einen Samstagsmarkt (die Öffnungszeiten sind leider unberechenbar) und einige wunderbare Läden. Der theaterorientierte Vintage Shop **Lailo** hat Vielerlei im Angebot, von Kostümen aus dem Liceu-Opernhaus bis hin zu Badeanzügen aus den 1950er Jahren. Auf der anderen Straßenseite hat sich **Mies & Felj** auf Mode aus den 1960er und 1970er Jahren spezialisiert. Hier findet man auch bunt gemusterte Vorhänge, Lederjacken mit Pelzbesatz, chinesische Gewänder und Vintage-Sportkleidung.

## High-Street-Fashion und Sportmode

Die spanischen Modehäuser **Zara** und **Mango** haben Filialen in der ganzen Stadt, beide Hauptläden befinden sich am Passeig de Gràcia. Hier findet man Basics, Alltagskleidung und modische Party-Outfits zu vernünftigen Preisen, es gibt auch Abteilungen für Herrenmode. Für etwas gehobenere Ansprüche führen **Massimo Dutti** und **Adolfo Domínguez** Klassisches, schicke Freizeitkleidung und Praktisches wie Krawatten und Gürtel.

Für individuellere Mode gehen Sie besser in die kleinen Läden von El Born und im Barri Götic. Der Carrer d'Avinyo in der Altstadt inspirierte den jungen Picasso zum Malen und die Jugend von heute zum Shoppen. Es ist eine lebendige Straße mit Markt-Atmosphäre – dazu passen die kleinen Designerläden ebenso wie das Angebot an Streetwear und Sportswear, z.B. von Adidas, Puma oder Nike. **Overales & Bluyines** war eines der ersten Modehäuser, die in El Born eröffneten, und ist bis heute das beste für kleine Label aller Arten. **Desigual** empfiehlt sich für stadtorientierte, alltagstaugliche Kleidung, **Doshaburi** hat die größte Auswahl an Vintage-Levis-Jeans in ganz Spanien, führt aber auch die neuesten japanischen Label. **Custo**, der bekannteste Designer aus Barcelona, hat zwei Läden in der Altstadt, beide quellen über mit seinen bunt bemalten T-Shirts und den schief geschnittenen Mänteln und Röcken.

Für Fußballfans ist vielleicht der offizielle Laden des FC Barcelona interessant, die **Botiga del Barca**.

# MODE UND ACCESSOIRES

## Hüte und Schuhe

Gemusterte Lederschuhe mit dekorativen Sohlen der mallorquinischen Kultmarke **Camper** kosten in Barcelona rund 25 Prozent weniger als anderswo in Spanien. **La Manual Apargatera** ist ein anderer Kultklassiker, *Sardana*-Tänzer lieben ihn ebenso wie Berühmtheiten für seine exquisiten, individuell angepassten und handgefertigten Espadrilles und Strohhüte.

**Casas Sabaters** hat einige Filialen in der Stadt, alle führen die Produkte der erstklassigen spanischen Schuhmarken, bieten aber auch oft Sonderpreise und Ausverkaufsschnäppchen.

**Le Shoe** ist die Adresse für besonders qualitätsbewusste Kunden, die klassischen Chic suchen oder sündhaft teure Stilettos. Der Laden hat eine breite Auswahl an Modellen von Manolo Blahnik, Jimmy Choo und Miu Miu. Schnäppchenjäger sollten im nahen **I12** stöbern, wo die letztjährigen Modelle von Marc Jacob, Emma Hoe und Sonia Rykiel zu Niedrigstpreisen angeboten werden.

Der solide, alte Hutladen **Sombrereria Obach** führt Klassiker von Baskenmützen über Stetsons und Trilbys bis hin zu handgeflochtenen Montechristi-Panamahüten.

## Auf einen Blick

### Schmuck, Taschen und Accessoires

**0,925**
C/ Montcada 25,
El Born.
**Stadtplan** 5 B3.
📞 *93 319 43 18.*

**Demano**
Pallars 94, 7, 1a.
**Stadtplan** 6 E2.
📞 *93 300 4807.*

**Hipòtesi**
Rambla de Catalunya 105,
Eixample.
**Stadtplan** 3 A3.
📞 *93 215 02 98.*

**New Born**
C/Princesa 24,
El Born.
**Stadtplan** 5 B2.
📞 *93 511 31 25.*

**Rafa Teja Atelier**
C/Sta. Maria 18,
El Born.
📞 *93 310 27 85.*
FAX *93 289 28 05.*

### Spanische und Internationale Designer-Label

**Black Jazz**
C/Rec 28.
**Stadtplan** 5 C3.
📞 *93 310 42 36.*

**Carolina Herrera**
Passeig de Gràcia 87,
Eixample.
**Stadtplan** 3 A2–A5.
📞 *93 272 15 84.*

**Chanel**
Passeig de Gràcia,
Eixample.
**Stadtplan** 3 A2–A5.
📞 *93 488 29 23.*

**Giménez & Zuazo**
C/Elisabets 20,
El Raval.
**Stadtplan** 2 F2.
📞 *93 412 33 81.*

**Gucci**
Avenida Diagonal 415,
Eixample.
**Stadtplan** 3 A2.
📞 *93 416 06 20.*

**Hermès**
Passeig de Gràcia 33.
**Stadtplan** 3 A2–A5.
📞 *93 272 15 27.*

**Loewe**
Passeig de Gràcia.
**Stadtplan** 3 A2–A5.
📞 *93 216 04 00.*

**Pelleteria La Sibèria**
Rambla de Catalunya 15,
Eixample.
**Stadtplan** 3 A3.
📞 *93 317 05 83.*

### Secondhand- und Vintage-Mode

**Lailo**
C/Riera Baixa 20,
El Raval.
**Stadtplan** 2 F2.
📞 *93 441 37 49.*

**Mies & Felj**
C/Riera Baixa 4,
El Raval.
**Stadtplan** 2 F2.
📞 *93 442 07 55.*

### High-Street-Fashion und Sportmode

**Adolfo Dominguez**
Passeig de Gràcia 89,
Eixample.
**Stadtplan** 3 A2–A5.
📞 *93 215 13 39.*

**Botiga del Barca**
Maremàgnum
(Moll d'Espanya).
**Stadtplan** 5 A4.
📞 *93 225 80 45.*

**Custo**
Plaça de les Olles 7.
**Stadtplan** 5 B3.
📞 *93 268 78 93.*

**Desigual**
C/Argenteria 65,
El Born.
**Stadtplan** 5 B2.
📞 *93 310 30 15.*

**Doshaburi**
C/Lledó 4-6,
Barri Gòtic.
**Stadtplan** 2 F2.
📞 *93 319 96 29.*
www.doshaburi.com

**Mango**
Passeig de Gràcia.
**Stadtplan** 3 A2–A5.
📞 *93 215 75 30.*

**Massimo Dutti**
C/Argenteria 65,
El Born.
**Stadtplan** 5 B2.
📞 *93 310 30 15.*

**Overales & Bluyines**
Rec 65,
El Born.
**Stadtplan** 5 C3.
📞 *93 319 29 76.*

**Zara**
Passeig de Gràcia 16,
Eixample.
**Stadtplan** 3 A2–A5.
📞 *93 318 76 75.*

### Hüte und Schuhe

**Camper**
Plaça Àngels mit
C/Elizabets,
El Raval.
**Stadtplan** 2 F2.
📞 *93 342 41 41.*

**Casas Sabaters**
C/Portaferrissa 25.
**Stadtplan** 5 A2.
📞 *93 302 11 32.*

**I12**
C/Laforja 105,
Gràcia.
**Stadtplan** 3 A1.
📞 *93 414 55 13.*

**La Manual Apargatera**
C/D'Avinyó 7,
Barri Gòtic.
**Stadtplan** 5 A3.
📞 *93 301 01 72.*

**Le Shoe**
C/Viñas 6,
Eixample.
📞 *93 241 10 22.*

**Sombrereria Obach**
Carrer del Call 2,
Barri Gòtic.
**Stadtplan** 5 A2.
📞 *93 318 40 94.*

**Stadtplan** *siehe Seiten 188–197*

# Spezialläden

Zu einem Barcelona-Besuch gehört es einfach, durch die Gassen der Altstadt zu schlendern oder auf den breiten Boulevards in Eixample zu promenieren. In beiden Vierteln stößt man dabei immer wieder auf Läden mit traditionellem Kunsthandwerk und handgefertigten Artikeln. Viele Läden sind eine Sehenswürdigkeit für sich. Aber auch wenn Sie eigentlich nur die Auslagen betrachten wollen, werden Sie kaum vermeiden können, dass etwas Ihr Interesse findet. Auch beim Shopping lernt man eine Stadt kennen!

## KUNST UND ANTIQUITÄTEN

Kunstliebhaber und Antiquitätensammler werden in Barcelona leicht fündig. Auf dem **Bulevard dels Antiquaris** sind mehr als 70 Läden, die mit alten Stücken handeln. Es gibt alte Münzen und Alabaster-Statuen, Blechtrommeln und Lüster aus der Regency-Zeit, aber natürlich auch allen möglichen Schnickschnack. Der Carrer del Call, das alte jüdische Viertel im Barri Gòtic, ist eine weitere Fundgrube für Sammler, mit plüschigen Läden wie **L'Arca de l'Àvia**, wo es alte Spitzen und Leinenstoffe, alte Puppen und schöne Möbelstücke gibt. **Heritage** führt u.a. Schmuck mit Halbedelsteinen sowie alte Seiden- und andere Stoffe, **Gemma Povo** dekorative alte Stücke aus Gusseisen.

Gleich mehrere Läden gehören **Artur Ramon** am Carrer de la Palla, hier gibt es Glaswaren und Keramik aus dem 18. und 19. Jahrhundert sowie Gemälde, die auch schon mal aus 14. Jahrhundert stammen können. **Tandem** hat sich auf alte Globen spezialisiert.

Barcelonas älteste und prestigeträchtigste Kunstgalerie ist **Sala Parés**, die alte und zeitgenössische katalanische Künstler ausstellt. Bilder, die man sich auch mit kleinerem Geldbeutel leisten kann, gibt es in der **Boutique Galería Picasso**: Drucke, Lithografien, Plakate und Postkarten von den großen spanischen Meistern Miró, Picasso und Dalí. **Metrònom** konzentriert sich mehr auf Zeitgenössisches, hier gibt es Multimedia-Ausstellungen, Video-Installationen und Performances.

## BÜCHER, MUSIK, DVDs UND SCHREIBWAREN

Für Kleinigkeiten und Mitbringsel ist Barcelona geradezu ideal. **Papirvm** ist ein altmodisch anmutender Papierwarenladen, in dem man schöne Füller, ledergebundene Notizbücher und Halter für Schreibfedern findet, aber auch originale Schreibblöcke der Boqueria-Kellner. **Altaïr** gilt als Spaniens bester Spezialist für Reiseliteratur, hier bekommt man Karten, Reiseführer und Bildbände rund um das Thema Reise. Die **Casa del Llibre** ist Barcelonas größter Buchladen für englischsprachige Literatur, auch hier gibt es Karten, Reiseführer, Magazine und schicke Bildbände.

Der Einfluss von Barcelonas jährlichem Festival für elektronische Musik, Sonár *(siehe S. 163)*, macht sich auch im Angebot der Läden bemerkbar. Bei **Cable Records** und El Raval bekommt man alte Vinyl-Platten ebenso wie die neuesten Scheiben. **Herrera Guitars** bietet handgefertigte klassische Konzertgitarren an und nimmt auch Instrumente in Kommission.

## AUSGEFALLENES UND SCHNICKSCHNACK

El Born und das Barri Gòtic sind wahre Schatztruhen für alle Arten von Dingen. Bei **Brasil Style** begegnet man einer weiten Auswahl an ungewöhnlichen Stücken für zu Hause – von kitschigen Keramikhühnern bis zu schön gearbeiteter Tischwäsche. **Natural** ist ideal für preiswerte, schicke Geschenke: Socken mit verrückten Motiven, Samt-Slipper, chinesische Notizbücher, Spielzeug und Nippes aus dem Orient. Für kleine und große Urlaubsabenteuer führt **La Condonería** Kondome in allen ausführungen, Farben, Formen und Geschmacksrichtungen. **Cereria Subirà** gibt es schon seit 1761, es ist Barcelons ältester Laden, der heute Kerzen in allen Größen und Formen verkauft, von der kleinen Votivkerze bis hin zu beeindruckenden meterhohen Exemplaren. Auch **El Rei de la Màgica** ist alt, der Laden wurde 1881 gegründet und führt Zubehör für kleine und große Magier. In der Nähe verzaubert **Arlequí Màscares** die meisten Kunden, die den Laden betreten: Hier gibt es Masken aller Art – traditionelle handbemalte Papiermâché-Masken, italienische Commedia-dell'Arte-Masken, glänzende französische Partymasken und groteske katalanische *gigantes* (Riesenköpfe, die auf Festen getragen werden), Masken aus der griechischen Tragödie und dem japanischen No-Theater.

## LINGERIE UND PARFUMS

Die große französische Kette **Sephora** führt eine große Auswahl an Markenparfums und Kosmetikartikeln, die hier oft preiswerter sind als am Flughafen. Das perfekte Parfum für diese Stadt ist jedoch Ricardo Ramos' Agua de Barcelona No 7 *para ella* bzw. No 21 *para el* oder auch No 69 *unisex*, die es bei **R Que R Rec** gibt. **Regia** gilt als eine der besten Parfümerien der Stadt und bietet eine Riesenauswahl an Designer-Klassikern, lokalen Favoriten und trendigen Düften aus der ganzen Welt an.

**Le Boudoir** wirkt wie ein Liebesnest aus dem 18. Jahrhundert mit Messingbett, vergoldeten Spiegeln, Samtdraperien und Liebesgedichten an der Wand. Zugleich aber ist es der erotischste Laden in Barcelona mit Wäsche aus Seide und Spitzen, Nachtgewändern, flauschigen Pantöffelchen und pelzigen Hand-

schellen sowie geschmackvollem Sex-Spielzeug und Aphrodisiaka. Konventionellere Unterwäsche führt die spanische Kette **Women's Secret**, aber auch bonbonfarbene Dessous, Bademode und schicke Pyjamas.

## INNENEINRICHTUNG

Genau genommen ist **Pile 43** eher eine Café-Bar als ein Laden, trotzdem verkauft es seine ganze Einrichtung, vom Aschenbecher über das Geschirr bis zum Lederarmsessel. **Ici et Là** ist ideal für Einzelstücke und Design-Klassiker zu unschlagbaren Preisen. **Dom** (mit mehreren Filialen) ist trendiger, hier gibt es neonfarbige aufblasbare Sofas, metallische Perlenvorhänge und »PUSH«-Abfalleimer. **Vinçon** ist das Mekka all derer, die ihr Heim mit Designer-Kleinigkeiten verschönern möchten. In einem Haus, das um 1900 gebaut wurde, gibt es so ziemlich alles, von französischen Le-Creuset-Pfannen und -Brätern über baskische *Chiquito*-Becher bis hin zu seidenen Sitzsäcken und Futons. Traditionsbewusstere zieht es mehr zu **Coses de Casa**, einem schönen Laden für handgefertigte Patchwork-Decken, feminine Rosendrucke und Blumenmuster à la Laura Ashley.

## AUF EINEN BLICK

### KUNST UND ANTIQUITÄTEN

**L'Arca de L'Avia**
C/Banys Nous 20,
Barri Gòtic.
**Stadtplan** 5 A2.
[ 93 302 15 98.

**Artur Ramon**
Col.leccionisme
C/Palla 23, Barri Gòtic.
**Stadtplan** 5 A2.
[ 93 302 59 70.

**Artur Ramon Antiquari**
C/Palla 25,
Barri Gòtic.
**Stadtplan** 5 A2.
[ 93 302 59 70.

**Artur Ramon Mestres Antics**
C/Palla 10,
Barri Gòtic.
**Stadtplan** 5 A2.
[ 93 301 16 48.
www.altair.es

**Boutique Galería Picasso**
C/Barra de Ferro 7.
[ 93 268 44 50.

**Bulevard dels Antiquaris**
Passeig de Gràcia.
**Stadtplan** 3 A2–A5.
[ 93 310 30 15/
93 215 44 99.

**Gemma Povo**
C/Banys Nous 5,
Barri Gòtic.
**Stadtplan** 5 A2.
[ 93 301 34 76.

**Heritage**
C/Banys Nous 14,
Barri Gòtic.
**Stadtplan** 5 A2.
[ 93 317 85 15.

**Metrònom**
C/Fusina 9, Born.
**Stadtplan** 5 C2.
[ 93 268 42 98.

**Sala Parés**
C/Petritxol 5,
Barri Gòtic.
**Stadtplan** 5 A2.
[ 93 318 70 08.

**Tandem**
C/Banys Nous 19,
Barri Gòtic.
**Stadtplan** 5 A2.
[ 93 317 44 91.

### BÜCHER, MUSIK, DVDs UND SCHREIBWAREN

**Altaïr**
Gran Via 616,
Eixample.
[ 93 342 71 71.
FAX 93 342 71 78.

**Cable Records**
C/Joaquín Costa 46,
El Raval.
**Stadtplan** 2 F2.
[ 93 317 20 59.

**Casa del Llibre**
Passeig de Gràcia.
**Stadtplan** 3 A2–A5.
[ 93 272 34 80.

**Herrera Guitars**
C/Marlet 6,
Barri Gòtic.
[ 93 302 66 66.
www.herreraguitars.com

**Papirvm**
C/Baixada de la
Llibreteria 2,
Barri Gòtic.
**Stadtplan** 5 A2.
[ 93 310 52 42.
www.papirum-bcn.com

### AUSGEFALLENES UND SCHNICKSCHNACK

**Arlequí Màscares**
C/Princesa 7.
**Stadtplan** 5 B2.
[ 93 268 27 52.
www.arlequimask.com

**Brasil Style**
Pl. Comercial 3,
El Born.
**Stadtplan** 5 C3.
[ 93 268 86 30.
FAX 93 268 86 31.
www.brasilstyle.com

**Cereria Subirà**
Baixada Llibreteria 7.
**Stadtplan** 5 A2.
[ 93 315 26 06.

**La Condonería**
Placa Sant Josep
Oriol 7,
Barri Gòtic.
**Stadtplan** 2 F2.
[ 93 302 77 21.

**Natural**
C/Argenteria 78,
El Born.
**Stadtplan** 5 B2.
[ 93 268 25 25.

**El Rei de la Màgica**
Carrer de la Princessa 11.
**Stadtplan** 5 B2.
[ 93 319 73 93.

### LINGERIE UND PARFUMS

**Le Boudoir**
C/Canuda 21.
**Stadtplan** 5 A1.
[ 93 302 52 81.
www.leboudoir.net

**R Que R Rec**
C/Rec 75,
El Born.
**Stadtplan** 5 C3.
[ 651 616 962.

**Regia**
Passeig de Gracia 39.
**Stadtplan** 3 A2–A5.
[ 93 216 01 21.

**Women's Secret**
C/Portaferrissa 7,
Barri Gòtic.
**Stadtplan** 5 A2.
[ 93 318 13 66.

### INNENEINRICHTUNG

**Coses de Casa**
Plaça Sant Josep Oriol 5,
Barri Gòtic.
**Stadtplan** 2 F2.
[ 93 315 26 06.

**Dom**
Passeig de Gràcia 76,
Eixample.
**Stadtplan** 3 A2–A5.
[ 93 487 11 81.

**Ici et Là**
Plaça de Santa María
del Mar 2.
[ 93 268 11 67.

**Pilé 43**
C/Agla 43.
[ 93 301 30 54.

**Vinçon**
Passeig de Gràcia 96.
**Stadtplan** 3 A2–A5.
[ 93 215 60 50.

**Stadtplan** *siehe Seiten 188–197*

# Unterhaltung

Barcelona bietet eine der spannendsten Entertainment-Szenen in ganz Europa. Hier finden Events aller Arten und an den verschiedensten Orten statt – vom prächtigen Opernhaus Liseu bis zum Palau de la Música der im Stil des Modernisme erbaut ist, von kleinen freien Theatern bis zu skurrilen katalanischen Comedy-Shows, vom klassischen spanischen Drama bis zu Drag-Queen-Shows. Auf den großen Boulevards wie La Rambla spielen Musiker Klassisches, Ragtime oder Jazz, Straßenkünstler locken mit kleinen Sketchen oder Akrobatik. Der Festivalkalender Barcelonas ist voll mit international besetzten Veranstaltungen, zu denen man auch ohne monatelange Reservierung oft noch Karten bekommt.

Musiker im Barri Gòtic

Der großartige Innenraum des Palau de la Música Catalana

## Information

Die umfassendste Übersicht, inklusive Kinoverzeichnis, bietet Barcelonas *Guía del Ocio*, der donnerstags erscheint. Auch die Freitagsausgaben von *El País* und *La Vanguardia* haben viele Unterhaltungsbeilagen.

## Termine und Karten

Die Spielzeit der Hauptveranstaltungsorte dauert von September bis Juni. Dazwischen finden nur begrenzt Veranstaltungen statt. Insgesamt spiegelt Barcelonas Unterhaltungsangebot sein reiches multikulturelles künstlerisches Erbe wider. Im Sommer findet das Festival del Grec *(siehe S. 35)* statt, ein internationales Open-Air-Festival mit Musik, Theater und Tanz. Auch bei der Festa de la Mercè *(siehe S. 36)* im September gibt es eine große Auswahl an Konzerten. Karten kaufen Sie am besten am Veranstaltungsort oder im Internet. Für viele Theater gibt es aber auch Karten bei den Zweigstellen der Caixa de Catalunya oder den **La-Caixa-Sparkassen**, für das Festival del Grec *(siehe S. 35)* in Fremdenverkehrsbüros.

## Oper und Theater

Das Theater **Mercat de les Flors** *(siehe S. 164f)* präsentiert Produktionen klassischer und moderner Stücke auf katalanisch. Auch das neue **Teatre Nacional de Catalunya** *(siehe S. 99)* neben dem Auditori de Barcelona bietet Stücke auf katalanisch.

Seit der Wiedereröffnung des Teatre del Liceu haben spanische und internationale Ballettensembles wieder eine exzellente Spielstätte – die größte Bühne der Stadt im »alt-neuen« Opernhaus.

## Musik

Barcelonas modernistischer **Palau de la Música Catalana** *(siehe S. 63)* gehört zu den schönsten Konzertsälen der Welt. Großartig ist auch das 1999 eröffneten **L'Auditori de Barcelona** *(siehe S. 166f)* mit zwei modernen Sälen für Konzerte. Es ist nun Sitz des Orquestra Simfònica de Barcelona.

Es war eine Katastrophe für das musikalische Leben der Stadt, als das Teatre del Liceu 1994 bis auf die Grundmauern niederbrannte. Das berühmte Opernhaus, ein Wahrzeichen der Stadt, konnte dank großzügiger Spenden rasch wiederaufgebaut werden; die Wiedereröffnung feierte man im Oktober 1999. Hier kommen große Opern der Musikgeschichte zur Aufführung – Schwerpunkt ist das Werk Richard Wagners.

Berühmte Musiker wie David Byrne oder auch Paul McCartney traten schon mehrfach im **Razzmatazz** *(siehe S. 166f)* auf. Wirklich guten Jazz hört man im **Harlem Jazz Club** *(siehe S. 166f)* und im **Jamboree** *(siehe S. 166f)*, Liebhaber von Salsa-Musik gehen gerne ins **Antilla Barcelona**.

Bühnenshow in einem der vielen Klubs in Barcelona

**Zuschauerraum des Teatre Nacional de Catalunya**

## NIGHTLIFE

Zu Barcelonas berühmtesten modernen Bauten gehören die New-Wave-Bars aus den boomenden 1980er Jahren wie das **Mirablau** mit Sicht auf die Stadt. **Las Torres de Ávila** im Poble Espanyol *(siehe S. 89)* ist der Gipfel der Postmoderne. Das **Otto Zutz** engagiert regelmäßig bekannte DJs. Im nicht ganz so schicken **Apolo** gibt es Live-Musik. **La Paloma** ist ein schöner Tanzsaal mit einem eigenen Orchester.

Zwei der bekanntesten Bars liegen in der Altstadt: das altehrwürdige **Boadas** und **El Xampanyet** *(siehe S. 152)*. **El Bosc de les Fades**, das Café des Wachsmuseums, erinnert mit seiner fantasievollen Einrichtung an Märchenhöhlen.

## FESTIVALS

Im Sommer gibt es im Freien jede Menge an Festivals, Aufführungen und Musik: Das **Festival del Sónar** im Juni startete als Versuchsbühne für junge musikalische Experimente; heute ist es fast ein Muss für zeitgenössische Musik. Die Veranstaltungsserie **Clàssica als Parcs** im Juni und Juli bietet garantiert weniger Experimente.

## FREIZEITPARKS

Der Freizeitpark auf dem **Tibidabo** *(siehe S. 98)* hat an Sommerwochenenden bis in den Morgen geöffnet. Doch auch wochentags ist viel los. Besonderen Spaß macht es, mit der Straßen- oder Seilbahn dorthin zu fahren.

## FUSSBALL

Der König des katalanischen Sports, der **FC Barcelona**, besitzt das größte Fußballstadion Europas, Camp Nou, und begeisterte Fans *(siehe S. 95)*. Infos und Spieltermine finden Sie am einfachsten im Internet.

**Volles Haus im gigantischen Camp-Nou-Stadion**

## AUF EINEN BLICK

### OPER UND THEATER

**Liceu**
La Rambla 51–59.
Stadtplan 2 F3.
93 485 99 00.

**Teatre Nacional de Catalunya**
Plaça de les Arts 1.
Stadtplan 4 F5.
93 306 57 00.

### MUSIK

**L'Auditori de Barcelona**
Carrer de Lepant 150.
Stadtplan 6 E1.
93 247 93 00.

**Antilla Barcelona**
Carrer de Aragó 141–143.
93 451 45 64.

**Palau de la Música Catalana**
Carrer de Sant Francesc de Paula 2.
Stadtplan 5 B1.
90 244 28 82.

### NIGHTLIFE

**Apolo**
Carrer Nou de la Rambla 113.
Stadtplan 2 E3.
93 441 40 01.

**Boadas**
Carrer dels Tallers 1.
Stadtplan 5 A1.
93 318 88 26.

**El Bosc de les Fades**
Pasatge de la Banca.
93 317 26 49.

**Mirablau**
Plaça Doctor Andreu.
93 418 58 79.

**Otto Zutz**
Carrer de Lincoln 15.
Stadtplan 3 A1.
93 238 07 22.

**La Paloma**
Carrer del Tigre 27.
Stadtplan 2 F1.
93 301 68 97.

**Torres de Ávila**
Poble Espanyol, Avinguda del Marqués de Comillas.
Stadtplan 1 A1.
93 424 93 09.

**El Xampanyet**
Carrer Montcada 22.
Stadtplan 5 B2.
93 319 70 03.

### FESTIVALS

**Classics als Parcs**
Information Parcs i Jardins
93 413 24 00.
www.bcn.es/parcsijardins

**Festival del Sónar**
Palau de la Virreina.
90 288 89 02.
www.sonar.es

**Tickets**
90 210 12 12.
www.telentrada.com

**Tel Entrada**
www.telentrada.com

**Barcelona Metropolitan**
www.barcelona-metropolitan.com

### FREIZEITPARKS

**Tibidabo**
93 211 79 42.

### FUSSBALL

**FC Barcelona**
Camp Nou, Avinguda Aristides Maillol.
93 496 36 00.

**Stadtplan** *siehe Seiten 188–197*

# Film und Theater

Barcelona bietet den Kinogängern eine große Bandbreite von Kinos: große Multiplex-Häuser, aber auch viele kleine Programmkinos. Jährlich finden hier mehrere Filmfestivals statt. Die Theaterbühnen stehen hier bei der Vielfalt keineswegs zurück: Der Zuschauer findet alles, vom klassischen Sprechtheater bis zur provokativen neuen Inszenierung. Trotz aller sprachlichen Barrieren lohnt sich sicherlich ein Besuch. Wer es gerne etwas unterhaltsamer liebt, für den empfehlen sich die zahlreichen Dinner-Shows.

## FILM

Der neue spanische Film hat in den letzten Jahren einen gewaltigen Aufschwung erlebt: Regisseure wie Alejandro Amenábar *(The Others)*, die katalanische Autorin und Filmemacherin Isabel Coixet *(Mein Leben ohne mich)* und natürlich der Regie-Star Pedro Almodóvar *(Alles über meine Mutter, La Mala Educación)* feierten große Erfolge. In Barcelona haben sich inzwischen mehrere Filmfestivals etabliert; das größte Event ist das jährlich im Dezember stattfindende **International Film Festival** in Sitges.

Zwar werden die meisten internationalen Filme spanisch oder katalanisch synchronisiert, es laufen aber auch zunehmend Originalversionen, nicht nur die Blockbuster aus Hollywood, sondern auch Streifen des *film noir* und freie, unabhängige Produktionen. Seit seiner Eröffnung 1995 hat sich das **Centre de Cultura Contemporània (CCCB)** zum wichtigen Zentrum zeitgenössischer Kunst entwickelt und dabei entscheidend zur Erneuerung von El Raval beigetragen. Das CCCB veranstaltet auch Ausstellungen, Lesungen und Filmvorführungen.

Das **Icària Yelmo Cineplex** ist das größte Multiplex-Zentrum der Stadt – integriert in ein Freizeit- und Einkaufszentrum mit Läden und Restaurants. Den größten Kinosaal mit 1832 Plätzen und einer 200 Quadratmeter großen Leinwand bietet das **Urgel**. Hier werden die großen internationalen Filme gezeigt.

Wer lieber unkonventionellere Filme sehen möchte, der sollte ins **Renoir Floridablanca** gehen. Dieses recht neue Kino an der Grenze zwischen El Raval und Eixample zeigt spannende europäische und internationale Produktionen (meist spanisch oder katalanisch untertitelt).

Im Stadtteil Gràcia veranstalten das **Verdi's I** und **II** gutes Programmkino mit ausländischen Filmen, manchmal im Rahmen von Festivals.

In den Sommermonaten werden am **Castell de Montjuïc** und im **Picina Bernat Picornell**, dem Olympischen Schwimmbad am Montjuïc, Open-Air-Filme gezeigt.

Das Filmmuseum der katalanischen Regierung ist die **Filmoteca de la Generalitat de Catalunya**. Hier zeigt man, wechselnd im Zwei- bis Drei-Wochen-Rhythmus, exzellente alte und neue Streifen für Kenner und Liebhaber, vom alten rekonstruierten Stummfilm über osteuropäische Produktionen bis hin zu Musicalfilmen wie Baz Luhrmanns *Moulin Rouge*. Sehr zu empfehlen.

Das **Méliès** zeigt in seinen zwei Sälen Kunst und Skurriles, alte Hollywood-Klassiker, Horrorfilme, aber auch Filme von Federico Fellini und Alfred Hitchcock.

Das **Alexis** ist ein kleines Programmkino an der Rambla de Catalunya, das in einem alten Theater seinen Platz fand. Hier gibt es viele »Independent«-Filme in Originalfassung ohne Untertitel.

In Barcelona entstehen immer mehr sogenannte »Bar-Cinemas«, wo man (auf harten Stühlen) die Filme mit einem Bier oder einem Glas Wein ansehen kann. Das Kino **Void** ist zwar nicht sehr bequem, aber es zeigt die meisten einheimischen neuen Produktionen in der ganzen Stadt. Natürlich ist die Filmauswahl des **Void** nicht immer konsensfähig.

Für Kinder und Fans empfiehlt sich das **IMAX Port Vell**, das spektakuläre Filme im 3-D-Stil auf halbrunder Leinwand zeigt, z. B. Filme von Achterbahnfahrten, Expeditionen auf den Mount Everest, Fahrten in die Tiefsee oder die Rolling-Stones-Tournee.

Am Montagabend und mittags am Wochenende gibt es reduzierte Eintrittspreise. Viele Kinos spielen ihre Filme auch zu Randzeiten, d. h. um Mitternacht oder früh am Morgen.

## THEATER UND TANZ

Es ist ganz klar: Die meisten Theaterstücke werden auf Katalanisch oder Spanisch gespielt, alles andere ist die Ausnahme. Das **Llantiol Teatre** in El Raval spielt auf Englisch. Aber allen Sprachbarrieren zum Trotz lohnen viele Inszenierungen einen Besuch.

Theatergruppen wie »Els Comdiants« und »La Cubana« bieten eine interessante Mischung aus Theater, Musik, Pantomime und Elementen der spanischen Fiesta. Auf der Bühne des kleinen **Llantiol** wechselt das Programm wöchentlich zwischen Theater, Comedy, Zauberern und bunten Unterhaltungs-Shows, die man meist auch ohne Spanisch versteht.

Ein ähnliches Programm bietet das **L'Antic Teatre**. In diesem Kulturzentrum mit Dachterrasse, Vegetarier-Restaurant und Bar gastieren viele alternative Gruppen wie z. B. die argentinische Gruppe »4D Òptic«.

Wer die Avantgarde und Musik liebt, der ist im **Mercat de les Flors** richtig. Dieser ehemalige Blumenmarkt in Montjuïc veranstaltet kleine Filmfestivals, z. B. Filme aus Asien (jeweils im Herbst).

In der Gegend um La Ramblas und Paral.lel befinden sich die eher konventionelleren Theaterbühnen der Stadt. Das **Teatre Tivoli** bringt exzellente Tanz- und Musikpro-

duktionen auf die Bühne, häufig Konzerte internationaler Musikstars und Ensembles.

Das **Teatre Poliorama** auf La Rambla hat sich auf Musicals, einzelne Opernproduktionen und gelegentlich Flamenco-Shows spezialisiert.

Das Haupttheater der Stadt ist das **Teatre Nacional de Catalunya (TNC)**. In dem beeindruckenden Gebäude mit seinen vielen Säulen, das der katalanische Architekt Ricard Bofill entwarf, arbeiten die wichtigsten Regisseure Spaniens. Gespielt werden die Inszenierungen ausschließlich auf Spanisch oder Katalanisch.

Das **Teatre Apolo** ist die richtige Adresse für schwungvolle Musicals wie Queens We Will Rock You und ABBAs Mamma Mia.

Die Menschen in Barcelona lieben den zeitgenössischen Tanz; entsprechend viele Veranstaltungen gibt es in diesem Bereich.

Das **Teatre Victòria** in Avinguda del Paral.lel bietet Ballett und klassische Tanzchoreografien, ebenso wie die Oper **Gran Teatre del Liceu** *(siehe S. 166)*.

Wem der Sinn nach Flamenco *(siehe S. 167)* steht, der kann in Barcelona aus einer Vielzahl von Shows wählen, von traditionell bis modernsexy. Es macht Spaß, bei diesem rhythmischen andalusischen Tanz zuzuschauen. Falls Sie Glück haben und der katalanische Flamenco-Sänger Mayte Martín in der Stadt gastiert, dann sollten Sie sich unbedingt um Karten bemühen.

In Barcelona gibt es eine ganze Reihe von Dinner-Shows: Hier bietet man Ihnen ein gutes Abendessen plus eine Show, beispielsweise im **El Tablao de Carmen** *(siehe S. 167)*. In der Bar **Soniquete** im Barri Gòtic geht es unkonventioneller zu: Hier kann man angeblich den besten Flamenco in der ganzen Stadt hören. Aber es gibt kein festgelegtes Programm. Man kann nur kommen und abwarten, was geschieht.

Salsa, Merengue und andere karibische Musikstile sind in einigen Klubs der Stadt zu hören, z. B. im **Antilla BCN Latin Club** oder dem **Buenavista Salsa Club** in Eixample. Hier spielen Bands aus Puerto Rico, Kuba oder New York – und Sie erhalten dabei kostenlosen Tanzunterricht.

## AUF EINEN BLICK

### FILM

**Alexis**
Rambla de Catalunya 90.
Stadtplan 3 A3.
93 215 05 06.

**CCCB**
C/Montalegre 5.
Stadtplan 2 F2.
93 306 41 00.
www.cccb.org

**Festival Internacional de Cinema de Catalunya**
Sitges.
93 419 36 35.
www.sitges.com/cinema

**Filmoteca de la Generalitat de Catalunya**
Avda Sarrià 31–3, Eixample.
93 410 75 90.

**Icària Yelmo Cineplex**
C/Salvador Espriu 61, vila Olímpica.
Stadtplan 6 E4.
93 221 75 85.
www.yelmocineplex.es

**IMAX Port Vell**
Moll d'Espanya, Port Vell.
Stadtplan 5 A4.
93 225 11 11.

**Méliès**
C/Villarroel 102, Eixample.
Stadtplan 2 E1.
93 451 00 51.

**Renoir Floridablanca**
C/Floridablanca 135, Eixample.
Stadtplan 1 C1.
93 228 93 93.
www.cinesrenoir.es

**Urgel**
Comte d'Urgell 29.
Stadtplan 2 E1.
90 242 42 43.

**Verdi I**
C/Verdi 32, Gràcia.
Stadtplan 3 B1.
93 238 79 90.
www.cines-verdi.com

**Verdi II**
C/Torrijos 49, Gràcia.
Stadtplan 3 C2.
93 238 79 90.

**Void**
C/Ferlandina 51.
Stadtplan 2 E1.
93 443 42 03.
www.void-bcn.com

### THEATER UND TANZ

**L'Antic Teatre**
C/Verdaguer i Callís 12, La Ribera.
Stadtplan 5 A1.
93 315 23 54.

**Antilla BCN Latin Club**
C/Aragó 141, Eixample.
Stadtplan 3 A4.
93 451 45 64.
www.antillasalsa.com

**Buenavista Salsa Club**
C/Roselló 217, Eixample.
Stadtplan 3 A3.
93 237 65 28.
www.salsabuenavista.com

**Gran Teatre del Liceu (Oper)**
La Rambla 51–59.
Stadtplan 5 A1.
93 485 99 00.
www.liceubarcelona.com

**Llantiol**
C/Riereta 7, El Raval.
Stadtplan 2 E2.
93 329 90 09.

**Los Tarantos**
Plaça Reial 17.
Stadtplan 5 A3.
93 318 30 67.

**Mercat de les Flors**
C/de Lleida 59.
Stadtplan 1 B2.
93 426 18 75.

**Soniquete**
C/Milans 5, Barri Gòtic.
Stadtplan 5 A3.

**Teatre Apolo**
Av del Paral.lel 57.
Stadtplan 1 B1.
93 441 90 07.

**Teatre Nacional de Catalunya (TNC)**
Plaça de les Arts 1.
93 306 57 06.

**Teatre Poliorama**
La Rambla 115, Barri Gòtic.
Stadtplan 5 A1.
93 317 75 99.
www.teatrepoliorama.com

**Teatre Tívoli**
C/Casp 10–12, Eixample.
Stadtplan 3 B5.
93 412 20 63.

**Teatre Victòria**
Av del Paral.lel 67–69.
Stadtplan 1 B1.
93 443 29 29.

**Stadtplan** *siehe Seiten 188–197*

# Musik

Nur wenige Städte auf der ganzen Welt können mit einem so vielfältigen Musikangebot aufwarten wie Barcelona: Auf weltberühmten Bühnen wie dem Palau de la Música und dem Auditori de Barcelona sind die Megastars der klassischen Musikszene zu hören, die Nachwuchskünstler der Jazzszene spielen in den kleinen Jazzklubs. Daneben gibt es experimentelle elektronische Musik, Flamenco in Folkklubs, Blues und Rock in fast schon klassischen »Schuppen«.

## OPER UND KLASSISCHE MUSIK

Oper und klassische Musik werden von den Menschen in Barcelona über alle Maßen geliebt. (Entsprechend schwer ist es, Karten zu bekommen.) Nicht wenige weltberühmte Musiker stammen aus Barcelona, z. B. der Cellist Pablo Casals, der Tenor José Carreras und die Primadonna Montserrat Caballé. Zusammen mit Freddy Mercury sang Montserrat Caballé die wahre Hymne der Stadt: *Barcelona*.

Zentrum der Opernwelt ist das prächtige, reich vergoldete Opernhaus **Gran Teatre del Liceu**, das 1847 eröffnet wurde. Zweimal brannte das gesamte Haus nieder, 1861 und 1994. Aber auch diesmal wurde es erneut aufgebaut und erstrahlt seit 1999 wieder in altem und neuem Glanz. Das Liceu stand im Mittelpunkt des Belcanto mit Bellini und Donizetti, später gehörten die Werke russischer Komponisten wie Tschaikowsky und die Ballette Diaghilews zum Kernrepertoire, aber auch die Opern Richard Wagners. Immer gespielt wurden hier katalanische Komponisten wie Pedrell, Vives und Enric Granados.

Der bezaubernd schöne **Palau de la Música**, entworfen vom Meister des Modernisme Lluís Domènech i Montaner, gehört zu den Highlights Barcelonas. In diesem Konzertsaal finden Symphoniekonzerte berühmter nationaler und internationaler Orchester, Gitarrenfestivals, aber auch Jazzkonzerte statt.

Beide Spielstätten können tagsüber besichtigt werden. Schöner ist es jedoch, hier ein Konzert zu erleben.

Zwar nicht alt, aber ebenso wichtig für die katalanische Musik ist **L'Auditori de Barcelona**, das als zusätzliche moderne Musikbühne notwendig wurde. Zuerst wurden hier ausschließlich Solo-Recitals und Symphoniekonzerte gegeben; inzwischen kann man auch viel Rock, Pop und Jazz hören.

In Barcelonas Kirchen und Kathedralen wird eine leider oft vernachlässigte Musikform intensiv gepflegt, die Chormusik. Die besten Chancen auf ein Konzert haben Sie in der Iglesia Santa Maria del Pi, der Hauptkathedrale an der Plaça del Pi, und in der Iglesia Santa Maria del Mar, hier meist nur in der Adventszeit.

## LIVE-MUSIK: BLUES, ROCK UND JAZZ

Welcher Musikstar auch immer seine Welttournee macht, ein Konzert in Barcelona ist auf jeden Fall immer dabei. Das gilt für die Rolling Stones, Bob Dylan, Rod Stewart und ACDC ebenso wie für Madonna, Kylie Minogue oder Jazz-Ensembles wie das Brad-Mehldau-Quartett. Wer Erfolg sucht, den führt es bald nach Barcelona. Hierher kommen sie alle, die alten Rock 'n' Roller, die Country- und Folkmusiker, die Hip-Hopper, Rapper, Groover und DJs aller Provenienz.

Im Jahre 2004 schlossen zwei beliebte Jazzbühnen – La Boite und La Cova del Drac – sehr zum Missfallen ihrer Fans. Aber so entstand auch Raum für neue Spielstätten: Im **Jamboree**, einem Keller an der Plaça Reial, gastieren nun Jazzgrößen aus aller Welt und Solisten wie der Saxofonist Billy McHenry.

Ein anderer guter Platz für Musik ist der **Jazz Sí Club**. Hierher kommen nun die »Aficionados« des guten Jazz. Häufig kommen die Studenten einer nahe gelegenen Musikschule hierher, um hier wirklich gute Jam Sessions zu veranstalten.

Die Auftritte von Musikbands in Klubs sind häufig kostenlos oder doch zumindest sehr billig. Im **Harlem Jazz Club** ist es zwar sehr eng und verraucht, dafür kann man aber hier neue und z. T. sehr innovative Jazz-Combos hören. Wer auf sanften Jazz steht, der wird sich im **Little Italy** wohl fühlen: Dinner mit leiser Klaviermusik und gezupftem Kontrabass. Ähnlich ist es im **Nao Colón**, einem Restaurant, das sich mehr und mehr zur Musikbühne entwickelt, wenn erst einmal die Teller abgetragen sind. Hier spielt man eine wilde Mischung aus Bossa Nova, Soul und Funk.

Ziemlich berühmt für seinen Jazz ist das »freie« Theater Barcelonas, das **Teatre Lliure** in Montjuïc. Hier können Sie zeitgenössischen Jazz in hoher Qualität hören, neue Orchester und experimentelle Grooves wie z. B. die Musiker aus Eric Mingus' »Sun Ra Arkestra« unter Marshall Allen.

Eine der beiden Hauptbühnen für alle Rock- und Pop-Auftritte ist das **Bikini**. 1953 eröffnet, entwickelte das Bikini zum »Studio 54« für Barcelona. Dieser echte »Oldtimer« der Musikszene, der erst um Mitternacht aufmacht, ist noch immer sehr gut besucht, sowohl von guten Bands als auch von Zuhörern.

Die andere (und wahrscheinlich wichtigste) Hauptbühne Barcelonas für Rock und Pop ist das **Razzmatazz.** Hier hört man beispielsweise Independent-Gruppen der 1990er Jahre wie Blur und Pulp oder walisische Rapper wie Goldie Looking Chain. Die Klubabende im Razz Club erstrecken sich bis in den frühen Morgen – und gehen manchmal noch im benachbarten **The Loft** viele Stunden weiter. Das zur Zeit sehr tren-

# MUSIK

dige Loft veranstaltet selbst Rock- und Jazzkonzerte an mehreren Abenden der Woche.

Wer es gerne altmodisch und mit Stil mag, der sollte das **Luz de Gas** besuchen: Schirmlämpchen stehen auf den Tischen dieses glitzernden Ballsaals mit Lüstern. Musikalisch feiert man hier mit den Titeln der 1970er und 1980er Jahre.

Zwar kein klassisches Kabarett, aber doch kabarettistisch: Im **El Cangrejo** zeigen sich Drag Queens von ihrer schrillsten Seite. In diesem Drag Cabaret kopieren die Darsteller z.B. das spanische Sexsymbol Sara Montiel und unterhalten ihr Publikum mit vielfältigen Gags. (Spanischkenntnisse wären hilfreich.)

Wem der Sinn nach französischen Chansons und Liebesliedern steht, der sollte in die **Bar Pastis** gehen. In dieser kleinen Bar mit vergilbten Musical-Postern singt man an vielen Abenden französische Balladen.

## FLAMENCO

Obwohl der Flamenco ursprünglich aus Andalusien stammt, ist er doch auch in Barcelona und in ganz Spanien sehr beliebt.

Das **El Tablao de Carmen** ist einer der besten Plätze, um guten Flamenco zu erleben. Auf der Karte des schicken Restaurants im Poble Espanyol stehen spanische und katalanische Gerichte. Das Lokal ist benannt nach Carmen Amaya, einer berühmten Flamenco-Tänzerin, die 1929 vor dem König Alfonso XIII auftrat. Das Lokal bietet auch mehrere Dinner-Shows.

Etwas gemütlicher geht es im **Los Tarantos** an der Plaça Reial zu. Dieses Lokal bietet jeden Abend Live-Flamenco und lateinamerikanische Musik in guter Atmosphäre.

Wer selbst einmal diesen leidenschaftlichen Tanz ausprobieren möchte, der sollte ins **La Paloma** *(siehe S. 168f)* gehen. In diesem schönen und äußerst populären Tanzsaal aus der Zeit um 1900 kann und darf man einfach mittanzen. Die älteren Tänzer betreten die Tanzfläche am Abend, die jüngeren und leidenschaftlicheren kommen meist erst um Mitternacht.

## AUF EINEN BLICK

### OPER UND KLASSISCHE MUSIK

**L'Auditori de Barcelona**
C/de Lepant 150,
Eixample.
Stadtplan 4 E1.
93 247 93 00.
www.auditori.org

**Gran Teatre del Liceu**
La Rambla 51,
Barri Gòtic.
Stadtplan 2 F3.
93 485 99 13.
www.liceubarcelona.com

**Palau de la Música Catalana**
C/Sant Francesc de Paula 2, La Ribera.
Stadtplan 5 B1.
93 295 72 00.
www.palaumusica.org

### LIVE-MUSIK: BLUES, ROCK UND JAZZ

**Bar Pastis**
C/Santa Mònica 4,
El Raval.
Stadtplan 2 F4.
93 318 79 80.

**Bikini**
Deu I Mata 105,
Les Corts.
93 322 08 00.
www.bikinibcn.com

**El Cangrejo**
C/Montserrat 9,
El Raval.
Stadtplan 2 F4.
93 301 29 78.

**Harlem Jazz Club**
C/Comtessa de Sobradiel 8,
Barri Gòtic.
93 310 07 55.

**Jamboree**
Plaça Reial 17,
Barri Gòtic.
Stadtplan 5 A3.
93 301 75 64.
www.masimas.com

**Jazz Sí Club**
C/Requesens 2,
El Raval.
93 329 00 20.
www.tallerdemusics.com

**Little Italy**
C/Rec 30,
El Born.
Stadtplan 5 C3.
93 319 79 73.

**Luz de Gas**
C/Muntaner 246,
Eixample.
Stadtplan 2 F1.
93 209 77 11.
www.luzdegas.com

**Nao Colón**
Av. Marquès de l'Argentera 19,
El Born.
Stadtplan 5 B3.
93 268 76 33.

**Razzmatazz**
C/Pamplona 88,
Poblenou.
Stadtplan 4 F5.
93 272 09 10.
www.theloftclub.com

**Teatre Lliure**
Plaça Margarida Xirgu 1,
Montjuïc.
Stadtplan (nicht auf dem Kartenausschnitt).
93 228 97 48.
93 289 27 70.
www.teatrelliure.com

### FLAMENCO

**El Tablao de Carmen**
Arcs, 9.
Poble Espanyol.
Stadtplan 1 B1.
933 25 68 95.
www.tablaodecarmen.com

**Los Tarantos**
Plaça Reial 17.
Stadtplan 5 A3.
933 18 30 67.

### KONZERTSÄLE

**L'Auditori de Barcelona**
C/de Lepant 150,
Eixample.
Stadtplan 4 E1.
93 247 93 00.
www.auditori.com

**Espai Lliure**
Plaça Margarida Xirgu 1,
Montjuïc.
93 228 97 47.

**Sala Fabià Puigserver**
Passeig Santa Madrona 40-46, Montjuïc.
Stadtplan 1 B3.
93 228 97 47.

*Stadtplan siehe Seiten 188–197*

# Nachtleben

Von New York spricht man als der »Stadt, die niemals schläft«. Analog wäre Barcelona die »Stadt, die nie zu Bett geht«. Wer will, kann hier die ganze Nacht hindurch Partys feiern. Das vielfältige Nachtleben bietet jedem etwas nach seinem Geschmack – vom altmodischen Ballsaal über Musik-Klubs bis hin zu Techno-Diskotheken. Jedes *barrio* (Stadtviertel) bietet seinen speziellen Stil an Nachtleben.

## NACHTLEBEN

Im warmen Sommer verwandeln sich die Strände der Stadt in Party-Meilen, wenn die *chiringuitos* (Strandbars) geöffnet haben. Auf der Strecke von Platja de Sant Sebastià in Barceloneta bis nach Bogatell finden sich Dutzende von Strandpartys mit Menschen, die barfuß im Sand tanzen, trinken und feiern. Wer sich in Richtung Innenstadt bewegt (über Diagonal), der sieht die schicken Terrassencafés mit all den vielen Gästen. Dagegen finden die Partys im Barri Gòtic schlicht auf der Straße statt: Wer auch immer Lust hat, bleibt, trinkt und tanzt mit. Wer mag, kann auch mit den Einheimischen in El Raval feiern. Dieses Viertel ist schon lange nicht mehr gefährlich, sondern »Fun Area«. Daneben gibt es noch die sogenannten »Underground«-Bars, winzig kleine Bars, wo die Menschen bis in die frühen Morgen trinken. Der Stadtteil Gràcia ist stark von Studenten und den Bohemiens geprägt. Wer die alternative Szene sucht, der wird in Poble Sec kreisende Joints und Drum 'n' Base-Klubs finden, z.B. das **Plataforma**.

Barcelonas Schwulenszene hat ihr Ausgehzentrum in Eixample Esquerra, das man auch »Gay Eixample« nennt. Hier finden sich viele Kneipen, die bis spät in den Nacht offen haben, Diskotheken, Saunen und Kabaretts für das anspruchsvolle internationale Gay-Publikum.

## BARRI GÒTIC

Die Plaça Reial ist voller Gäste aus aller Welt, laut und kindisch. Wer aber etwas Besseres sucht, der sollte ins **Café Royal** gehen, gleich neben dem Platz. Hier feiern Barcelonas »beautiful people« mit Cocktails auf Ledersofas bei groovendem Funk, Soul oder Acid Jazz.

Wer mehr Abenteuerlust mitbringt, für den empfiehlt sich das **Moog** mit extrem hartem und lautem Techno – für Aficionados eben. Die Einrichtung zeugt von der industriellen Vergangenheit des Hauses und wirkt wie ein New Yorker Nightclub aus den 1990er Jahren. Aber das erstklassige Soundsystem wird Ihnen schon andere Gedanken in den Kopf blasen. Ganz im Gegensatz dazu hat der Nachtklub **New York** die Lounge-Welle der letzten Jahre gut überstanden. Heute bietet man hier ein kommerziell erfolgreiches Programm. Die Musik klingt aber ganz und gar nach Disko.

## EL RAVAL

Heutzutage sind in Barcelona Designerklubs angesagt. Ihr aller Vorbild ist der **Club Salsitas**, ein cooler Klub mit Ananaspflanzen und Palmen. Nach vielen Jahren ist der Klub noch immer so frisch wie zu Beginn. DJ Toni Bass bringt die Menge noch immer in Schwung (jeden Donnerstag, Freitag und Samstag).

Gleich daneben bietet das **Milk** eine kleine Chill-out-Bar im Stile der 1970er Jahre.

Wie eine Zeitreise in die Vergangenheit wirkt das **La Paloma**, ein goldener Ballsaal aus dem Jahre 1904. Noch immer gibt es hier Tanzklassiker wie Cha-Cha-Cha, Tango, Salsa – und natürlich Wiener Walzer, genau bis Mitternacht. Danach übernehmen DJs das Kommando und es erklingt House und Techno.

## PORT VELL UND PORT OLÌMPIC

Neben all den Strandpartys gibt es in diesen Vierteln reichlich Nachtleben. Schon Port Olìmpic ist nicht nur voller Boote, sondern bietet Bars in Hülle und Fülle. Das **Maremagnum** offeriert seinen Gästen ein Gefühl von *salsatecas* auf der Terrasse. Der **Sugar Club** (auch im *Salsitas*-Stil) ist erst seit Kurzem mit von der Partie und hat schicke Gäste aus der besseren Gesellschaft.

Auch dem **C.D.L.C.**, gleich gegenüber dem Hotel Arts, gelingt es, Stars und Sternchen anzulocken.

## EIXAMPLE

Eine der beliebtesten Diskotheken der Stadt ist die **City Hall**. Auf mehreren Etagen kann man tanzen, trinken und entspannen. Jeder Abend ist Themenabend, von »Saturday Night Fever« bis zum sonntäglichen Chill-out.

Das **Buda Barcelona** ist dagegen eine Glitzer- und Glamour-Disko, bevorzugter Treffpunkt für Models und deren Entourage. Hier ist alles erlaubt und möglich, ob »mann« nun auf der Bar oder »frau« oben ohne tanzt.

Für gepflegten Glamour empfiehlt sich das **Astoria**. Es befindet sich in einem umgebauten Kino und hat daher die besten Projektoren der Stadt.

Schließlich gibt es in Eixample noch das **L'Arquer**: Ein einzigartiger Platz in ganz Barcelona, an dem man Unterricht im Bogenschießen mit gigantischen Wodkas kombinieren kann.

## POBLE SEC

Auch wenn »Sec« Trockenes verspricht – die Bars von Poble Sec bieten genügend Getränke. Das **Apolo** ist ein altmodischer Musikladen, ähnlich dem La Paloma, aber mit interessanteren DJs und Musikern. Hier spielen Folk-Musiker aus Marseille ebenso wie Keb Darge mit seinem Funk.

Das **Mau Mau** ist eine Kombination aus alternativem Klub und Stadtteil-Kulturzentrum. Hier legen die neuesten DJs auf, spielen japanische Musiker wie die Cinema Dub Monks, oder es gibt Filme und Multimedia-Installationen. Dabei passt sich das Mau Mau schnell den neuen Trends an.

Für alle Fans von Hardcore- und Highspeed-Garage gibt es das **Plataforma**, Barcelonas einzigen ernst zu nehmenden Drum 'n' Base-Klub in einem riesigen Lagerhaus aus Beton.

## GRÀCIA UND TIBIDABO

Die kleine **Mond Bar** ist immer gerammelt voll, kommen doch die Musikfans von weit her, um hier zuzuhören. Der Haus-DJ Mr. Steam begeistert die Zuhörer immer wieder mit seinen Collagen aus Musik der 1970er Jahre, aus Motown Music und Northern Soul.

Das **Danzatoria** bietet den besten House Clubbing Stil weit und breit. Dazu gibt es Chill-out-Lounges, mehrere Tanzflächen, Wodkabars, nette Terrassen – aber alles zu teuren Preisen.

## AUSSERHALB DER STADT

Die Mega-Klubs befinden sich nicht im Stadtzentrum, sondern weit außerhalb. Die wirklich großen Diskos sind in Poble Espanyol, wo man bis in den Morgen feiern kann. Die **Discothèque** ist ein schicker Laden mit elegantem Klub, Diskolicht, Stroboskop und international bekannten DJs. Das **La Terrazza** ist im Sommer das Zentrum der Rave-Partys. Der Name der Disko bezieht sich auf seine gigantische Terrasse. Erst 2004 hat das große **Space** im Ibizia-Stil eröffnet. Der neue Laden ist so hyper-chic, dass sich manche noch gar nicht hinzugehen trauen.

Noch weiter außerhalb des Zentrums befindet sich die wohl berühmteste Diskothek der Welt, das **Pacha**. Wenige Menschen wissen, dass der erste Pacha-Klub 1966 in Sitges bei Barcelona eröffnete und von dort über Ibiza seinen Siegeszug durch die Welt antrat. Das Pacha Barcelona veranstaltet Themennächte.

Eine Alternative zum Pacha ist das **Liquid**, der einzige Klub mit einem Swimmingpool. Zur Zeit ist das Liquid sehr populär, d.h. es ist schwer, reinzukommen – und noch schwerer, ein Taxi für die Rückfahrt zu finden.

## AUF EINEN BLICK

### BARRI GÒTIC

**Café Royale**
C/Nou de Zurbano 3,
Barri Gòtic.
93 412 14 33.

**Moog**
C/Arc del Teatre 3,
El Raval.
Stadtplan 2 F4.
93 301 72 82.
www.masimas.com

**New York**
C/Escudellers 5,
Barri Gòtic.
Stadtplan 5 A3.
93 318 87 30.

### EL RAVAL

**Club Salsitas**
C/Nou de la Rambla 22.
Stadtplan 2 D4.
93 318 08 40.
www.salsitas.
gruposalsitas.com

**Milk**
C/Nou de la Rambla 24,
El Raval.
Stadtplan 2 D4.
93 301 02 67.

**La Paloma**
C/Tigre 27,
El Raval.
Stadtplan 2 E1.
93 301 68 97.
www.lapaloma-bcn.com

### PORT VELL UND PORT OLÍMPIC

**C.D.L.C.**
Passeig Marítim 32,
Port Olimpic.
Stadtplan 6 E4.
93 224 04 70.
www.cdlcbarcelona.com

**Sugar Club**
Moll de Barcelona s/n,
Port Vell.
93 508 83 25.

### EIXAMPLE

**Astoria**
C/Paris 193,
Eixample.
93 414 63 62.
www.costaeste.com

**L'Arquer**
Gran Via de les Corts
Catalanes 454,
Eixample.
Stadtplan 1 A1.
93 423 99 08.

**Buda Barcelona**
C/Pau Claris 92,
Eixample.
Stadtplan 3 B3.
93 318 42 52.
www.budabarcelona.com

**City Hall**
Rambla Catalunya 2–4,
Eixample.
Stadtplan 3 A3.
93 317 21 77.
www.ottozutz.com

### POBLE SEC

**Apolo**
C/Nou de la Rambla 113,
Poble Sec.
Stadtplan 2 D4.
93 441 40 01.
www.salaapolo.com

**Mau Mau**
C/Fontrodona 33,
Poble Sec.
Stadtplan 2 D3.
60 686 06 17.
www.
maumauunderground.com

**Plataforma**
C/Nou de la Rambla 145,
Poble Sec.
Stadtplan 2 D4.
93 329 00 29.

### GRÀCIA UND TIBIDABO

**Danzatoria**
Av Tibidabo 61,
Tibidabo.
93 211 62 61.
www.danzatoria.
gruposalsitas.com

**Mond Bar**
Plaza del Sol 21, Gràcia.
Stadtplan 3 B1.

### AUSSERHALB

**Discothèque/
La Terrazza**
Poble Espanyol, Avda
Marquès de Comillas.
Stadtplan 1 B1.
93 423 12 85
www.nightsungroup.com

**Liquid**
Complex Esportiu Hospitalet Nord,
C/Manuel Azaña.
65 009 14 79.
www.liquidbcn.com

**Pacha**
Avda. Gregorio
Marañon 17.
93 334 32 33.
www.clubpachabcn.com

**Space**
C/Tarragona 141–147.
93 426 84 44.

**Stadtplan** siehe Seiten 188–197

# Sport und Aktivurlaub

Kataloniens landschaftliche Vielfalt (Berge und Meer) bietet viele Möglichkeiten, das Leben im Freien zu genießen. In den heißen Sommern locken Aktivitäten wie Angeln oder Wildwasserfahren, im Winter zieht es die Skifahrer in die Berge. Naturliebhaber finden eine herrliche Tierwelt vor, selbst Barcelona bietet wunderbare Palmenstrände und viele Sportanlagen.

## ANLAGEN IN DER STADT

Barcelona bietet neben einem Palmenstrand am Meer rund 30 öffentliche Schwimmbäder *(piscines municipales)*, darunter die **Piscines Bernat Picornell** neben dem **Estadi Olímpic** und die Schwimmhalle im **Palau Sant Jordi** auf dem Montjuïc. 1992 fanden hier die Olympischen Schwimmwettbewerbe statt. Im Estadi Olímpic, einem Leichtathletikstadion, gibt es oft Konzerte.

Der Palau Sant Jordi wird für Hallensport, Musik und Freizeitaktivitäten genutzt. Für Tennisfans ist gut gesorgt im **Centre Municipal de Tennis Vall d'Hebron**. Die **Pista de Gel del FC Barcelona** leiht Schlittschuhe aus. Leicht erreichbare Golfplätze sind **Golf Sant Cugat** und **Golf El Prat**.

Von den vielen Reitställen ermöglicht die **Escola Hípica** in Sant Cugat Tagesausflüge in die Collserola-Berge. Fahrräder kann man stunden- oder gleich tageweise mieten. **Un Cotxe Menys** organisiert gute Fahrradtouren durch die Stadt Barcelona.

## AUSFLÜGE IN DIE LUFT

An mehreren kleinen Flugplätzen kann man Flugzeuge leihen und Fallschirm springen. Ein bekannter Sportflugklub ist der **Aeroclub** in Sabadell.

Paragliding ist auch hier beliebt: **Free Evolució** bietet für Gruppen von zehn bis zwölf Personen Bungee-Springen und Ballonfahren als aufregende Alternative für Mutige und Sportliche.

## VOGELBEOBACHTUNG

Gänsegeier

Katalonien ist ein Paradies für Vogelbeobachter. Vor allem Nordeuropäer sind von den Wiedehopfen, Bienenfressern, Pirolen und Brachschwalben begeistert. Zwei große Feuchtgebiete, in denen auch Flamingos leben, sind das **Ebrodelta** *(siehe S. 129)* südlich von Tarragona mit einem Besucherzentrum in Deltebre und **Aiguamolls de l'Empordà** bei Sant Pere Pescador in der Bucht von Roses. Beide sind leicht erreichbar. Die Besucherzentren leihen Ferngläser aus und bieten Führungen an.

Die günstigsten Zeiten zur Vogelbeobachtung sind der frühe Morgen und Abend. In den Pyrenäen leben Raubvögel wie Stein- und Habichtadler sowie Aas-, Gänse- und Bartgeier. Der **Parc Natural del Cadí-Moixeró** *(siehe S. 114)* am Fuß der Pyrenäen hat ein Besucherzentrum in Bagà. In diesem Park können Sie Alpendohlen, Mauerläufer, Wanderfalken sowie Schwarzspechte beobachten.

Ein Anglerparadies – Forellenfang in herrlicher Landschaft

## JAGEN UND ANGELN

Überall im Meer kann man ohne, in den Flüssen nur mit Genehmigung *(permís)* angeln, welche die Fremdenverkehrsämter erteilen.

Noguera Pallaresa und Segre eignen sich hervorragend für den Forellenfang von Mitte März bis Ende August. Die Jagdsaison dauert in der Regel von Oktober bis März. Eine Jagderlaubnis erhält man bei **Patrimonio Natural** in Barcelona oder einem regionalen Jagdsportverein *(associació de caça)*. Auch einige auf Jagd- und Angelurlaub spezialisierte Reisebüros liefern diese Lizenzen gleich mit.

## WANDERN

Alle Nationalparks veröffentlichen Karten und Wandervorschläge. Gute Gebiete nahe Barcelona sind die Collserola-Berge und die Kastanienwälder von Montseny. In ganz Katalonien gibt es gute Fernwanderwege *(Gran Recorrido)*. Besonders

**Paragliding über dem Vall d'Aran in den östlichen Pyrenäen**

# SPORT UND AKTIVURLAUB

In rasender Fahrt über die Stromschnellen des Riu Noguera Pallaresa

gute Wandermöglichkeiten bieten der **Parc Nacional d'Aigüestortes** *(siehe S. 113)* und die Pyrenäen, in denen es auch Berghütten für Wanderer gibt *(siehe S. 133)*. Rat und Informationen erteilt das **Centre Excursionista de Catalunya** *(siehe S. 133)*. Die **Llibreria Quera** im Carrer de Petritxol (Nr. 2) in Barcelonas Barri Gòtic ist der beste Buchladen für Wanderkarten und Bücher. Für alle, die sich in die Wildnis aufmachen wollen, gilt: Wetterbericht beachten, geeignete Kleidung und ausreichend Verpflegung mitnehmen. Informieren Sie jemanden, wohin Sie gehen.

## WASSERSPORT

An Kataloniens 580 Kilometer langer Küste gibt es rund 40 Yachthäfen und eine große Bandbreite an Wassersportmöglichkeiten. In Barcelona selbst erteilt das **Centre Municipal de Vela Port Olímpic**, das über eine Auswahl an Booten verfügt, Segelunterricht. Die Costa Brava eignet sich hervorragend zum Sporttauchen, vor allem das Gebiet um die Illes Medes *(siehe S. 121)* vom Ferienort L'Estartit aus. Bei Cadaqués, Begur und Calella de Palafrugell, Ausgangshafen zu den Illes Ullastres, gibt es auch Tauchschulen.

Die Stadt Sort am Riu Noguera Pallaresa bildet das Zentrum für Wildwasser-, Kanu- und Kajakfahren sowie Höhlentauchen. Buchungen für diese Sportarten und Touren können Sie über **Yetiemotions** oder **Espot Esquí Parc** vornehmen.

## WINTERSPORT

Nur zwei oder drei Autostunden von Barcelona entfernt, kann man im Winter in etwa 20 Skigebieten in den Pyrenäen wunderbar Ski fahren. La Molina eignet sich gut für Anfänger, in Baqueira-Beret *(siehe S. 113)* treibt die Königsfamilie Wintersport. Puigcerdà *(siehe S. 114)* im Cerdanya-Tal ist ein guter Ausgangspunkt für Ski alpin und Langlauf, denn von dort erreicht man 15 Skistationen in Katalonien, Andorra und Frankreich. Die **Associació Catalana d'Estacions d'Esquíi Activitats de Muntanya (ACEM)** informiert über Orte, **Teletiempo** über das Wetter. In Barcelona gibt es neben den Piscines Bernat Picornell auf dem Montjuïc eine kleine künstliche Skipiste.

Skifahren in einem der vielen, von Barcelona aus gut erreichbaren Skiorte

---

## AUF EINEN BLICK

**Aeroclub de Sabadell**
93 710 19 52.

**Aiguamolls de l'Empordà**
972 45 42 22.

**ACEM (Associació Catalana d'Estacions d'Esquí i Activitats de Muntanya)**
93 416 01 94.

**Centre Excursionista de Catalunya**
93 315 23 11.

**Centre Municipal de Tennis Vall d'Hebron**
93 427 65 00.

**Centre Municipal de Vela Port Olímpic**
93 225 79 40.

**Un Cotxe Menys**
93 268 21 05.

**Delta de l'Ebre**
977 48 96 79.

**Escola Hípica**
93 589 89 89.

**Espot Esquí Parc**
97 362 4058.

**Estadi Olímpic/Palau Sant Jordi**
93 426 20 89.

**Free Evolució**
93 454 91 41.

**Golf El Prat**
93 728 1000.

**Golf Sant Cugat**
93 674 39 08.

**Llibreria Quera**
93 318 07 43.

**Parc Nacional d'Aigüestortes**
973 62 40 36.

**Parc Natural del Cadí-Moixeró**
93 824 41 51.

**Patrimonio Natural**
93 567 42 00.

**Piscines Bernat Picornell**
93 423 40 41.

**Pista de Gel del FC Barcelona**
93 496 36 30.

**Teletiempo**
807 17 03 08 (Barcelona).
807 17 03 65 (Spanien).

**Yetiemotions**
97 362 22 01 oder
63 082 75 36.

# Grund-
# informationen

Praktische Hinweise 174-181
Reiseinformationen 182-187
Stadtplan 188-197

# Praktische Hinweise

Katalonien bietet eine ausgezeichnete Infrastruktur: In fast jeder Stadt informieren Fremdenverkehrsämter über Unterkünfte, Restaurants und Aktivitäten in der Umgebung. Größere Büros haben gewöhnlich Broschüren in mehreren Sprachen. In Barcelona fühlen sich Gäste aus aller Welt besonders wohl. Im August ist Hochsaison, auch Spanier machen dann Urlaub: Viele Läden sind den ganzen Monat geschlossen. Auf den Straßen herrscht gegen Anfang und Ende der Ferienzeit viel Verkehr. Informieren Sie sich vor Ihrem Besuch über örtliche Feiertage. Während der Siesta zwischen 14 und 16 Uhr können Sie sich Zeit für ein gemütliches Mittagessen nehmen.

Hinweis auf Informationen

Wegweiser zum Rathaus

Schild »Geschlossen«

## Sprache

Zwar sprechen die Einheimischen katalanisch, doch im zweisprachigen Katalonien spricht man auch spanisch (und oft englisch). Wenn Sie auf eine Frage auf Spanisch reagieren, wird der Katalanisch Sprechende sofort ins Spanische überwechseln. Alle offiziellen Schilder und Dokumente sind zweisprachig gehalten. Im kosmopolitischen Barcelona gibt es die meisten Broschüren für Urlauber auch auf Deutsch und Englisch.

## Etikette

Katalanen grüßen sich an Bushaltestellen, in Aufzügen oder Geschäften, selbst wenn sie sich gar nicht kennen. Auch das Händeschütteln ist weit verbreitet. Frauen geben sich einen Begrüßungskuss auf die Wange, Freunde oder Familienmitglieder küssen oder umarmen sich.

## Reisedokumente

Bürger aus EU-Staaten und aus der Schweiz benötigen kein Visum; der Reisepass oder Personalausweis genügt. Bürger aus anderen Ländern (wie Norwegen, Neuseeland, Australien, Kanada oder den USA) benötigen für die Einreise ein Visum, wenn sie länger als drei Monate bleiben wollen. Die *Oficina d'estrangers de Barcelona* im Stadtzentrum bearbeitet Verlängerungsanträge. Für einen Aufenthalt über drei Monate benötigt man Referenzen, Zeugnisse sowie einen Arbeits- und Liquiditätsnachweis.

## Mehrwertsteuererstattung

Bürger aus Nicht-EU-Staaten können sich die Mehrwertsteuer (IVA) rückerstatten lassen (Ausnahme: Nahrungsmittel, Tabak, Autos, Motorräder und Arzneimittel). Das funktioniert aber nur in Läden mit dem »Tax-free for Tourists«-Zeichen. Sie zahlen zunächst den vollen Preis und lassen sich vom Verkäufer ein *formulari* (Steuerbefreiungsformular) aushändigen. Beim Zoll lassen Sie das Formular, das nicht älter als sechs Monate sein darf, abstempeln. Sie bekommen dann eine Rückerstattung per Post auf ihr Konto oder unter Vorlage des *formulari* auch bei Filialen der Banco Exterior am Flughafen von Barcelona.

Parkverbot

## Information

Barcelona hat drei große von **Turisme de Barcelona** geführte *oficines de turisme*, die über die Attraktionen, Hotels, Restaurants und öffentlichen Verkehrsmittel der Stadt informieren.

Ein viertes Fremdenverkehrsamt auf dem Passeig de Gràcia, **Turisme de Catalunya**, hält Informationsmaterial über ganz Katalonien bereit. Die Fremdenverkehrsämter in anderen größeren Städten verteilen die von der Provinzregierung und der Provinzverwaltung (*patronat*) herausgegebenen Broschüren.

Nationale Touristeninformationsstellen gibt es in fast allen größeren Städten.

Im Sommer beantworten junge, als »Rotjacken« bekannte Mitarbeiter, die in der Regel englisch sprechen, in den Straßen des Barri Gòtic, auf der Rambla und auf dem Passeig de Gràcia den Besuchern der Stadt alle ihre Fragen zu Barcelona.

Büro von Turisme de Catalunya

## Öffnungszeiten

Die meisten Museen und Attraktionen haben montags geschlossen, an anderen Wochentagen von 10 bis 14 Uhr und manchmal von 16 oder 17 bis 20 Uhr offen. Manche Kirchen öffnen nur zu Gottesdiensten. In kleinen Städten sind die Kirchen und Burgen meistens

◁ Boote in Barcelonas Port Olímpic mit dem Montjuïc im Hintergrund

**Studenten erhalten bei vielen Museen ermäßigten Eintritt**

geschlossen. Man kann sich aber den Schlüssel *(la clau)* beim Verwalter in der Nachbarschaft, im Rathaus *(ajuntament)* oder in einer Bar holen. Die meisten Museen verlangen Eintritt. Sonntags kann man Museen oft kostenlos besichtigen.

## BEHINDERTE REISENDE

Kataloniens Behinderten-Hilfsorganisation, die **Federació ECOM** *(siehe S. 133),* gibt Hotelverzeichnisse und Ratgeber heraus. Die Hefte von **Servi-COCEMFE** informieren über behindertengerechte Einrichtungen, ebenso Fremdenverkehrsbüros und Sozialabteilungen in den Rathäusern.

**COCEMFE-Schild für Rollstuhlzugang**

Die Reiseagentur **Viajes 2000** hat sich auf Reisen für Behinderte spezialisiert. Im Allgemeinen haben es Behinderte in Barcelona leichter als im ländlichen Raum.

## ZEIT

Spanien liegt in derselben Zeitzone wie Mitteleuropa. Es gilt die MEZ – und im Sommer die MESZ (Mitteleuropäische Sommerzeit).

*El matí* (Morgen) dauert bis 13 Uhr, die *migdia* (Mittagszeit) bis gegen 16 Uhr. *La tarda* umfasst den Nachmittag und *el vespe* den Abend. *La nit* ist die Nacht.

## STUDENTEN

Mit einem internationalen Studentenausweis (ISIC) bekommen Studenten ermäßigten Eintritt in Museen sowie verbilligte Fahrscheine für öffentliche Verkehrsmittel. Infos erteilen alle nationalen Studentenorganisationen und in Barcelona **Viatgeteca**.

## ELEKTRIZITÄT

Die Netzspannung beträgt in Spanien (wie in ganz Europa) 230 Volt. Zweipolige Euro-Stecker passen überall.

## MOBILTELEFONE UND ROAMING

Wie überall bezahlen Mobiltelefonierer auch in Spanien für Anrufe aus der Heimat. Bei Vertragskunden sind die Kosten noch moderat (0,59 bis 0,69 Euro pro Minute), Prepaid-Kunden zahlen teilweise weitaus mehr. Informieren Sie sich vor Ihrem Urlaub über die Roaming-Tarife Ihrer Telefongesellschaft. Der SMS-Empfang ist meist frei, der Versand kostet rund 0,50 Euro Aufschlag. MMS sind mehr als einen Euro teurer als zu Hause.

Spanische **Prepaid-Karten**, die Sie auch in Deutschland kaufen können, sind eine günstige Alternative. Diese Karte wird anstatt der deutschen SIM-Karte ins Handy gelegt. Oder Sie kaufen sich eine **CallingCard**, mit der Sie sich mit einem beliebigen Telefon ins spanische Netz einwählen können.

## AUF EINEN BLICK

### KONSULATE

**Deutschland**
Passeig de Gràcia 111,
08008 Barcelona.
93 292 10 00.
FAX 93 292 10 02.
www.barcelona.diplo.de

**Österreich**
Calle Mallorca 214/1,
08008 Barcelona.
93 453 72 94.
FAX 93 453 49 80.
@ barcelona@consulado
deaustria.com

**Schweiz**
Gran Via de Carlos III 94,
08028 Barcelona.
93 409 06 50.
@ vertretung@bar.rep.admin.ch

### FREMDEN-VERKEHRSBÜROS

**Turisme de Barcelona**
www.barcelonaturisme.com
Plaça de Catalunya 17,
08002 Barcelona.
870 11 72 22.
tägl. 9–21 Uhr.

Plaça Sant Jaume, C/Ciutat 2
(Ajuntament), 08002 Barcelona.

Estació Sants, Pl Països Catalans,
08014 Barcelona.
93 285 38 34.

**Turisme de Catalunya**
Palau Robert, Pg de Gràcia 107,
08008 Barcelona.
93 238 40 00.
www.catalunyaturisme.com

### BEHINDERTE REISENDE

**Servi-COCEMFE**
Calle Eugenio Salazar 2,
28002 Madrid.
91 413 80 01.
www.cocemfe.es

**Viajes 2000**
Paseo de la Castellana 228-230,
28046 Madrid.
91 323 25 23.
www.viajes2000.com

### STUDENTEN

**Viatgeteca**
Carrer Rocafort 116–122, 08015
Barcelona. 93 483 83 81.

### MOBILTELEFONE

**Prepaid-Karten, Tarifinfos**
www.globilo.de

# Sicherheit und Notfälle

Barcelona und Katalonien sind sichere Feriengebiete. Trotzdem steigen leider auch hier die Vorfälle mit aufgebrochenen Autos, Taschen- und Trickdieben: Tragen Sie Geld und Wertgegenstände am Körper, lassen Sie nichts sichtbar im Auto liegen. Sind Sie krank, wenden Sie sich an eine *farmàcia* (Apotheke). Melden Sie den Verlust von Dokumenten Ihrem Konsulat *(siehe S. 175)* und der *Policia Nacional* (Polizei). Notrufnummern finden Sie auf Seite 177.

Fassade einer *farmàcia* (Apotheke) in Katalonien

## IM NOTFALL

Spaniens Notrufnummer ist landesweit die 112. Fragen Sie dort nach der *policia* (Polizei), den *bombers* (Feuerwehr) oder einer *ambulància* (Krankenwagen). Daneben gelten aber auch die regionalen Nummern für die einzelnen Notdienste. Außerhalb Barcelonas können Sie unter 112 oder der lokalen Nummer einen Krankenwagen rufen. In der Regel kommt ein Wagen des *Creu Roja* (Rotes Kreuz), das Sie zur Notaufnahme der nächsten Klinik bringen wird.

**Creu Roja**

Logo des Roten Kreuzes

**URGÈNCIES**

Schild der Notaufnahme

## MEDIZINISCHE VERSORGUNG

Aufgrund des europäischen Sozialversicherungsabkommens genießen alle EU-Bürger in Spanien Krankenversicherungsschutz. Es empfiehlt sich aber, vor Reiseantritt bei Ihrer Krankenkasse die Europäische Versicherungskarte (früher E111) zu besorgen. Diese Karte müssen Sie beim Arzt vorzeigen. Nicht alle medizinischen Untersuchungen und Behandlungen sind durch diese Karte abgedeckt. Es kann also vorkommen, dass Sie manche Leistungen selbst bezahlen müssen. Daher empfiehlt sich zusätzlich eine private Reisekrankenversicherung. In diesem Fall müssen Sie Behandlungskosten nur vorstrecken und können später die Belege einreichen. Privatpatienten können in Fremdenverkehrsämtern, beim Konsulat oder in ihrem Hotel Namen und Telefonnummer eines Arztes erfahren, der Privatpatienten behandelt und möglicherweise auch Deutsch spricht.

## APOTHEKEN

Liegt kein Notfall vor, können Sie zu einem *farmacèutic* (Apotheker) gehen, der auch Medikamente verordnen darf. Das *Farmàcia*-Schild ist ein grünes oder rotes Leuchtkreuz. Die Adressen der Apotheken, die nachts oder an Wochenenden geöffnet haben, finden Sie in allen Apothekenfenstern oder in den lokalen Zeitungen.

## PERSÖNLICHE SICHERHEIT

Wie in allen europäischen Großstädten nimmt auch in Barcelona die Zahl der Taschendiebstähle und aufgebrochenen Autos zu: Achten Sie auf Ihre Handtasche, Brieftasche und Kamera. Nehmen Sie nachts ein Taxi zu Ihrer Unterkunft. Achten Sie beim Abheben an Geldautomaten auf die Umgebung. Lassen Sie keinerlei Wertgegenstände sichtbar in Ihrem Auto liegen.

## KATALONIENS POLIZEI

Die Polizei in Spanien tritt in drei Organisationen in Erscheinung: Die *Guàrdia Civil* (paramilitärischer Polizeiverband) in olivgrüner Uniform kontrolliert Grenzen, Flughäfen und ländliche Gebiete; die *Policia Nacional* in Blau ist zuständig bei schwereren Verbrechen in Großstädten, für die nationale Sicherheit, Einwanderung

**Policia Nacional**

**Mosso d'Esquadra**

**Guàrdia Urbana**

# SICHERHEIT UND NOTFÄLLE

sowie Arbeits- und Aufenthaltsgenehmigungen; die *Guàrdia Urbana*, ebenfalls in Blau, kontrolliert den Verkehr und das Leben in kleinen Gemeinden.

In Barcelona und anderen Großstädten werden die *Guàrdia Civil* und die *Policia Nacional* durch die autonome katalanische Polizei *Mossos d'Esquadra* ersetzt. Als Besucher hat man es meist mit der *Guàrdia Urbana* zu tun, die in der Hochsaison einen Stand an der Plaça Reial betreibt, um Besuchern bei Problemen zu helfen. In allen Polizeistationen können Sie Anzeige erstatten.

Polizeiauto der *Guàrdia Urbana*

Streifenwagen der *Policia Nacional*

## RECHTSBEISTAND

Einige Reiseversicherungen decken die Kosten für einen Rechtsbeistand ab und nennen eine Notrufnummer. Sie haben immer das Recht, Ihr Konsulat *(siehe S. 175)* anzurufen, das zweisprachige Anwälte nennt. *Col·legi d'Advocats* (die Anwaltskammer) informiert Sie über Möglichkeiten einer rechtlichen Vertretung.

Brauchen Sie einen Dolmetscher, suchen Sie am besten in den *Pàgines Grogues* (Gelben Seiten) unter *Traductors* (Übersetzer) oder *Intèrprets* (Dolmetscher). *Traductors oficials* oder *jurats* dürfen auch Rechtsdokumente übersetzen.

## DIEBSTAHL

Melden Sie einen Verlust oder Diebstahl innerhalb von 24 Stunden bei einer Dienststelle der *Policia Nacional*. Lassen Sie sich hier auf jeden Fall eine Kopie der

Feuerwehrauto mit Notrufnummer der Feuerwehr Barcelonas

*denúncia* (Anzeige) für Ihre Versicherung aushändigen. Ihr Konsulat kann Ihnen Reisepass oder Personalausweis ersetzen, aber keine finanzielle Hilfe leisten.

Machen Sie sich vor der Reise Fotokopien von Ausweisen, Pass, Kreditkarten, Führerschein und anderen wichtigen Karten, damit Sie im Fall eines Verlusts deren Nummern und Ausstellungsdaten zur Hand haben.

## TOILETTEN

In Katalonien gibt es nur wenige öffentliche Toiletten. In Barcelona gibt es hier jedoch kaum Probleme: Man geht in eine Bar, ein Café, Kaufhaus oder Hotel und fragt nach *els serveis* oder *el wàter* (katalanisch), *los servicios* oder *los aseos* (spanisch). Auf Autobahnen gibt es Toiletten an Tankstellen. Man muss dort nach *la clau* (dem Schlüssel) fragen.

## GEFAHREN IM FREIEN

Katalonien wird oft von Waldbränden heimgesucht. Drücken Sie Zigaretten gut aus, lassen Sie keine Flaschen herumliegen. Bergsportler sollten gut ausgerüstet sein und über ihre Route informieren. Meiden Sie *vedat de caça* (Jagdrevier) und *camí particular* (Privatweg).

### AUF EINEN BLICK
#### NOTRUFNUMMERN

**Polizei** *(Policia)*
**Feuerwehr** *(Bombers)*
**Notarzt** *(Ambulància)*
📞 112 (landesweite Nummer).

**Polizei** *(lokale Nummern)*
📞 091 – Policia Nacional.
📞 092 – Guàrdia Urbana (Barcelona, Lleida, Girona, Tarragona).
📞 93 344 13 00 – Tourist Guàrdia Urbana, La Rambla, Barcelona.

**Feuerwehr** *(lokale Nummern)*
📞 080 (Barcelona).
📞 085 (Lleida, Girona, Tarragona).

**Notarzt** *(lokale Nummer)*
📞 061 (Barcelona).
📞 112 (landesweit).

Krankenwagen mit der Notrufnummer 061 für Barcelona

# Banken und Währung

Sie dürfen nach Spanien so viele Devisen mitnehmen, wie Sie möchten, sollten es aber beim Zoll anmelden, wenn Sie mehr als 6000 Euro ein- oder ausführen wollen. Seit der Einführung des Euro ist für die meisten Urlauber jeglicher Geldwechsel weggefallen. Aus welchem Land Sie auch kommen, mit einer Maestro- bzw. EC-Karte (electronic cash) können Sie an jedem Geldautomaten Bargeld abheben. Kreditkarten werden von Banken, Hotels und Läden fast immer akzeptiert.

Geldautomat der Servi Caixa – immer in Betrieb

## Öffnungszeiten

Die meisten Banken Kataloniens haben an Werktagen von 8 bis 14 Uhr geöffnet. Einige öffnen auch samstags bis 13 Uhr. Die Filialen großer Banken im Zentrum von Barcelona haben inzwischen verlängerte Schalterzeiten an Wochentagen. Fast jede Bank bietet einen oder mehrere Geldautomaten – 24 Stunden täglich.

## Geldwechsel

Viele Banken haben einen mit *Canvi/Cambio* oder *Moneda estrangera/extranjera* gekennzeichneten Schalter. Nehmen Sie zum Geldwechseln immer Ihren Personalausweis mit. Mit einer Kreditkarte können Sie bis zu 300 Euro abheben.

Wechselstuben mit der Aufschrift *Canvi/Cambio* oder *Change* verlangen deutlich höhere Wechselgebühren als Banken.

Bei *Caixes d'estalvi/Cajas de ahorro* (Sparkassen) können Sie ebenfalls Geld wechseln. Sie öffnen an Werktagen von 8.30 bis 14 Uhr, donnerstags zusätzlich von 16.30 bis 19.45 Uhr.

## Kreditkarten und Reiseschecks

Die wenigsten Probleme hat man mit einer Kreditkarte, sei es **MasterCard, Visa, Diners Club** oder **American Express**. Sie werden an Tausenden von Stellen (Läden, Restaurants etc.) akzeptiert. Bei Banken kann man Geld mit der Kreditkarte abheben. Wenn Sie mit der Kreditkarte bezahlen, wird sie in ein Lesegerät eingeführt. Manchmal müssen Sie jedoch auch Ihre Geheimzahl eingeben (»einpinnen«).

Sie können mit Ihrer Maestro- bzw. EC-Karte nicht nur Geld »ziehen«, sondern vermehrt auch direkt bezahlen. Die Karte funktioniert dann als Debit-Card. Moderne Systeme akzeptieren z. T. auch schon die Geldkarte. Etwas Bargeld sollten man freilich immer dabei haben.

Reiseschecks finden immer weniger Verbreitung, werden aber in Spanien akzeptiert. Der Umtausch von American-Express-Schecks bei einer American-Express-Filiale ist gebührenfrei. Schecks über 3000 Euro müssen Sie bei der Bank 24 Stunden vorher anmelden. Den Kaufbeleg sollten Sie immer bei sich haben.

## Geldautomaten

Wenn Ihre Karte das **Maestro-** bzw. **EC-Zeichen** trägt, können Sie jederzeit an Geldautomaten Geld abheben (bis zu Ihrem individuellen Tageslimit). Fast alle Maschinen akzeptieren auch Visa- oder MasterCard-Karten (allerdings nur, wenn diese Kreditkarten mit einer PIN gekoppelt sind). Die meisten Geldautomaten bieten die Anweisungen in mehreren Sprachen (katalanisch, spanisch, deutsch, englisch). Die Gebühren für eine Abhebung betragen etwa 4 Euro, aber diese Gebühr ist von Bank zu Bank unterschiedlich.

An den Geldautomaten von **Servi Caixa** können Sie auch Tickets für Theater, Konzert oder Kino kaufen und somit oft lange Warteschlangen vermeiden. An den Geldautomaten dieser Sparkasse können Sie auch das Guthaben Ihres Prepaid-Handys nachladen.

In manchen Fällen macht es auch Sinn, die EU-Standard-Überweisung in Betracht zu ziehen, z. B. bei der Reservierung eines Hotels oder Leihwagens. Mit dem Formular können Sie Beträge bis zu 12 500 Euro innerhalb der EU überweisen und zahlen dafür pauschal 7,50 Euro. Allerdings brauchen Sie die IBAN (International Bank Account Number) und die BIC (Bankleitzahl) des Empfängers.

Wenn Ihre Kredit- oder Maestro-Karte gestohlen wurde, rufen Sie sofort eine Notrufnummer zur Sperrung an. Damit ist Ihre Haftung meist auf 50 Euro begrenzt.

### Auf einen Blick

**Banken**

**Deutsche Bank**
Avinguda Diagonal 446,
08006 Barcelona.
☎ 93 481 20 23.

**Kreditkartenverlust**

**Allg. Notrufnummer**
☎ *0049 116 116 (geb.pflichtig)*
www.sperrnotruf.de

**American Express**
☎ 93 342 73 10.
☎ 902 100 956.

**Diners Club**
☎ 91 701 59 00.

**MasterCard**
☎ *900 97 12 31 (gebührenfrei)*
☎ 001 31 42 75 66 90.

**Visa**
☎ *900 99 11 24 (gebührenfrei)*
☎ 001 410 581 38 36.

**Maestro-/EC-Karte**
☎ *0049 69 740 987.*

## WÄHRUNG

Die europäische Gemeinschaftswährung Euro (€) gilt derzeit in 13 EU-Staaten: Belgien, Deutschland, Finnland, Frankreich, Griechenland, Irland, Italien, Luxemburg, Niederlande, Österreich, Portugal, Slowenien und Spanien. Großbritannien, Dänemark und Schweden nehmen nicht teil. Alte Peseten-Scheine und Münzen sind zwar ungültig, können jedoch bei der Banco de España unbefristet umgetauscht werden (www.bde.es). Die Euroscheine sind einheitlich gestaltet, bei den Münzen prägt jedes Land unterschiedliche Rückseiten. Alle Münzen gelten in jedem Eurostaat. »Ausländische« Euromünzen haben sich zu beliebten Sammelobjekten entwickelt (Info: www.euro.ecb.int/de.html).

### Euro-Banknoten
*Euro-Banknoten gibt es in sieben Werten (5, 10, 20, 50, 100, 200 und 500 €). Die unterschiedlich großen Scheine wurden vom Österreicher Robert Kalina entworfen und zeigen Architekturelemente und Baustile verschiedener Epochen, eine Europakarte und die EU-Flagge mit den zwölf Sternen.*

**5-Euro-Schein** (Baustil: Klassik)

**10-Euro-Schein** (Baustil: Romanik)

**20-Euro-Schein** (Baustil: Gotik)

**50-Euro-Schein** (Baustil: Renaissance)

**100-Euro-Schein** (Baustil: Barock & Rokoko)

**200-Euro-Schein** (Eisen- und Glasarchitektur)

**500-Euro-Schein** (Moderne Architektur des 20. Jh.)

**2-Euro-Münze**

**1-Euro-Münze**

**50-Cent-Münze**

**20-Cent-Münze**

**10-Cent-Münze**

### Euromünzen
*Euromünzen gibt es in acht Werten (2 €, 1 € sowie 50, 20, 10, 5, 2 und 1 Cent). Die einheitlichen Vorderseiten entwarf der Belgier Luc Luycx; die Rückseiten sind in jedem Land anders gestaltet. Auch San Marino, der Vatikanstaat und Monaco prägen eigene Münzen.*

**5-Cent-Münze**

**2-Cent-Münze**

**1-Cent-Münze**

# Kommunikation

**Briefmarke (Dauerserie)**

Öffentliche Telefonzellen der spanischen Telekommunikationsgesellschaft Telefónica sind leicht zu finden. Sie funktionieren mit Karten oder Münzen. Die Post, *correos*, erkennt man an einer roten oder weißen Krone auf gelbem Hintergrund. Briefe und Telegramme kann man bei allen Postämtern aufgeben. Briefmarken sind auf allen Postämtern, aber auch in *estancs* (Tabakläden) erhältlich. In den Postämtern selbst gibt es keine öffentlichen Telefone.

**Logo von Spaniens Telefónica**

## Telefonieren

Neben öffentlichen Telefonzellen *(cabines)* können Sie auch die Telefone in Bars benutzen. Beide nehmen Münzen. Halten Sie ausreichend Kleingeld bereit, denn die Mindestgebühr, besonders für internationale Gespräche, ist hoch. Bequemer sind Telefonkarten, die man in *estancs* und an Zeitungsständen *(quiosc)* bekommt. Einige Telefonzellen sind mit mehrsprachigen Anzeigen ausgestattet.

Öffentliche Telefonbüros heißen *locutoris*. Hier bezahlt man erst nach dem Gespräch. Die günstigsten Büros sind dle der spanischen Telefónica.

Für internationale Gespräche gibt es insgesamt vier Gebührenklassen: EU-Länder, andere europäische Staaten und Nordwestafrika, Nord- und Südamerika sowie alle übrigen Länder. Wenn Sie nicht gerade ein Ortsgespräch führen, kann das Telefonieren sehr teuer sein, vor allem vom Hotel aus. Ein Telefongespräch von einer *cabina* oder einem *locutori* aus kostet etwa 35 Prozent mehr als von einem Privattelefon aus. Gespräche vom Hotel aus sollte man kurz halten.

## Münz- und Kartentelefon

**1** Nehmen Sie den Hörer ab, warten Sie auf das Freizeichen und bis *Inserte monedas o tarjeta* zu lesen ist.

**2** Werfen Sie die Münzen *(monedas)* ein oder stecken Sie die Karte *(tarjeta)* ein. (Ausländische Telefonkarten, Maestro- oder Kreditkarten funktionieren hier nicht.)

**3** Wählen Sie Ihre Nummer, aber nicht zu schnell (mit kurzen Pausen zwischen den Ziffern).

**4** Auf der Anzeige erscheinen die Nummer, die Sie gewählt haben, sowie die Geldsumme oder die Einheiten, die Ihnen noch zur Verfügung stehen.

**5** Nach dem Telefonieren legen Sie den Hörer auf und entnehmen die Telefonkarte. Münzen erhalten Sie zurück.

**Spanische Telefonkarte (6 Euro)**

---

### Vorwahlnummern

- Landesvorwahl Spanien: 0034.
- Auch in einer Stadt oder Provinz wählen Sie die gesamte Nummer *mit Vorwahl* der Provinz. (Die ersten Ziffern der Telefonnummer bezeichnen die Provinz: Barcelona 93, Lleida 973, Girona 972 und Tarragona 977.)
- Für Auslandsgespräche wählen Sie 00, dann die Landesnummer, die Ortsvorwahl (die erste 0 weglassen) und die Teilnehmernummer.
- Landesnummern: Deutschland 49, Österreich 43, Schweiz 41.
- Nationale Auskunft und Vermittlung: 11818.
- Internationale Auskunft: 11825.
- Deutschland Direkt (R-Gespräch): 900 99 00 49.
- Wetterbericht *(Teletiempo)*: 807 17 03 08.
- Notrufnummern zur Sperrung von Handykarten:
  E-Plus: 0049 177 1000.
  O2: 0049 179 55 222.
  T-Mobile: 0049 1803 302 202.
  Vodafone: 0049 172 12 12.

Alle in Europa gängigen GSM-Handys funktionieren problemlos. Informieren Sie sich vorab bei Ihrer Telefongesellschaft über günstige Roaming-Tarife *(siehe S. 175).* Zu den günstigsten Telefonanbietern in Spanien gehören: *Amena* und *Airtel* (für T-Mobile- und E-plus-Verträge), *MoviStar* (für Vodafone- und O2-Verträge). Unter www.tariftip.de finden Sie die aktuell günstigsten Anbieter. SMS sind immer die preisgünstigste Lösung.

## POSTDIENSTE

Der spanische Postdienst *(correos)* ist nicht der schnellste. Wichtige Sendungen sollte man mit *urgente* (express) oder *certificado* (eingeschrieben) schicken oder einen Kurier beauftragen. Briefe und Telegramme nimmt jedes Postamt an. Briefmarken erhalten Sie auch bequem in jedem *estanc* (Tabakladen). Es gibt drei Preiskategorien: für Spanien, für Europa und alle übrigen Länder der Erde. Ein Brief innerhalb Spaniens kostet 0,27 Euro, innerhalb Europas 0,52 Euro. In Spanien gelten nur spanische Euro-Briefmarken.

Die Hauptpostämter haben Montag bis Freitag von 8.30 bis 20.30 Uhr, samstags von 9 bis 19 Uhr geöffnet. Die Filialen in Dörfern öffnen Montag bis Freitag von 9 bis 14 Uhr, samstags von 9 bis 13 Uhr.

## ADRESSEN

Folgende Adressierung gilt in Katalonien: der Straßenname, die Hausnummer, das Stockwerk und Zahl oder Buchstabe für das Apartment. Dementsprechend bedeutet C/Milton 7, 1r-A: Apartment A auf Stock 1 des Gebäudes Nr. 7 im Carrer de Milton. Carrer wird oft als »C/« abgekürzt. Die Stockwerke werden bezeichnet als: *baixos* (Erdgeschoss), *entresol, principal,* 1r, 2n etc., was bedeutet, dass

**Katalanische Tageszeitungen**

Stockwerk 2 tatsächlich die vierte Ebene ist. In manchen neueren Gebäuden folgt auf *baixos* der erste Stock etc. Postleitzahlen sind fünfstellig; die ersten beiden Ziffern sind die Provinznummern.

## FERNSEHEN UND RADIO

Katalanen können zwischen drei Kanälen wählen: TV3 (katalanischer Regionalsender), TVE1 und TVE2 (Spaniens staatliche Sender). Daneben gibt es einen unabhängigen katalanischen Sender, Canal 33 mit kultureller Ausrichtung, sowie drei unabhängige Sender: Tele-5, Antena 3 und Canal+ (Canal Plus). Einige Canal-Plus-Programme kann man nur mit Decoder empfangen. Daneben gibt es zahlreiche Satelliten-TV-Programme. Die meisten Filme (auch im Kino) sind synchronisiert. Filme mit Untertiteln sind mit *V.O. (versió original)* gekennzeichnet.

Die wichtigsten Radiostationen sind: Catalunya Ràdio, COM Ràdio, die staatliche Radiostation Nacional de España sowie die unabhängigen Sender Radio 2 mit klassischer Musik und »Ser«, ein Informationssender für ganz Spanien.

**Briefkasten**

**Katalanische Zeitschriften**

## ZEITUNGEN UND ZEITSCHRIFTEN

Einige Zeitschriftenläden und Kioske im Zentrum von Barcelona führen deutschsprachige Zeitungen – allerdings erst einen Tag später. Neben *Bild* bekommt man *Frankfurter Allgemeine Zeitung, Süddeutsche Zeitung, Hamburger Morgenpost* und *Welt* sowie die *Kronenzeitung* und die *Neue Zürcher Zeitung.* Erhältlich sind auch die Illustrierten *Stern, Spiegel, Focus* und *Bunte.*

Die wichtigsten Tageszeitungen in Katalanisch sind *Avui* und *El Periódico. La Vanguardia* ist eine angesehene, in Barcelona herausgegebene Zeitung. Andere spanische Zeitungen mit hoher Auflage sind *El País, El Mundo* und *ABC. El Mundo,* vornehmlich für das jüngere Publikum, hat viele Reportagen; *El País* und *ABC* bringen schwerpunktmäßig internationale Nachrichten. *Catalonia Today* (Englisch) ist eine kostenlose englischsprachige Tageszeitung.

Barcelonas bestes Wochenmagazin mit Veranstaltungskalender heißt *Guía del Ocio.*

**Zeitungsstand auf Barcelonas Rambla**

# REISEINFORMATIONEN

Die drei Flughäfen Kataloniens, El Prat, Girona und Reus, bieten Verbindungen in alle Welt. Auf Barcelonas El Prat landen vor allem Linienflüge, Girona und Reus fertigen Charterflüge ab. Von Barcelona führen schnelle Bahnlinien und mautpflichtige Autobahnen zu den größeren Städten.

Spaniens Fluggesellschaft

Barcelona verfügt über ein gutes System von Ringstraßen; die Autobahn durch einen neuen Tunnel in den Collserola-Bergen führt direkt in die Stadt. Das U-Bahn- und Schnellbahn-System ist ausgezeichnet. Katalonien ist sehr bergig: Ländliche Gegenden sind nur mit Bus oder Auto erreichbar.

**Einkaufspassage in Barcelonas Flughafen El Prat**

## ANREISE MIT DEM FLUGZEUG

Barcelona wird von vielen internationalen Fluglinien bedient. Die spanische Linie **Iberia** bietet täglich Linienflüge von allen westeuropäischen Hauptstädten aus an. Von deutschen Flughäfen aus fliegen **Iberia** und **Lufthansa** Spanien im Linienflug direkt an (etwa zweieinhalb Stunden): Lufthansa beispielsweise von Frankfurt, München, Düsseldorf, Köln, Hannover und Stuttgart.

Preisgünstige Charterflüge und Spartarife der Liniengesellschaften sind wegen Kapazitätsbeschränkungen und der Nachfrage in der Hauptsaison schnell ausgebucht. Erhältlich sind auch saisonabhängige Sonderangebote. Informieren Sie sich vorab im Internet.

Kataloniens andere internationale Flughäfen fertigen Charterflüge ab: Girona versorgt die Costa Brava; Reus, bei Tarragona, die Costa Daurada.

Flüge aus Madrid oder anderen spanischen Städten werden von Iberia und den Partner-Airlines **Air Nostrum**, **Air Europa** und **Spanair** angeboten.

Die häufigsten Shuttle-Flüge zwischen Madrid und Barcelona hat Iberias Pont Aeri

**Zeichen für Shuttle-Flüge zwischen Barcelona und Madrid**

(Puente Aéreo): zu Spitzenzeiten jede Viertelstunde. Die Tickets kann man bis zu 15 Minuten vorher an einem Automaten kaufen. Ist ein Flug ausgebucht, erhält man einen Platz in der nächsten Maschine. Der Flug dauert 50 Minuten. Andere Linien fliegen seltener zwischen Madrid und Barcelona, sind aber günstiger.

Die internationalen Autoverleihfirmen *(siehe S. 187)* sind an allen drei Terminals des Flughafens El Prat vertreten. Auf dem Flughafen Girona gibt es ebenfalls mehrere Autovermieter. Auch aus Tarragona können Wagen zum Flughafen Reus geliefert werden. Regionale Firmen haben oft sehr verlockende Angebote, aber lesen Sie zuerst das Kleingedruckte. Buchen Sie eine Versicherung.

## AUF EINEN BLICK

**FLUGHAFEN-INFORMATION**

**Barcelona El Prat**
✆ 93 298 38 38.
www.barcelona-airport.com

**Girona**
✆ 972 18 66 00.

**Reus**
✆ 977 77 98 32.

**IBERIA**

**Internat. Flüge und Inlandsflüge**
✆ 902 400 500.
www.iberia.com

**In Deutschland**
✆ (01803) 00 06 13.

**In Österreich**
✆ (01) 79 56 76 12.

**In der Schweiz**
✆ (0844) 84 51 11.

**ANDERE AIRLINES**

**Air Europa**
✆ 902 401 501.
www.air-europa.com

**Austrian**
✆ 05 17 89 (Österreich).
✆ 902 25 70 00.
✆ 915 412 375 (Madrid).
www.aua.com

**British Airways**
✆ 902 11 13 33 (Spanien).
www.britishairways.com

**Lufthansa**
✆ (01805) 838 42 67 (Deutschland).
✆ 902 22 01 01 (Spanien).
www.lufthansa.com

**Spanair**
✆ 902 13 14 15 (Spanien).
www.spanair.com

**Swiss**
✆ (0848) 85 20 00 (Schweiz).
✆ 901 11 67 12 (Spanien).
www.swiss.com

**KREUZFAHRTEN**

**Costa Cruises**
✆ 93 487 56 85.
www.costacruises.com

**Grimaldi Group**
✆ 902 40 12 00.
www.grimaldi.it

**FÄHREN ZU DEN BALEAREN**

**Buquebus**
✆ 902 41 42 42.
www.buquebus.com

**Trasmediterránea**
✆ 902 45 46 45 (Spanien).
www.trasmediterranea.es

# REISEINFORMATIONEN

## FLUGHAFEN EL PRAT, BARCELONA

*Barcelonas Flughafen liegt zwölf Kilometer südwestlich vom Stadtzentrum. Die Ankunft internationaler Flüge und der Abflug ausländischer Fluglinien erfolgen an Terminal A. Die Terminals B und C sind für Abflüge spanischer Fluglinien und die Ankunft aus EU-Ländern vorgesehen. Im 30-Minuten-Takt verkehrt ein Zug zur Plaça de Catalunya im Zentrum. Der Aerobus fährt alle zwölf Minuten zur Plaça de Catalunya (via Plaça d'Espanya). Ein Taxi braucht 15 Minuten ins Zentrum und kostet rund 20 Euro.*

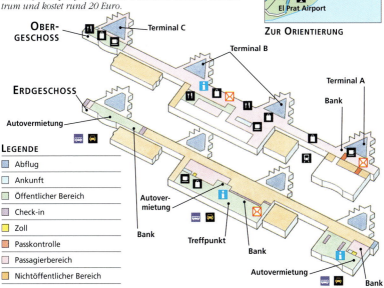

## FLUGPREISE

Die Preise für Flüge nach Barcelona und zu den Küstenorten variieren je nach Saison und Nachfrage. Gewöhnlich sind sie im Sommer am höchsten. Im Winter gibt es oft Angebote für einen Wochenend-Urlaub in Barcelona. Flüge zu Weihnachten und Ostern sind meist lange im Voraus ausgebucht. Charterflüge nach Girona und Reus können sehr preisgünstig sein, doch oft liegt die Abflugzeit sehr ungünstig.

Informieren Sie sich im Internet über günstige Angebote, die häufig an einen Mindestaufenthalt und lange Vorausbuchung gebunden sind. Die günstigsten Preise liegen bei 100 Euro. Auch bei Last-Minute-Angeboten gibt es manchmal sehr günstige Flüge nach Barcelona. Falls Sie Flugmeilen sammeln, dann bietet sich die Stadt als Ziel eines Bonusflugs an.

## KREUZFAHRTEN

Die **Grimaldi Group** richtete 1998 einen neuen Fährdienst zwischen Genua und Barcelona ein. Früher musste man zuerst die Fähre von Genua nach Mallorca nehmen und von dort aus nach Barcelona übersetzen, was zeitlich und finanziell sehr aufwendig war. Das geht heute viel einfacher. **Costa Cruises** bietet von Barcelona aus interessante Kreuzfahrten auf dem ganzen Mittelmeer an.

## VERBINDUNGEN ZU DEN BALEAREN

Von Barcelona aus gibt es die besten Verbindungen vom spanischen Festland zu den Balearen. Flüge bieten Iberia, Air Europa und Spanair an. **Buquebus** offeriert eine Überfahrt per Tragflächenboot, die drei Stunden dauert, und **Trasmediveránea** Autofähren, mit denen man etwa acht Stunden unterwegs ist. Buchen Sie, vor allem im Sommer, lange im Voraus.

**Trasmediterránea-Autofähre zu den Balearen im Hafen von Barcelona**

# Mit Zug und U-Bahn unterwegs

Metro- und FGC-Schild

Zwei Eisenbahngesellschaften verkehren in Katalonien: die staatliche spanische Gesellschaft **RENFE** *(Red Nacional de Ferrocarriles Españoles)* mit Intercity-Zügen, einschließlich der schnellen Talgo- und AVE-Züge sowie einiger von Barcelonas Pendlerzügen *(rodalies)*, und die katalanische Gesellschaft **FGC** *(Ferrocarrils de la Generalitat de Catalunya)* mit Vorortzügen in Barcelona und einigen Sonderzügen in den Provinzen. Darüber hinaus hat Barcelona ein vorzügliches und gut ausgebautes U-Bahn-Netz.

### AUF EINEN BLICK ÖPNV

**Information (Barcelona)**
℡ 010.

**RENFE Information und Kreditkartenbuchungen**
℡ 902 24 02 02 (national).
℡ 902 24 34 02 (international).
www.renfe.es

**Secretaria General de Juventud**
Young People's Tourist Office,
Carrer de Calàbria, 147.
80008 Barcelona.
℡ 93 483 83 83.

**FGC Information**
℡ 93 205 15 15.
www.fgc.es

**TMB Information**
℡ 93 298 70 00.
www.tmb.net

Rolltreppe zu einem Bahnsteig *(andana)* in Barcelonas Bahnhof Sants

## ANREISE MIT DEM ZUG

Von mehreren europäischen Städten aus, darunter Frankfurt, Hamburg, München und Zürich, gibt es direkte Zugverbindungen nach Barcelona. Lange Zugfahrten sind im Schlafabteil eines Nachtzugs angenehmer. Dies ist nur bei Direktverbindungen möglich. Alle Züge von Frankreich ins östliche Spanien passieren die französisch-spanische Grenze bei Cerbère/Port Bou oder La Tour de Carol. Hat man keine Direktverbindung nach Barcelona, muss man dort häufig einen Anschlusszug nehmen. Die meisten internationalen Züge kommen an den Bahnhöfen Sants, Estació de França oder Passeig de Gràcia im Zentrum von Barcelona an.

Zwischen anderen Städten Spaniens und Barcelona gibt es schnelle, häufige Verbindungen. Von Madrid, Sevilla, Málaga, La Coruña oder Vigo verkehrt der **Auto-Exprés**, bei dem Sie Ihr Auto mitnehmen können.

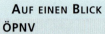

Logo der spanischen Eisenbahn

## MIT DEM ZUG UNTERWEGS

Katalonien hat ein von RENFE betriebenes Netz regionaler Züge *(regionals)* für die gesamte Region. Es gibt drei verschiedene Züge: den *Catalunya Exprés*, der, mit wenigen Haltestellen, die großen Städte verbindet, den *Regional* und den *Delta* mit häufigeren Haltestellen. Der Euromed-Hochgeschwindigkeitszug von Barcelona nach Tarragona (und weiter nach Castelló, València und Alacant/Alicante) fährt vom Bahnhof Sants ab.

FGC *(Ferrocarrils de la Generalitat de Catalunya)* ist ein staatliches katalanisches Netz von Vorortzügen in und um Barcelona. FGC betreibt auch andere spezielle Verkehrsmittel, so die Zahnradbahn von Ribes de Freser *(siehe hintere Umschlaginnenseite)* nach Núria in den Pyrenäen, die Seilbahnen beim Kloster von Montserrat *(siehe S. 122f)* und bei Vallvidrera sowie mehrere historische Dampfloks und einen elektrischen Zug für Urlauber. Näheres erfahren Sie am FGC-Bahnhof bei der Plaça de Catalunya oder unter der oben aufgeführten FGC-Telefonnummer.

## FAHRKARTEN

Fahrkarten für Talgo-, AVE-, Intercity-, internationale und andere Langstreckenzüge kann man an jedem größeren RENFE-Bahnhof am Fahrkartenschalter *(taquilla)* oder in einem Reisebüro kaufen. Fahrkarten für nationale und internationale Züge kann man – mindestens 24 Stunden im Voraus – per Kreditkarte bestellen. Auf der Website von RENFE kann man Tickets ebenfalls buchen, per Kreditkarte bezahlen sowie Reservierungen tätigen.

In allen größeren Bahnhöfen gibt es Fahrkartenautomaten. Fahrkarten für *rodalies* (Ortszüge) kann man nicht vorbestellen. Eine einfache Fahrt heißt *anada*, eine Rundfahrt *anada i tornada*.

Fahrkartenautomat für Regionalzüge

Fahrkartenautomat für Vorortzüge

# MIT ZUG UND U-BAHN UNTERWEGS

Zugang durch Drehkreuzsperren zu einer U-Bahn-Station

## PREISE

RENFE bietet an bestimmten Tagen, den *dies blaus* (blauen Tagen), die in den Fahrplänen blau gekennzeichnet sind, Sondertarife mit zehn Prozent Rabatt. Die Fahrpreise hängen vom Zugtyp und vom Service-Angebot ab.

Karten für Talgo- und AVE-Züge sind teurer als Karten für Vorort- und Regionalzüge. RENFE bietet einen Rabatt für Kinder, über 60-Jährige, Gruppen und in Form von Bahnkarten für Vorort-, Regional- und Langstreckenzüge.

Gäste aus allen Ländern können an den RENFE-Bahnhöfen ein Touristenticket erwerben, das unbegrenztes Reisen innerhalb des RENFE-Netzes erlaubt. Für Angehörige der EU-Staaten und anderer europäischer Länder gibt es Interrail-Tickets für alle unter 26 und EuroDomino-Tickets für alle über 26.

All diese Tickets, mit denen man wesentlich preisgünstiger reisen kann, bekommt man an den Schaltern der Bahnhöfe Sants und Estació de França in Barcelona.

Die **Secretaria General de Juventud** arbeitet für Leute unter 26 jeder Nationalität. Mit ihnen reist man von Spanien ins übrigen Europa bis zu 40 Prozent günstiger. Beim Erwerb dieser Tickets müssen Sie Ihren Ausweis vorlegen. Manche Sonderangebote und Karten können Sie auch im Internet erwerben (www.renfe.es bzw. die Bahn Ihres Heimatlands).

## BARCELONAS U-BAHN

Sechs U-Bahn-Linien verkehren in Barcelona. Man erkennt sie an der Nummer und an ihrer Farbe. Schilder auf den Bahnsteigen weisen auf die einzelnen Züge und die Fahrtrichtung durch Angabe der jeweiligen Endstation hin. Den Eingang zu einer U-Bahn-Station erkennen Sie an dem Schild mit einem roten »M« in einer weißen Raute. In der Stadt ist die U-Bahn gewöhnlich das schnellste Fortbewegungsmittel. Einige Tickets sind sowohl für die U-Bahn als auch für bestimmte FGC-Strecken gültig. Hierauf weisen RENFE- oder FGC-Schilder an U-Bahnhöfen hin. U-Bahnen verkehren montags bis donnerstags, sonntags und an Feiertagen von 5 bis 24 Uhr, freitags, samstags sowie vor einem gesetzlichen Feiertag von 5 bis 2 Uhr.

U-Bahn-Streckenplan der Linie L1

Fahrkarte für eine Fahrt in Barcelonas U-Bahn

## FAHRKARTEN IN BARCELONA

Für Fahrten in Barcelona steht eine Vielfalt an preisgünstigen Tickets zur Auswahl. Kombi-Tickets ermöglichen es, von der U-Bahn in einen FGC-Zug oder in den Bus umzusteigen, ohne vorher den Bahnhof zu verlassen und ein zweites Ticket zu kaufen. Folgende Fahrkarten sind erhältlich: Eine einfache Fahrt mit dem *senzill*-Ticket, gültig in der U-Bahn und im Bus, kostet 1,10 Euro. *T-dia*- und *T-mes*-Tickets für unbegrenztes Fahren an einem Tag oder während eines Monats; *T-10* für zehn kombinierte U-Bahn-, Bus- und FGC-Fahrten; das *T-50/30* gilt für 50 Fahrten innerhalb von 30 Tagen mit der U-Bahn, Bus und FGC-Zügen. Einzelheiten zu speziellen Angeboten auf der Website www.tmb.net.

## U-BAHN-FAHRKARTENAUTOMAT

Akzeptierte Kreditkarten sind hier aufgeführt.

**3b.** Karte einführen.

**3c.** Geldschein(e) einführen.

**4** Ticket und Wechselgeld entnehmen.

Logo von **Transports Metropolitans Urbans (TMB)** für alle Transportmittel.

**1** Die Sprache wählen: Katalanisch/Spanisch, Englisch, Französisch.

**2** Ticket wählen: *senzill* (einfach), *T-10* (10 Fahrten), *T-50/30* (50 Fahrten in 30 Tagen), dann benötigte Menge.

**3a.** Münzen einwerfen: Akzeptierte Münzen sind angegeben.

Tasten zur Wahl von Sprache und Ticket für Rollstuhlfahrer

# Mit Auto und Bus unterwegs

Wegweiser in Barcelona

Das dichte Straßennetz Kataloniens und der starke Verkehr in und um Barcelona stehen in starkem Kontrast zu fast leeren Landstraßen in den Provinzen, in denen Dörfer oft weit auseinander liegen. Auf den gebührenpflichtigen Autobahnen (*autopistes*) fließt der Verkehr, doch auf den Hauptstraßen entlang der Küste drohen ständig lange Staus. Für Reisende ohne Auto ist es empfehlenswert, sich zum Besuch entlegener Sehenswürdigkeiten einer organisierten Busreise anzuschließen.

*Canvi de sentit* – Umkehrmöglichkeit nach 300 Metern

## ANREISE MIT DEM AUTO

Viele Besucher erreichen Spanien über die französischen Autobahnen. Die Hauptrouten führen über die Pyrenäen, entweder via Hendaye im Westen oder La Jonquera im Osten. Die malerischsten Straßen schlängeln sich durch die Gebirgszüge der Pyrenäen. Die drei wichtigsten Pässe nach Katalonien führen in die Vall d'Aran, nach Andorra und nach Puigcerdà im Cerdanya-Tal. Eine Straßenkarte mit großem Maßstab ist hierbei hilfreich.

Logo der Autoverleihfirma National ATESA

## MIETWAGEN

In ganz Katalonien gibt es internationale Anbieter wie **Hertz**, **Avis** und **Europcar** sowie spanische Anbieter wie **National ATESA**. Es ist oft günstiger, bereits zu Hause den Mietwagen (*un cotxe de lloguer*) zu buchen.

An Kataloniens Flughäfen (siehe S. 182) können Sie Autos sehr einfach mieten. Die Autovermieter in Girona und Reus haben keine regelmäßigen Öffnungszeiten. Deswegen empfiehlt es sich dort, den Wagen im Voraus zu buchen. Wollen Sie einen Chauffeur, wenden Sie sich an Avis.

## AUTOPAPIERE

Um in Spanien umfassenden Versicherungsschutz zu genießen, brauchen Sie eine grüne Versicherungskarte und den Schutzbrief einer Versicherungsgesellschaft. Eventuell empfiehlt es sich auch, eine Urlaubs-Vollkaskoversicherung abzuschließen. Der spanische Gesetzgeber schreibt vor, dass Autofahrer immer alle Fahrzeugpapiere (Führer- und Fahrzeugschein sowie Versicherungspolice) sowie Pass oder Ausweis mit sich zu führen haben.

Hinten an Ihrem Wagen muss ein Aufkleber des Herkunftslands (D, A bzw CH) angebracht sein – auch mit Euro-Kennzeichen. Mitzuführen sind auch ein Warndreieck, ein Verbandskasten und eine reflektierende Warnweste.

## VERKEHRSREGELN

An Kreuzungen gilt rechts vor links, wenn nicht anders ausgeschildert. Auf Umkehrmöglichkeiten weist das Schild *canvi de sentit* hin. Für Autos ohne Anhänger gelten folgende Geschwindigkeitsbegrenzungen: 120 km/h auf *autopistes* (gebührenpflichtigen Autobahnen); 100 km/h auf *autovies* (Schnellstraßen bzw. Straßen mit mehr als einer Spur); 90 km/h auf *carreteres nacionals* (Hauptstraßen) und *carreteres comarcals* (Nebenstraßen); 50 km/h in Stadtgebieten. Verstöße gegen diese Begrenzungen können bis zu 450 Euro kosten. Auch bei Überschreitung der Alkoholhöchstgrenze von 0,5 Promille wird ein Bußgeld erhoben. In Spanien herrscht Anschnallpflicht (Vorder- und Rücksitze). Bleifreies Benzin (*benzina sense plom*) und Diesel (*gas oil*) sind überall problemlos erhältlich.

Höchstgeschwindigkeit 60 km/h

## AUTOBAHNEN

Auf gebührenpflichtigen Autobahnen werden die Gebühren pro Kilometer berechnet, bei Strecken in Stadtnähe wird ein Fixpreis erhoben. Bei der Zahlstelle (*peatge*) gibt es drei Spuren: *Automàtic* hat Automaten für Kreditkarten oder den genauen

Tankstelle von Campsa

Geldbetrag; bei *Manual* bezahlen Sie bei einem Angestellten; für *Teletac* brauchen Sie einen elektronischen Chip an Ihrer Windschutzscheibe. Auf *autopistes* gibt es Notrufsäulen und rund alle 40 Kilometer eine Tankstelle.

## TAXIS

Taxis in Barcelona sind gelb-schwarz lackiert. Ein grünes Licht zeigt an, dass das Taxi frei ist. Alle Taxis müssen mit einem Taxameter ausgestattet sein, der zu Fahrtbeginn eine Mindestgebühr anzeigt. Nach 22 Uhr und an Wochenenden ist das Taxifahren teurer. In Taxis ohne Taxameter auf dem Land sollte man den Preis vor Fahrtantritt aushandeln. Für Fahrten zum und vom Flughafen sowie für Koffer wird ein Aufschlag verlangt. **Radio Taxis** bietet Autos für Behinderte (Vorausbuchung mindestens ein Tag) sowie Großraumtaxis für bis zu sieben Personen.

**Taxi in Barcelona**

## PARKEN

Parkscheine müssen deutlich sichtbar angebracht sein. Gebühren werden montags bis freitags von 9 bis 14 und 16 bis 20 Uhr, samstags den ganzen Tag erhoben. Das Parken kostet ein bis zwei Euro pro Stunde. Tickets gelten für zwei Stunden. In Parkgaragen bedeutet *lliure* freie Plätze, *complet,* dass alles besetzt ist. Die meisten sind bewacht, ansonsten zahlt man bei Rückkehr zu seinem Wagen. Parken an gelb markierten Bordsteinen oder vor Privatausfahrten *(gual)* ist verboten. »1–15« oder »16–30« auf Parkverbotsschildern bedeutet, dass Sie Ihren Wagen an diesen Tagen des Monats dort parken dürfen.

**Busbahnhof in Granollers (Provinz Barcelona)**

## FERN- UND REISEBUSSE

Spaniens größte Fernbusgesellschaft **Autocares Julià**, die für **Eurolines** fährt, bietet Fahrten von ganz Europa zum Busbahnhof Sants in Barcelona an. Busse aus spanischen Städten kommen bei der Estació del Nord an.

**Julià Tours** und **Pullmantur** veranstalten Fahrten in Barcelona, andere Gesellschaften machen Tagestouren zu den Sehenswürdigkeiten in Katalonien.

**Turisme de Catalunya** in Barcelona *(siehe S. 175)* informiert über Reisen innerhalb Kataloniens. Weitere Infos im Fremdenverkehrsamt.

## BUSSE IN BARCELONA

Gute Sightseeing-Möglichkeiten bietet der *Bus Turístic,* der ganzjährig ab der Plaça de Catalunya auf drei Strecken verkehrt. Das Ticket, im Bus zu kaufen, gilt für alle Routen. Fahrtunterbrechungen sind möglich.

Die Stadtbusse sind weiß-rot. Sie können im Bus den Fahrschein oder bei U-Bahn-Stationen ein *T-10-*Ticket für zehn Fahrten mit Bus, U-Bahn oder FGC kaufen *(siehe S. 185).* Der *Nitbus* (Nachtbus) fährt zwischen 22 und 4 Uhr; der *TombBus* deckt die großen Einkaufsstraßen von der Plaça de Catalunya zur Plaça Pius XII ab. Der *Aerobus* (Nr. 106) fährt von der Plaça de Catalunya über die Plaça d'Espanya zum Flughafen El Prat.

**Bushaltestelle mit Liniennummern**

## AUF EINEN BLICK

### MIETWAGEN

**National ATESA**
93 298 34 33 (Flughafen).
902 100 101.
www.atesa.es

**Avis**
93 298 36 00 (Flughafen).
www.avis.com

**Europcar**
90 210 50 55 (Flughafen).
902 10 50 30.
www.europcar.es

**Hertz**
93 298 36 38 (Flughafen).
902 402 405.
www.hertz.com

### BUSREISEN

**Autocares Julià**
90 240 00 80.

**Eurolines**
90 240 50 40.

**Julià Tours**
93 317 64 54.

**Pullmantur**
93 317 12 97.

### BUSBAHNHÖFE

**Estació del Nord**
Carrer d'Alí Bei 80.
90 226 06 06.
www.barcelonanord.com

**Estació de Sants**
Plaça del Països Catalans.
90 226 06 06.

### TAXIS

**Radio Taxis**
93 433 10 20 / 357 77 55.
93 300 11 00.
93 420 80 88 (für Behinderte).
www.radioes.net

# STADTPLAN

Alle Kartenverweise, die Sie im Barcelona-Teil für die Sehenswürdigkeiten, Museen, Läden und Veranstaltungsorte finden, beziehen sich auf den Stadtplan der folgenden Seiten. Kartenverweise finden Sie auch für Hotels *(siehe S. 134–141)*, Restaurants *(siehe S. 146–151)* sowie für die Cafés und Bars *(siehe S. 152f)*. Unten sehen Sie, welches Stadtgebiet von welcher Karte abgedeckt wird, die Legende sowie den Maßstab der Karten.

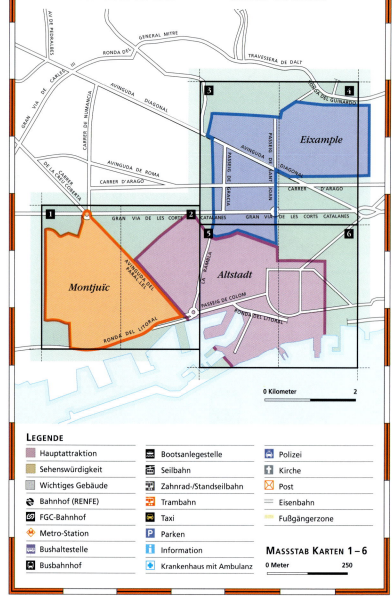

0 Kilometer 2

## LEGENDE

| | | |
|---|---|---|
| Hauptattraktion | Bootsanlegestelle | Polizei |
| Sehenswürdigkeit | Seilbahn | Kirche |
| Wichtiges Gebäude | Zahnrad-/Standseilbahn | Post |
| Bahnhof (RENFE) | Trambahn | Eisenbahn |
| FGC-Bahnhof | Taxi | Fußgängerzone |
| Metro-Station | Parken | |
| Bushaltestelle | Information | **MASSSTAB KARTEN 1–6** |
| Busbahnhof | Krankenhaus mit Ambulanz | 0 Meter 250 |

# Kartenregister

## A

| | |
|---|---|
| Abaixadors, Carrer dels | 5B3 |
| Abdó Terradas, Carrer d' | 3B2 |
| Agullers, Carrer dels | 5B3 |
| Agustí Duran i Sanpere, Carrer d' | 2F2 |
| Alaba, Carrer d' | 6F1 |
| Alba, Carrer de l' | 3C2 |
| Albareda, Carrer d' | 2E4 |
| Alcalde de Móstoles, Carrer de l' | 4E1 |
| Alcanar, Carrer d' | 5C5 |
| Aldana, Carrer d' | 2E3 |
| Alí Bei, Carrer d' | 5C1 & 6D1–6E1 |
| Alí Bei, Passatge d' | 6F1 |
| Alió, Passatge d' | 4D3 |
| Allada, Carrer de l' | 5C2 |
| Almirall Aixada, Carrer de l' | 5B5 |
| Almirall Cervera, Carrer de l' | 5B5 |
| Almogàvers, Carrer dels | 6D2 |
| Alzina, Carrer d' | 3C1 |
| Amadeu Vives, Carrer d' | 5B1 |
| Amargòs, Carrer de N' | 5B1 |
| Ample, Carrer | 5A3 |
| Amposta, Carrer d' | 1A1 |
| Andrea Dòria, Carrer d' | 5C4 |
| Àngel, Plaça de l' | 5B2 |
| Àngel Baixeras, Carrer d' | 5A3 |
| Àngels, Carrer dels | 2F2 |
| Anníbal, Carrer d' | 1C3 |
| Antic de Sant Joan, Carrer | 5C3 |
| Antiga de Mataró, Carretera | 6E2 |
| Antóni López, Plaça d' | 5B3 |
| Antóni Maura, Plaça d' | 5B2 |
| Aragó, Carrer d' | 3A4 |
| Arai, Carrer de N' | 5A3 |
| Arc de Sant Agustí, Carrer de l' | 2F3 |
| Arc del Teatre, Carrer de l' | 2F4 |
| Arcs, Carrer dels | 5A2 |
| Argenter, Carrer de l' | 5B1 |
| Argenteria, Carrer de l' | 5B2 |
| Argentona, Carrer d' | 4D1 |
| Aribau, Carrer d' | 2F1 |
| Armada, Plaça de l' | 2D5 |
| Arolas, Carrer d'en | 5A2 |
| Arq.Sert, Carrer de l' | 6F2 |
| Assaonadors, Carrer dels | 5B2 |
| Astúries, Carrer d' | 3B1 |
| Ataúlf, Carrer d' | 5A3 |
| Atlantida, Carrer de l' | 5B5 |
| Aulèstia i Pijoan, Carrer d' | 3A1 |
| Aurora, Carrer de l' | 2E2 |
| Ausiàs Marc, Carrer d' | 5B1 |
| Avinyó, Carrer d' | 5A3 |

## B

| | |
|---|---|
| Badia, Carrer de | 3B1 |
| Bailèn, Carrer de | 3C2 |
| Baix, Carrer de | 1C2 |
| Balboa, Carrer de | 5C4 |
| Balears, Moll de les | 5A5 |
| Balmes, Carrer de | 3A1–3A5 |
| Baluard, Carrer del | 5C4 |
| Banyoles, Carrer de | 3C2 |
| Banys Nous, Carrer de | 5A2 |
| Banys Vells, Carrer de | 5B2 |
| Barceloneta, Moll de la | 5B4 |
| Barceloneta, Plaça de la | 5B4 |
| Barceloneta, Platja de la | 6D5 |
| Basea, Carrer de | 5B3 |
| Beates, Carrer de les | 5B2 |
| Benet Mercadé, Carrer de | 3A1 |
| Berenguer, Passatge de | 4D3 |
| Berga, Carrer de | 3A1 |
| Bergara, Carrer de | 5A1 |
| Bergnes de las Casas, Carrer | 4E2 |
| Bertrellans, Carrer de | 5A1 |
| Bisbe, Carrer del | 5B2 |
| Bisbe Laguarda, Carrer del | 2E2 |
| Blai, Carrer de | 2D3 |
| Blanqueria, Carrer de la | 5C2 |
| Blasco de Garay, Carrer de | 2D3 |
| Blesa, Carrer de | 2D4 |
| Bòbila, Carrer de | 1C2 |
| Bocabella, Passatge de | 4D5 |
| Bofill, Passatge de | 4E4 |
| Bogatell, Avinguda del | 6E2 |
| Bolívia, Carrer de | 6F1 |
| Boltres, Carrer d'En | 5A3 |
| Bonavista, Carrer de | 3B2 |
| Boné, Passatge de | 4E1 |
| Bonsuccés, Carrer del | 5A1 |
| Boquer, Carrer d'En | 5B2 |
| Boqueria, Carrer de la | 5A2 |
| Boqueria, Plaça de la | 5A2 |
| Bordeta, Carretera de la | 1A1 |
| Boria, Carrer de la | 5B2 |
| Bosch, Carrer de | 3A2 |
| Bot, Carrer d'En | 5A2 |
| Botella, Carrer d'En | 2E2 |
| Boters, Carrer dels | 5A2 |
| Bou de Sant Pere, Carrer del | 5B1 |
| Bous les Arenes, Plaça | 1B1 |
| Bretón de los Herros, Carrer de | 3A1 |
| Bruc, Carrer del | 3B3 |
| Brugada, Plaça de | 5C5 |
| Bruniquer, Carrer de | 3C1 |
| Buenaventura Muñoz, Carrer de | 6D2 |

## C

| | |
|---|---|
| Ca l'Alegre de Dalt, Carrer de | 4D1 |
| Cabanes, Carrer de | 2E4 |
| Cadena, Passatge de la | 5C4 |
| Calàbria, Carrer de | 2D1 |
| Call, Carrer del | 5A2 |
| Camprodon, Carrer de | 3C3 |
| Camps Elisis, Passatge dels | 3B4 |
| Canadell, Passatge de | 4F3 |
| Canó, Carrer del | 3B2 |
| Canuda, Carrer de la | 5A1 |
| Canvis Nous, Carrer dels | 5B3 |
| Capellans, Carrer dels | 5A2 |
| Carabassa, Carrer d'En | 5A3 |
| Cardenal Casañas, Carrer del | 5A2 |
| Carders, Carrer dels | 5C2 |
| Carles Buïgas, Plaça de | 1B2 |
| Carlos Ibáñez, Plaça de | 2D4 |
| Carme, Carrer del | 2E2 |
| Carrera, Carrer de | 2E4 |
| Carretes, Carrer de les | 2E2 |
| Carsi, Passatge de | 4F3 |
| Cartagena, Carrer de | 4F1 |
| Casanova, Carrer de | 2E1 |
| Cascades, Passeig de les | 1A2 |
| Cascades, Plaça de les | 1B2 |
| Casp, Carrer de | 3B5 |
| Castell, Avinguda del | 1B4 |
| Castella, Plaça de | 2F1 |
| Castillejos, Carrer de los | 4F1 |
| Catalunya, Plaça de | 5A1 |
| Catalunya, Rambla de | 3A3 |
| Catedral, Avinguda de la | 5A1 |
| Cendra, Carrer de la | 2E2 |
| Centelles, Passatge de | 4F3 |
| Cera, Carrer de la | 2E2 |
| Chopin, Carrer de | 1A1 |
| Cid, Carrer del | 2F4 |
| Cigne, Carrer de | 3A1 |
| Circumval.lació, Passeig de | 5C3–6D4 |
| Cirera, Carrer de la | 5B2 |
| Ciudad Real, Carrer de | 3C2 |
| Ciutat, Carrer de la | 5A2 |
| Clip, Passatge de | 4E2 |
| Còdols, Carrer dels | 5A3 |
| Colom, Passeig de | 5A4 |
| Colomines, Carrer de | 5B2 |
| Comerç, Carrer del | 5C3 |
| Comercial, Carrer de | 5C2 |
| Comercial, Plaça de | 5C3 |
| Comtal, Carrer de | 5A1 |
| Comte Borrell, Carrer del | 2D1 |
| Comte de Salvatierra, Carrer del | 3A2 |
| Comte d'Urgell, Carrer del | 2E1 |
| Comtes, Carrer dels | 5B2 |
| Concepció, Passatge de la | 3A3 |
| Concòrdia, Carrer de la | 1C2 |
| Congost, Carrer del | 3C1 |
| Conradí, Passatge | 4D3 |
| Consell de Cent, Carrer del | 3A4 |
| Consolat de Mar, Carrer del | 5B2 |
| Copons, Carrer d'En | 5B2 |
| Corders, Carrer dels | 5B2 |
| Còrsega, Carrer de | 3A3 |
| Cortines, Carrer d'En | 5C2 |
| Corts Catalanes, Gran Via de les | 1A1 |
| Cremat, Gran Carrer de | 5B2 |
| Creu dels Molers, Carrer de la | 1C3–2D3 |
| Cucurulla, Carrer de | 5A2 |

## D

| | |
|---|---|
| Dàlia, Carrer de la | 1A1 |
| Dante, Plaça de | 1C4 |
| Diagonal, Avinguda de la | 3A2–3C4 & 4D4–4F5 |
| Diluvi, Carrer del | 3B2 |
| Diputació, Carrer de la | 3A5 |
| Doctor Aiguader, Carrer del | 5B4 |
| Doctor Joaquim Pou, Carrer del | 2F2 |
| Doctor Pons i Freixas, Plaça del | 6D4 |
| Doctor Rizal, Carrer del | 3A2 |
| Doctor Trueta, Carrer del | 6E3 |
| Domènech, Carrer de | 3B2 |
| Domingo, Passatge de | 3A4 |
| Don Carles, Carrer de | 6D4 |
| Drassana, Carrer de la | 5B5 |
| Drassanes, Avinguda de les | 2F3 |
| Duc de la Victòria, Carrer del | 5A1 |
| Duc de Medinaceli, Plaça del | 5A3 |
| Duran i Bas, Carrer de | 5A1 |

## E

| | |
|---|---|
| Egipcíaques, Carrer de les | 2F2 |
| Elisabets, Carrer d' | 2F2 |
| Elkano, Carrer d' | 2D3 |
| Enamorats, Carrer dels | 4E4 |
| Encarnació, Carrer de l' | 4D1 |
| Entença, Carrer d' | 1C1 |
| Erasme de Janer, Carrer d' | 2E2 |
| Escorial, Carrer de l' | 4D2 |
| Escudellers, Carrer dels | 5A3 |
| Escudellers, Passatge dels | 5A3 |
| Escudellers Blancs, Carrer dels | 5A2 |
| Escuder, Carrer d' | 5B4 |
| Espalter, Carrer d' | 2F3 |
| Espanya, Moll d' | 5A4 |
| Espanya, Plaça d' | 1B1 |
| Esparteria, Carrer de l' | 5B3 |
| Espaseria, Carrer de l' | 5B3 |
| Est, Carrer de l' | 2F3 |
| Estadi, Avinguda de l' | 1A2 |
| Estruc, Carrer d' | 5B1 |
| Exposició, Passeig de l' | 1C3 |

## F

| | |
|---|---|
| Far, Camí del | 1B5 |
| Farell, Carrer del | 1A1 |
| Ferlandina, Carrer de | 2E1 |
| Ferran, Carrer de | 5A2 |
| Ferrer de Blanes, Carrer de | 3B2 |
| Flassaders, Carrer dels | 5C2 |
| Floridablanca, Carrer de | 1C1 |
| Flors, Carrer de les | 2E3 |
| Fonollar, Carrer del | 5B2 |
| Font, Carrer de la | 2D4 |
| Font, Passatge de | 4E4 |
| Font, Plaça de la | 5B4 |
| Font Florida, Carrer de la | 1A1 |
| Font Honrada, Carrer de la | 1C2 |
| Font-Trobada, Camí de la | 2D4 |
| Fontanella, Carrer de | 5B1 |
| Fontrodona, Carrer d'En | 2D3 |
| Franca Xica, Carrer de la | 1C2 |
| Francesc Cambó, Avinguda de | 5B2 |
| Francesc d'Aranda, Carrer de | 6E2 |
| Francisco Giner, Carrer de | 3B2 |
| Fraternitat, Carrer de la | 3B2 |
| Frederic Mompou, Carrer de | 6F3 |
| Freixures, Carrer de les | 5B2 |
| Fusina, Carrer de la | 5C2 |
| Fusta, Moll de la | 5A4 |
| Fusteria, Carrer de la | 5B3 |

# G

| | |
|---|---|
| Gaiolà, Passatge de | 4D4 |
| Gal·la Placídia, Plaça de | 3A1 |
| Gaudí, Avinguda de | 4E3 |
| Gaudí, Plaça de | 4E3 |
| Gegants, Carrer dels | 5A2 |
| Gelí, Carrer de | 5C5 |
| General Álvarez de Castro, Carrer del | 5B2 |
| General Bassos, Passatge de | 6F3 |
| General Castaños, Carrer de | 5B3 |
| Gessamí, Carrer del | 1A1 |
| Gignàs, Carrer d'En | 5A3 |
| Gimbernat, Carrer dels | 1B1 |
| Ginebra, Carrer de | 5B4 |
| Giralt el Pellisser, Carrer d'En | 5B2 |
| Girona, Carrer de | 3C3 |
| Glòries Catalanes, Plaça de les | 4F5 |
| Gombau, Carrer de | 5B2 |
| Goya, Carrer de | 3A2 |
| Goya, Plaça de | 2F1 |
| Gràcia, Carrer de | 3B2 |
| Gràcia, Passeig de | 3A2–3A5 |
| Gràcia, Travessera de | 3A2 |
| Gran de Gràcia, Carrer | 3A2 |
| Granada del Penedès, Carrer de la | 3A2 |
| Grases, Carrer de | 1C2 |
| Grassot, Carrer d'En | 4D2 |
| Gravina, Carrer de | 2F1 |
| Gregal, Moll de | 6F5 |
| Guàrdia, Carrer de | 2F3 |
| Guàrdia Urbana, C de la | 1B2 |
| Guatila, Carrer de la | 1A1 |
| Guifré, Carrer de | 2F2 |
| Guilleries, Carrer de les | 3B1 |
| Guinardó, Ronda del | 4E1 |
| Guitert, Carrer de | 5C5 |

# H

| | |
|---|---|
| Havana, Carrer de l' | 5C5 |
| Hipòlit Lázaro, Carrer d' | 4D2 |
| Hispanitat, Plaça de la | 4E4 |
| Hort de Sant Pau, Carrer de l' | 2E3 |
| Hortes, Carrer de les | 2D3 |
| Hospital, Carrer de l' | 2E2 |

# I

| | |
|---|---|
| Icària, Avinguda d' | 6E3 |
| Igualada, Carrer d' | 3C2 |
| Indústria, Carrer de la | 3C2 |
| Isabel II, Passatge d' | 5B3 |
| Iscle Soler, Carrer d' | 4D3 |

# J

| | |
|---|---|
| Jaén, Carrer de | 3B1 |
| Jaume I, Carrer de | 5A2 |
| Jaume Fabra, Carrer de | 1C2 |
| Jaume Giralt, Carrer de | 5C2 |
| Jesús, Carrer de | 3B2 |
| Joan Blanques, Carrer de | 3C2 |
| Joan Casas, Passatge de | 4F5 |
| Joan d'Austria, Carrer de | 6E1 |
| Joan de Borbó, P de | 5B4 |
| Joanic, Plaça d'En | 3C1 |
| Joaquim Blume, Carrer de | 1B2 |
| Joaquim Pou, Carrer de | 5B2 |
| Joaquim Renart, Passeig de | 6D2 |
| Joaquim Ruyra, Carrer de | 4D2 |
| Joaquín Costa, Carrer de | 2F2 |
| Jonqueres, Carrer de les | 5B1 |
| Josep Anselm Clavé, Carrer de | 5A3 |
| Josep Carner, Passeig de | 2E5 |
| Josep Ciurana, Carrer de | 4F1 |
| Jovellanos, Carrer de | 5A1 |
| Judici, Carrer del | 5B5 |
| Julià, Carrer de | 1C3 |
| Julià, Passatge de | 1C3 |
| Julià Portet, Carrer de | 5B1 |
| Julian Romea, Carrer | 3A2 |
| Junta del Comerç, Carrer de | 2F3 |

# L

| | |
|---|---|
| Laforja, Carrer de | 3A1 |
| Laietana, Via | 5B1 |
| Lancaster, Carrer de | 2F3 |
| Legalitat, Carrer de la | 4D1 |
| Leiva, Carrer de | 1B1 |
| Lepant, Carrer de | 4E1 |
| Lincoln, Carrer de | 3A1 |
| Llançà, Carrer de | 1B1 |
| Llàstics, Carrer d'En | 5C2 |
| Llavalloll, Passatge de | 4D2 |
| Lleialtat, Carrer de la | 2E3 |
| Lleida, Carrer de | 1B2 |
| Lleó, Carrer del | 2F2 |
| Lleona, Carrer de la | 5A2 |
| Llibertat, Carrer de la | 3B2 |
| Llibertat, Plaça de la | 3A1 |
| Llibreteria, Carrer de la | 5A2 |
| Llorens i Barba, Carrer de | 4F1 |
| Lluís Companys, Passeig de | 5C2 |
| Lluís Millet, Plaça de | 5B1 |
| Llull, Carrer de | 6D2 |
| Lluna, Carrer de la | 2F2 |
| Louis Braille, Carrer de | 5A3 |
| Luis Antúnez, Carrer de | 3A2 |

# M

| | |
|---|---|
| Madrozo, Carrer dels | 3A1 |
| Magalhães, Carrer de | 1C3 |
| Magdalenes, Carrer de les | 5B1 |
| Maiol, Passatge de | 4E4 |
| Malcuinat, Carrer del | 5B3 |
| Mallorca, Carrer de | 3A4 |
| Manresa, Carrer de | 5B3 |
| Manso, Carrer de | 2D2 |
| Manuel Ribé, Platja de | 5A2 |
| Manufactures, Passatge de les | 5B1 |
| Maquinista, Carrer de la | 5B4 |
| Mar, Carrer del | 5B5 |
| Mar, Rambla de | 5A4 |
| Mare de Déu del Remei, Carrer de la | 1C2 |
| Mare de Déu dels Desemparats, Carrer de la | 3B2 |
| Margarit, Carrer de | 1C3 |
| Maria, Carrer de | 3B2 |
| Marià Cubí, Carrer de | 3A1 |
| Marina, Carrer de la | 4E2–4E5 & 6E1–6E4 |
| Marina, Moll de la | 6E5 |
| Marina, Passatge de la | 4E1 |
| Mariner, Passatge de | 4D3 |
| Mar i Terra, Passatge | 2E4 |
| Marítim de Nova Icária, Passeig | 6E4 |
| Marítim del Port Olímpic, Passeig | 6E4 |
| Marquès de Barberà, Carrer del | 2F3 |
| Marquès de Campo Sagrado, Carrer del | 2D2 |
| Marquès de Comillas, Avinguda del | 1A1 |
| Marquès de l'Argentera, Avinguda del | 5B3 |
| Marquès de la Foronda, Plaça del | 1B2 |
| Marquesa, Carrer de la | 5C3 |
| Martí, Carrer de | 4D1 |
| Martínez de la Rosa, Carrer de | 3B2 |
| Martras, Passatge de | 1C3 |
| Mas Casanovas, Carrer del | 4F1 |
| Massanet, Carrer de | 5B2 |
| Massens, Carrer de | 3C1 |
| Mata, Carrer de | 2E4 |
| Mateu, Carrer de | 3B1 |
| Meer, Carrer de | 5B5 |
| Méndez Núñez, Carrer de | 5C1 |
| Méndez Vigo, Passatge de | 3B4 |
| Mercader, Passatge de | 3A3 |
| Mercaders, Carrer dels | 5B2 |
| Mercè, Carrer de la | 5A3 |
| Meridiana, Avinguda | 6D2 |
| Mestrança, Carrer de la | 5B5 |
| Metges, Carrer dels | 5C2 |
| Mèxic, Carrer de | 1B1 |
| Migdia, Passeig del | 1A4 |
| Milà i Fontanals, Carrer de | 3C3 |
| Milans, Carrer de | 5A3 |
| Milton, Carrer de | 3A1 |
| Minerva, Carrer de | 3A2 |
| Minici Natal, Passeig de | 1A3 |
| Mirador, Plaça del | 1C5 |
| Miralles, Carrer dels | 5B3 |
| Miramar, Avinguda de | 1B3 |
| Miramar, Carretera de | 2D5 |
| Miramar, Passeig de | 2D4 |
| Mistral, Avinguda de | 1C1 |
| Moianés, Carrer del | 1A1 |
| Moles, Carrer de les | 5B1 |
| Molí, Camí del | 1A5 |
| Molí Antic, Camí del | 1A5 |
| Mònec, Carrer d'En | 5C1 |
| Monistrol, Carrer de | 3C2 |
| Montalegre, Carrer de | 2F2 |
| Montanyans, Avinguda dels | 1A2 |
| Montcada, Carrer de | 5B3 |
| Montjuïc, Camí de | 1C5 |
| Montjuïc, Parc de | 1C3 |
| Montjuïc, Passeig de | 2D4 |
| Montmany, Carrer de | 3C1 |
| Montseny, Carrer del | 3B1 |
| Montserrat, Passatge de | 2F4 |
| Montsió, Carrer de | 5A1 |
| Morabos, Carrer dels | 1A1 |
| Moscou, Carrer de | 6D4 |
| Mosques, Carrer de les | 5B3 |
| Mossèn Jacint Verdaguer, Plaça de | 3C3 |
| Mozart, Carrer de | 3B2 |
| Muntaner, Carrer de | 2F1 |
| Murillo, Carrer de | 2D3 |

# N

| | |
|---|---|
| Nacional, Passeig | 5B5 |
| Nàpols, Carrer de | 4D2–4D5 & 6D1–6D2 |
| Narcis Oller, Plaça de | 3A2 |
| Navas, Plaça de las | 1C2 |
| Neptú, Carrer de | 3A2 |
| Niça, Carrer de | 4F1 |
| Nogués, Passatge de | 4E2 |
| Nord, Carrer del | 1A1 |
| Notariat, Carrer del | 2F2 |
| Nou de la Rambla, Carrer | 2D4 |
| Nou Sant Francesc, Carrer | 5A3 |
| Nova, Plaça | 5A2 |

# O

| | |
|---|---|
| Obradors, Carrer dels | 5A3 |
| Ocata, Carrer d' | 5C3 |
| Olímpic, Passeig | 1A4 |
| Olivera, Carrer de l' | 1C2 |
| Olles, Plaça de les | 5B3 |
| Om, Carrer de l' | 2E3 |
| Or, Carrer de l' | 3B1 |
| Oreneta, Carrer d' | 3A1 |
| Ortigosa, Carrer de | 5B1 |

# P

| | |
|---|---|
| Pablo Neruda, Plaça de | 4E4 |
| Padilla, Carrer de | 4F1 |
| Pagès, Passatge de | 4D5 |
| Palau, Carrer del | 5A3 |
| Palaudàries, Carrer de | 2E4 |
| Palla, Carrer de la | 5A2 |
| Pallars, Carrer de | 6E2 |
| Palma, Carrer de la | 1C3 |
| Palma de Sant Just, Carrer de la | 5B3 |
| Paloma, Carrer de la | 2E1 |
| Pamplona, Carrer de | 4F5 & 6F1–6F3 |
| Paral·lel, Avinguda del | 1B1–1C2 & 2D2–2F5 |
| Parc, Carrer del | 5A3 |
| Pare Eusebi Millan, Plaça de | 1A2 |
| Pare Laínez, Carrer del | 4D2 |
| Parlament, Carrer de | 2D2 |
| Parlament, Passatge de | 2D2 |
| Patriarca, Passatge del | 5A1 |
| Pau, Passatge de la | 5A3 |
| Pau Claris, Carrer de | 3B3 |
| Pedreres, Carrer de les | 1C2 |
| Pedró, Plaça del | 2E2 |
| Pelai, Carrer de | 2F1 |
| Penedès, Carrer del | 3B2 |
| Pere IV, Carrer de | 6E2 |
| Pere Costa, Carrer de | 4F1 |
| Pere Serafí, Carrer del | 3B1 |
| Perill, Carrer del | 3B2 |
| Perla, Carrer de la | 3B1 |
| Permanyer, Passatge de | 3B5 |
| Pescadors, Carrer dels | 5B5 |
| Pescadors, Moll de | 5A5 |
| Petons, Carrer dels | 5C2 |
| Petritxol, Carrer de | 5A2 |
| Peu de la Creu, Carrer del | 2F2 |
| Pi, Carrer del | 5A2 |
| Pi, Plaça del | 5A2 |
| Pi i Margall, Carrer de | 4D1 |
| Picasso, Passeig de | 5C3 |
| Pintor Fortuny, Carrer del | 2F2 |
| Piquer, Carrer de | 2D3 |
| Pizarro, Carrer de | 5C4 |
| Plata, Carrer de la | 5A3 |
| Poeta Boscà, Plaça de | 5B4 |
| Poeta Cabanyes, Carrer de | 2D3 |
| Polvorí, Camí del | 1A1 |
| Pompeu Gener, Plaça de | 5C4 |

| | | | | | | |
|---|---|---|---|---|---|---|
| Portaferrissa, Carrer de la | 5A2 | Roger de Flor, Passatge de | 4D3 | Sant Pere, Ronda de | 5A1 | Templaris, Carrer dels | 5A3 |


Portaferrissa, Carrer de la **5A2**
Portal de l'Angel, Avinguda del **5A1**
Portal de la Pau, Plaça del **2F4**
Portal de Santa Madrona, Carrer del **2F4**
Portal Nou, Carrer del **5C2**
Prat, Rambla del **3A1**
Princep d'Astúries, Avinguda del **3A1**
Princep de Viana, Carrer del **2E2**
Princesa, Carrer de la **5B2**
Progrés, Carrer del **3B2**
Provença, Carrer de **3A3**
Providència, Carrer de la **4D1**
Prunera, Passatge de **1C2**
Puig i Xoriguer, Carrer de **2E4**
Puigmartí, Carrer de **3B2**
Pujades, Carrer de **6F2**
Pujades, Passeig de **6D2**
Purissima Concepció, Carrer de la **1C3**

## Q
Quevedo, Carrer de **3C2**

## R
Rabí Rubén, Carrer de **1A1**
Radas, Carrer de **1C3**
Rambla, La **5A1**
Ramis, Carrer de **3C2**
Ramon Turró, Carrer de **6E3**
Ramon y Cajal, Carrer de **3B2**
Raspall, Plaça del **3B2**
Ratés, Passatge de **6F1**
Rauric, Carrer d'En **5A2**
Rec, Carrer del **5C3**
Rec Comtal, Carrer del **5C2**
Rector Oliveras, Passatge del **3B4**
Regàs, Carrer de **3A1**
Regomir, Carrer del **5A3**
Reial, Plaça **5A3**
Reig i Bonet, Carrer de **4D1**
Reina Amàlia, Carrer de la **2E2**
Reina Cristina, Carrer de la **5B3**
Reina Maria Cristina, Avinguda de la **1B2**
Rellotge, Moll del **5B5**
Revolució de Setembre de 1868, Plaça de la **3B1**
Ribera, Carrer de la **5C3**
Ribes, Carrer de **4E5 & 6D1**
Ricart, Carrer de **1C2**
Riera Alta, Carrer de la **2E2**
Riera Baixa, Carrer de la **2F2**
Riera de Sant Miquel, Carrer de la **3A2**
Riereta, Carrer de la **2E2**
Ripoll, Carrer de **5B2**
Rius i Taulet, Avinguda de **1B2**
Rius i Taulet, Plaça de **3B2**
Robador, Carrer d'En **2F3**
Robí, Carrer del **3B1**
Roca, Carrer d'En **5A2**
Rocafort, Carrer de **2D1**
Roger de Flor, Carrer de **4D2–4D5 & 6D1–6D2**


Roger de Flor, Passatge de **4D3**
Roger de Llúria, Carrer de **3B3**
Roig, Carrer d'En **2F2**
Romans, Carrer de **4D1**
Ros de Olano, Carrer de **3B1**
Rosa, Carrer de la **5A3**
Rosa Sensat, Carrer de **6F3**
Rosalía de Castro, Carrer de **4F2**
Roser, Carrer de **2D3**
Rosselló, Carrer del **3A3**
Rull, Carrer d'En **5A3**

## S
Sadurní, Carrer de **2F3**
Sagrada Família, Plaça de la **4D3**
Sagristans, Carrer dels **5B2**
Salamanca, Carrer de **5C5**
Salvà, Carrer de **2D3**
Salvador, Carrer del **2E2**
Salvador Espriu, Carrer de **6E4**
Sancho de Ávila, Carrer de **6E1**
Sant Agustí, Carrer de **3B3**
Sant Agustí, Plaça de **2F3**
Sant Agustí Vell, Plaça de **5C2**
Sant Antoni, Ronda del **2E2**
Sant Antoni Abat, Carrer de **2E2**
Sant Antoni Maria Claret, Carrer de **4D2**
Sant Benet, Passatge de **5C1**
Sant Bertran, Carrer de **2E4**
Sant Carles, Carrer de **5B4**
Sant Climent, Carrer de **2E2**
Sant Cristòfol, Carrer de **3A1**
Sant Domènec, Carrer de **3B2**
Sant Domènec del Call, Carrer de **5A2**
Sant Elm, Carrer de **5B5**
Sant Erasme, Carrer de **2E2**
Sant Ferriol, Carrer de **1A1**
Sant Francesc de Paula, Carrer de **5B1**
Sant Fructuós, Carrer de **1A1**
Sant Gabriel, Carrer de **3A1**
Sant Germà, Carrer de **1A1**
Sant Gil, Carrer de **2E2**
Sant Honorat, Carrer de **5B2**
Sant Isidre, Carrer de **1C3**
Sant Jaume, Plaça de **5A2**
Sant Jeroni, Carrer de **2F3**
Sant Joan, Passeig de **3C2–3C5 & 5C1**
Sant Joaquim, Carrer de **3B2**
Sant Josep Oriol, Carrer de **2F3**
Sant Lluís, Carrer de **3C1**
Sant Marc, Carrer de **3A1**
Sant Martí, Carrer de **2E3**
Sant Miquel, Baixada de **5A2**
Sant Miquel, Carrer de **5B5**
Sant Oleguer, Carrer de **2F3**
Sant Pacià, Carrer de **2E3**
Sant Pau, Carrer de **2E3**
Sant Pau, Ronda de **2E2**
Sant Paulí de Nola, Carrer de **1A1**
Sant Pere, Passatge de **4E1**
Sant Pere, Plaça de **5C1**


Sant Pere, Ronda de **5A1**
Sant Pere d'Abanto, Carrer de **1A1**
Sant Pere Martir, Carrer de **3B2**
Sant Pere Mes Alt, Carrer de **5B1**
Sant Pere Mes Baix, Carrer de **5B2**
Sant Pere Mitja, Carrer de **5B1**
Sant Rafael, Carrer de **2F3**
Sant Ramon, Carrer de **2F3**
Sant Roc, Carrer de **1A1**
Sant Sebastià, Platja de **5B5**
Sant Sever, Carrer de **5A2**
Sant Vincenç, Carrer de **2E2**
Santa Anna, Carrer de **5A1**
Santa Carolina, Carrer de **4F2**
Santa Dorotea, Carrer de **1A1**
Santa Elena, Carrer de **2E3**
Santa Eugènia, Carrer de **3A1**
Santa Eulàlia, Carrer de **3C2**
Santa Madrona, Carrer de **2E3**
Santa Madrona, Passeig de **1B3**
Santa Magdalena, Carrer de **3B1**
Santa Mònica, Carrer de **2F4**
Santa Rosa, Carrer de **3B1**
Santa Tecla, Carrer de **3B3**
Santa Teresa, Carrer de **3B3**
Saragossa, Carrer de **3A1**
Sardana, Plaça de la **2D4**
Sardenya, Carrer de **4E2–4E5 & 6E1–6E2**
Seca, Carrer de la **5B3**
Secretari Coloma, Carrer del **4D1**
Sedata, Jardí de la **4D2**
Segons Jocs Mediterranis, Carrer dels **1B2**
Seneca, Carrer de **3A2**
Sepúlveda, Carrer de **1C1**
Serra, Carrer d'En **5A3**
Sert, Passatge de **5C1**
Sevilla, Carrer de **5B5**
Sicília, Carrer de **4D2–4D5 & 6D1**
Sidé, Carrer de **5B2**
Síls, Carrer de **5A3**
Simó, Passatge de **4E3**
Simó Oller, Carrer de **5A3**
Siracusa, Carrer de **3B2**
Sitges, Carrer de les **5A1**
Sol, Carrer del **3B1**
Sol, Plaça del (Gràcia) **3B1**
Sol, Plaça del (Montjuïc) **1B3**
Sombrerers, Carrer dels **5B3**
Sòria, Carrer de **5C5**
Sortidor, Plaça del **2D3**
Sota Muralla, Pas de **5B3**
Sots-tinent Navarro, Carrer del **5B2**

## T
Tallers, Carrer dels **2F1**
Tamarit, Carrer de **1C2**
Tànger, Carrer de **6F1**
Tantarantana, Carrer d'En **5C2**
Tàpies, Carrer de les **2E3**
Tapineria, Carrer de la **5B2**
Tapioles, Carrer de **2D3**
Tarròs, Carrer d'En **5B2**
Tasso, Passatge de **4D5**
Taxdirt, Carrer de **4E1**


Templaris, Carrer dels **5A3**
Terol, Carrer de **3B1**
Tigre, Carrer del **2E1**
Til·lers, Passeig dels **5C2**
Topazi, Carrer del **3B1**
Tordera, Carrer de **3B2**
Torrent de les Flors, Carrer del **3C1**
Torrent de l'Olla, Carrer de **3B3**
Torrent d'en Vidalet, Carrer del **3C2**
Torres, Carrer de **3B3**
Torres, Passatge de les **4E3**
Torres i Amat, Carrer de **2F1**
Torrevella, Carrer de **6D4**
Torrijos, Carrer de **3C2**
Trafalgar, Carrer de **5C1**
Tragí, Carrer de **5B2**
Traginers, Plaça dels **5B3**
Trelawny, Carrer de **6D4**
Tres Pins, Carrer dels **1B4**
Tres Senyores, Carrer de les **3C1**
Unió, Carrer de la **2F3**
Univers, Plaça de l' **1B1**
Universitat, Plaça de la **2F1**
Universitat, Ronda de la **2F1**
Utset, Passatge d' **4E4**

## V
València, Carrer de **3A4**
Valldonzella, Carrer de **2F1**
Vallfogona, Carrer de **3B1**
Vallhonrat, Carrer de **1C2**
Ventalló, Carrer de **4D2**
Venus, Carrer de **3B2**
Verdaguer i Callís, Carrer de **5B1**
Verdi, Carrer de **3B1**
Vermell, Carrer **5C2**
Verntallat, Carrer de **3C1**
Viada, Carrer de **3C1**
Vicenç Martorell, Plaça de **5A1**
Victòria, Carrer de la **5C1**
Vigatans, Carrer del **5B2**
Vila de Madrid, Plaça de la **5A1**
Vila i Vilà, Carrer de **2E3**
Viladecols, Baixada de **5B2**
Viladomat, Carrer de **2D1**
Vilafranca, Carrer de **3C1**
Vilamarí, Carrer de **1C1**
Vilanova, Avinguda de **6D1**
Vilaret, Passatge de **4F3**
Villarroel, Carrer de **2E1**
Villena, Carrer de **6D3**
Vinaròs, Carrer de **5C5**
Vinyassa, Passatge de la **6F2**
Vinyeta, Passatge de la **2D4**
Virtut, Carrer de la **3B1**
Vistalegre, Carrer de **2E2**
Voluntaris Olímpics, Plaça dels **6E4**

## W
Wellington, Carrer de **6D3**

## X
Xaloc, Moll de **6F5**
Xiquets de Valls, Carrer dels **3B2**
Xuclà, Carrer d'En **5A1**

## Z
Zamora, Carrer de **6F1**

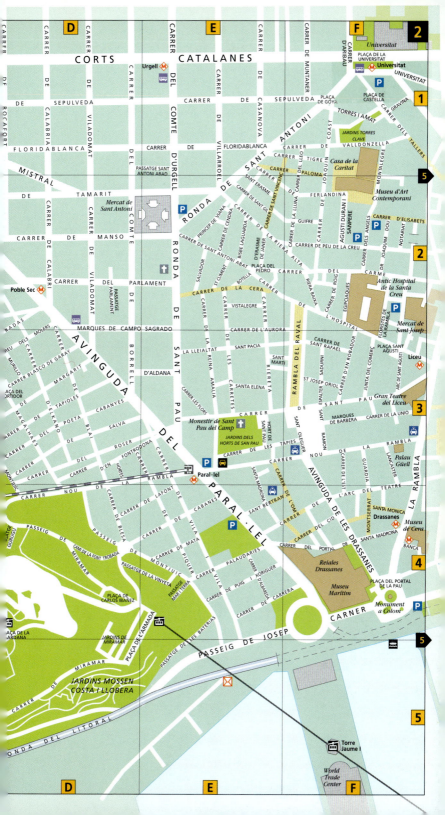

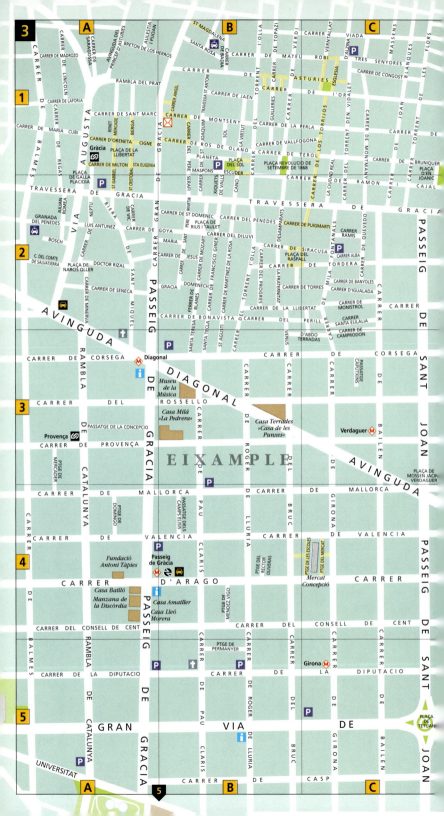

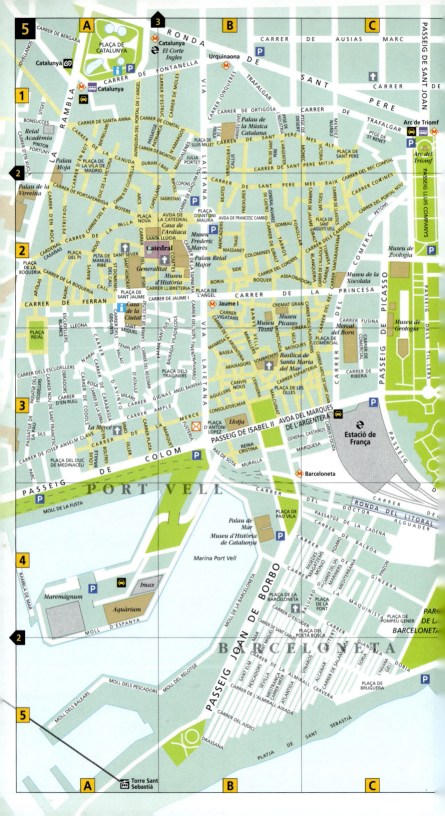

# Textregister

Seitenzahlen in **fetter Schrift** zeigen den Haupteintrag.

## A

Achila, König der Westgoten 42
Adolfo Domínguez (Barcelona) 155
Adressen 181
Aeroclub de Sabadell 171
Aïguamolls de l'Empordà 171
Air Europa 182
Air Nostrum 182
Aktivurlaub 170f
Albéniz, Isaac 19
Alfonso II, König von Aragón
 Monestir de Poblet 126
 Puigcerdà 114
Alfonso III, König von Aragón 114
 Eroberung Mallorcas 43
Alfonso XIII, König von Spanien 95
Almodóvar, Pedro 18, 19, 164
Almogàvers 43
Altstadt (Barcelona) 15, **53–69**
 Cafés und Bars 152f
 Detailkarte: Barri Gòtic 54f
 Hotels 134–136
 Kathedrale 58f
 La Rambla **60f**
 Restaurants 146–148
 Stadtteilkarte 53
Amargós, Josep 63
Ambulanz 176
Amenábar, Alejandro 164
American Express 178
Amposta 129
Andorra 114
Andorra la Vella 114
Angeln 170
Anreise 182–187
 mit dem Auto 186f
 mit dem Bus 187
 mit der Fähre 182f
 mit dem Flugzeug 182f
 mit dem Zug 184f
Antiga Casa Figueres (Barcelona) 26
Antilla Barcelona (Barcelona) 163
Antiquitätenläden 155
Antoni Desvalls, Joan 98
Any Nou (Neujahr) 36
Apolo (Barcelona) 163
Apotheken 176
Aquàrium (Barcelona) 68
Aqüeducte de les Ferreres (Tarragona) 129
Arc de Berà (Tarragona) 129
Arc del Triomf (Barcelona) 65
L'Arca de l'Àvia (Barcelona) 155
Archäologisches Museum (Barcelona)
 *siehe* Museu Arqueològic
Arché, Rafael 65
Architektur
 Gaudí und der Modernisme 24f
 La Ruta del Modernisme 26f
 Romanische Kunst und Architektur 22f
Aribau, Bonaventura 45
Armand Basi (Barcelona) 155
Arribas, Alfredo 89
Art Cristià Werkstätten 28
Arties 112
Ärzte 176
Associació Catalana d'Estacions d'Esquí i Activitats de Muntanya (ACEM) 171
Associació de Campings de Barcelona 133
Associació Fondes de Catalunya 133
Assumpció (Mariä Himmelfahrt) 36
L'Auditori de Barcelona (Barcelona) 99, 162f, 166f
Augustus, Kaiser 54
Ausflüge in die Luft **170**
Austrian Airlines 182
Autofahren 186f
 Autobahnen 186f
Auto-Exprés 184
Autocares Julià 187
Avis 187

## B

Balaguer 109
Balearen
 Fähren 183m
Banken 178
 Banknoten 179
 Geldwechsel 178
 Währung 178f
Banyoles 115
Baqueira Beret 113
Barcelona
 Altstadt 52–69
 Cafés und Bars 152f
 Eixample 70–83
 *festes* 34–37
 Flughafen 182f
 Großraum Barcelona 92–99
 Hotels 134–137
 Karten 14f, 50f, 188–197
 Montjuïc 84–91
 Quadrat d'Or 72f
 Restaurants 146–148
 Shopping 154–161
 Stadtplan **188–197**
 U-Bahn (Metro) 185
 *siehe auch hintere Umschlaginnenseite*
 Unterhaltung 162–169
 Züge 184
Barcelona, Grafen von 42, 114
Barcelona FC **95**, 163
 Museu del Futbol Club Barcelona 94
Barceloneta 67
Barri Gòtic (Barcelona) 53
 Detailkarte 54f
Barri Xinès (Barcelona) 60, 176
Barruera 113
Bars 142, **152f**, 168f
 Designer Bars 163
Bartomeu, Meister 28
Basílica de Santa Maria del Mar (Barcelona) 64
Bassa, Ferrer 28, 95
Batlló i Casanovas, Josep 76
BD-Ediciones de Diseño (Barcelona) 155
Beatus von Liébana (Heiliger) 114, 117
Beget 115
Begur 121
Behinderte Reisende **175**
 in Hotels 133
 in Restaurants 143
Bellini, Vincenzo 166
Benzin 186
Berenguer, Francesc 99
Berga
 *festes* 34
Berga i Boix, Josep 28
Besalú 115
Beuys, Joseph
 *Bleiraum (Schmerzraum)* 99
Blai, Pere 57
Blanes 120
Blay, Miquel
 Museu d'Art Modern (Barcelona) 63
 Museu Comarcal de la Garrotxa (Olot) 115
 Palau de la Música Catalana (Barcelona) 63
 Plaça d'Espanya (Barcelona) 89
Blumen des Matorral 20f
Boadas (Barcelona) 163
Bofill, Guillem 116
Bofill, Ricard 89, 99
Boote
 Fähren 182, **183**
 *golondrinas* (Barcelona) 65
 Museu Marítim (Barcelona) 69
 Segeln 171
La Boqueria (Barcelona) 155
El Born (Barcelona)
 Spaziergang 102f
Borrassà, Lluís 28
Bossòst 112
Botschaften (Deutschland, Österreich, Schweiz) 175
Bourbonen
 Castell de Montjuïc (Barcelona) 89
 Karlistenkriege 46
 Spanischer Erbfolgekrieg 44f
British Airways 182
Buchläden 155
Buigas, Carles 87, 89
Buigas, Gaietà 65
Bulevard Rosa (Barcelona) 155
Buquebus 182
Burgen
 Cardona 124
 Castell de Montjuïc (Barcelona) 50, **89**
 Torre Bellesguard (Barcelona) **98**
Busse 187

## C

Caballé, Montserrat 19, 166
Cadaqués 109, **120**
 Costa Brava 121
Cadí-Moixeró 114
Caesar, Gaius Julius 120
Cafés und Bars **152f**, 163, 168f
La Caixa de Fang (Barcelona) 155
CaixaForum 98f

Caldes de Boí 113
Calzados E Solé (Barcelona) 155
Cambrils 128
Camp Nou Stadion 94
Campingplätze 133
Camprodon 115
Canaletto 88
*Cantada d'havaneres* 35
Cardona 124
Cardona, Herzöge von 124, 126
Carlos IV, König von Spanien 126
Carnestoltes 37
Carreras, Josep (José) 19, 162, 166
Casa Batlló (Barcelona) 24, 25, **76f**, 78,
Casa de l'Ardiaca (Barcelona) 56
 Detailkarte 54
Casa de la Ciutat (Barcelona) **57**
 Detailkarte 54
Casa Lléo Morera (Barcelona) 26
 Detailkarte 72
Casa Milà (Barcelona) 50, 78, **79**
 Detailkarte 73
Casa-Museu Castell Gala Dalí (Figueres) 117
Casa-Museu Salvador Dalí (Cadaqués) 120
Casa Terrades (Barcelona) 79
 Detailkarte 73
Casa Vicens (Barcelona) 26, 78, 105
Casals, Pablo (Pau) 19, 166
 Museu Pau Casals (Sant Salvador) 128
Casas, Ramon 29, 63
 *Prozession vor Santa Maria del Mar* 28
*casa de pagès* 133
Castell de Montjuïc (Barcelona) 50, **89**
*Casteller* Festivals 35, 125
*Cava*-Region 32f
Central de Reservas 133
Centre Bonastruc Ça Porta (Girona) 116
Centre de Cultura Contemporania 62
Centre Excursionista de Catalunya (Barcelona) 171
 Detailkarte 55
Centre Municipal de Tennis Vall d'Hebron 171
Centre Municipal de Vela Port Olímpic 171
Cercle de Pessons 114
Cerdà i Sunyer, Ildefons 24, 46
 Eixample (Barcelona) 71
 Plaça de les Glòries Catalanes (Barcelona) 99
Cerdanya 114
Cereria Subirà (Barcelona) 155
Cervantes, Miguel de 43
Chagall, Marc 120
Clavé, Josep Anselm 61
Coll 113
Col·legi de les Teresianes 25
Collet, Charles 123
Colmado Quílez (Barcelona) 155

Companys, Lluís
 Castell de Montjuïc (Barcelona) 89
 Gefangennahme 46
 Hinrichtung 47, 89
Contribuciones (Barcelona) 155
*Convergència i Unió* 18, 47
Corpus Christi 34
El Corte Inglés (Barcelona) 155
CosmoCaixa 98
Costa Brava 109, **121**
Costa Cruises 182
Costa Daurada 128
Un Cotxe Menys 171
Creu Rioja (Rotes Kreuz) 176
Crisol (Barcelona) 155

# D
Dalí, Gala 117
Dalí, Salvador 19, 29, **117**
 Cadaqués 120
 Casa-Museu Castell Gala Dalí (Figueres) 117
 Casa-Museu Salvador Dalí (Cadaqués) 120
 *Taxi im Regen* (Dalí) 117
 Teatre-Museu Dalí (Figueres) 117
Dalmau, Lluís 28, 88
Delta de l'Ebre (Ebrodelta) **129**, 171
Desclot, Bernard 43
Designerläden 155
Deutsche Bank 178
Dia de la Constitució 36
Dia de la Hispanitat 36
Diada de Catalunya 36
Diaghilew, Sergej P. 166
Diebstähle 176f
Dijous Sant (Gründonnerstag) 34
Dilluns de Pasqua (Ostermontag) 36
Diners Club 178
Diumenge de Rams (Palmsonntag) 34
Divendres Sant (Karfreitag) 36
Domènech i Montaner, Lluís
 Casa de l'Ardiaca (Barcelona) 56
 Casa Lléo Morera (Barcelona) 72, 78
 Fundació Antoni Tàpies (Barcelona) 72, 78
 Hospital de la Santa Creu i de Sant Pau (Barcelona) 71, **79**
 Modernisme 24
 Museu de Zoologia (Barcelona) 66
 Palau de la Música Catalana (Barcelona) 63
Domènech i Montaner, Pere 79
Domènech i Roura, Pere 89
Donizetti, Gaetano 166
*Dona i Ocell* (Miró) 94
Drassanes (Barcelona) 65
*Drei Zigeuner* (Rebull) 54
Durro 113

# E
Ebre, Riu (Ebro) 129
Ebrodelta (Delta de l'Ebre) **129**, 171

EC-Karte 178
Eco-Musei (Delta de L'Ebre) 129
Einkaufen **154–161**
Eixample (Barcelona) 15, **70–83**
 Cafés und Bars 153
 Detailkarte Quadrat d'Or 72f
 Hotels 136f
 Restaurants 148
 Sagrada Família **80–83**
 Stadtteilkarte 71
El Born (Barcelona)
 Spaziergang 102f
El Bosc de les Fades (Barcelona) 163
El Prat, Flughafen (Barcelona) 182f
El Raval (Barcelona) 62
El Vendrell 128
Elisenda de Montcada de Piños 95
Empúries 41, **120**
Encants Vells (Barcelona) 155
Erill la Vall 113
L'Escala 121
Escola Hípica 171
Escribà Pastisseries (Barcelona) 155
Escunhau 112
Essen und Trinken
 *Cava*-Region 32f
 Glossar typ. Gerichte 144f
 Katalanische Küche 30f
 Shopping **154**, 155
 Weine Kataloniens 32
 *siehe auch* Restaurants
Estació del Nord (Barcelona) **99**, 187
Estació de Sants 187
Estadi Olímpic de Montjuïc (Barcelona) **89**, 171
L'Estanc (Barcelona) 155
L'Estartit 121
Etikette 142
Eulàlia (Heilige) 58f
Eurolines 187
Europäische Union 47
Europcar 187
Eyck, Jan van 28

# F
Fähren 182f
Fahrräder 170
Falqués, Pere 72, 99
Faust, Karl 120
FC Barcelona 94f, 163
Federació d'Entitats Excursionistes de Catalunya 133
Federació ECOM 133
Feiertage 36
Felipe IV, König von Spanien 44
Felipe V, König von Spanien
 Castell de Montjuïc (Barcelona) 89
 Diada de Catalunya 36
 La Seu Vella (Lleida) 124
 Parc de la Ciutadella (Barcelona) 65
 Spanischer Erbfolgekrieg 45
Felix (Heiliger) 116
Ferienwohnungen 133

Fernando II, König von Katalonien-Aragón 44, 56
Fernsehprogramme 181
Ferrer, Pere 57
Festa del Treball 36
Festa major de Gràcia (Barcelona) 35
Festa major de Sants (Barcelona) 35
Festa major de Vilafranca del Penedès 35
*Festes* 34–37
Festes de Sarrià i de Les Corts (Barcelona) 36
Festival del Grec 35
Festivals **34–37**
*casteller* 125
Feuerwehr 177
FGC-Information (Ferrocarrils de la Generalitat de Catalunya) 184
Fiestas 34–37
Figueres 117
Fira de Sant Ponç (Barcelona) 34
Fiveller, Joan 57
Flagge, katalanische
Les Quatre Barres **114**
*Flamme im Raum und nackte Frau* (Miró) 88
Fliegerklubs 170
Flor, Roger de 43
Fluglinien 182f
Foix, Grafen von 114
Folguera, Francesc 122
Font de Canaletes (Barcelona) 61
Font Màgica (Barcelona) 85
Detailkarte 87
Fontseré, Josep
Museu de Geologia (Barcelona) 66
Parc de la Ciutadella (Barcelona) 65
Forestier, Jean 65
Forment, Damià 127
Fortuny i Marsal, Marià 29, 63
Foster, Norman 95
Franco, General Francisco 47
Franks 42
Free Evolució 171
Freizeitparks 163
Port Aventura 128
Fremdenverkehrsämter 133, **174**, 175
Frühling in Katalonien 34
Fundació Antoni Tàpies (Barcelona) **78**
Detailkarte 72
Fundació Joan Miró (Barcelona) **88**
Detailkarte 87
Fußball
FC Barcelona **95**, 163
Barcelona vs. Real Madrid 95
Museu del Futbol Club Barcelona (Barcelona) 94

# G

Galerien *siehe* Museen und Sammlungen
Galters, Charles 58f
Gandesa 111
Gargallo, Pau 61, 79
Garona, Riu 112
Garran, Maurici 67
Gärten *siehe* Parks und Gärten
*Gärten von Aranjuez, Die* (Rusiñol) 28
Gaudí, Antoni 19, 46, **78**
Casa Batlló (Barcelona) 24, 25, 76f, 78
Casa Milà (Barcelona) 50, 73, 78, **79**
Casa Vicens (Barcelona) 26, 78, 105
Tod 60
Gaudí und der Modernisme **24f**
Palau Güell (Barcelona) 24f, 60, **62**
Palau Reial de Pedralbes (Barcelona) 95
Parc de la Ciutadella (Barcelona) 65
Parc Güell (Barcelona) **96f**
Plaça Reial (Barcelona) 61
Sagrada Família (Barcelona) 24, 51, 71, 78, **80–83**
Torre Bellesguard (Barcelona) 98
Gefahren im Freien 177
Geld 178f
Geldautomaten 178
Generalitat 17, 18, 47
Palau de la Generalitat (Barcelona) 57
Geologie-Museum (Barcelona) *siehe* Museu de Geologia
*Georg und die Prinzessin, Der heilige* (Huguet) 28
Georg (Heiliger) 34
Geschichte **40–47**
Geschwindigkeitsbeschränkungen 186
Gesundheit 176f
Girona 109, **116f**
Flughafen 182
Stadtplan 116
Golf 170
Golf El Prat 171
Golf Sant Cugat 171
*Golondrinas* (Barcelona) **69**
Gotik 28
Goya, Francisco de 28
Gràcia
Spaziergang 104f
Gran Teatre del Liceu (Barcelona) 60
Granados, Enrique 19
El Greco 28, 88, 128
Grimaldi Group 182
Grup Aeri 171
Güell, Graf Eusebi 46
Palau Reial de Pedralbes (Barcelona) 95
Parc Güell (Barcelona) 25, **96f**
Guies del Pirineu 171
Guifré el Pelós (Wilfried der Behaarte), Graf von Barcelona 42
Les Quatre Barres 114
Ripoll 114
Sant Joan de les Abadesses 115

# H

Habsburger 44
Hamilkar Barkas 41
Handys 175, 180f
Roaming 175
Hannibal 41
Harlem Jazz Club (Barcelona) 163
Herbst in Katalonien 36
Hertz 187
Homar, Gaspar 26
Hospital de la Santa Creu i de Sant Pau (Barcelona) 79
Hotels **132–141**
Barcelona 134–137
Behinderte Reisende 133
Hotelkategorien 132
Katalonien 137–141
Paradors 132
Preise 132
Reservierungen 132
Unterkunft auf dem Land 133
Huguet, Jaume
Catalunya (Barcelona) 88
*Der heilige Georg und die Prinzessin* 28
Museu Nacional d'Art de Palau Reial Major (Barcelona) 57

# I

Iberia 182
Iberer 41
L'Illa (Barcelona) 155
Immaculada Concepció (Mariä Empfängnis) 36
Inquisition 56
Internacional de Cotxes d'Època 37
Isabel von Kastilien 44, 56
Isozaki, Arata 89

# J

Jagen und Angeln 170
Jamboree (Barcelona) 163
Jardí Botànic Mar i Murtra (Blanes) 120
Jaume I »der Eroberer«, König von Aragón 43, 57
Jaume II, König von Aragón 95
Hofmaler 28
Kathedrale (Barcelona) 58, 59
Monestir de Santes Creus 125
Jazz **163**
Terrassa Jazz Festival 34
Joan, Pere 129
Juan von Österreich 65
Juan II, König von Aragón 126
Juan Carlos, König von Spanien 47
Juden **56**
Besalú 115
Centre Bonastruc Ça Porta (Girona) 116
Vertreibung 44
Jujol, Josep Maria 79
Parc Güell (Barcelona) 99
Julià Tours 187

# K

Kanarische Inseln
 Karte 13
Karl der Große 42, 116f
Karl der Kahle,
 König der Franken 114
Karl Martell, König der
 Franken 42
Karlistenkriege (1833–39)
 41, 45, 46
Karneval 37
Karten
 Altstadt (Barcelona) 14f, 53
 Barcelona 14f, 50f, **188–197**
 Barcelona: Altstadt 14f, 53
 Barcelona: Großraum 93
 Barcelona: Quadrat d'Or 72f
 Barcelona: Stadtplan **188–197**
 Barri Gòtic (Barcelona) 54f
 *Cava*-Region 32f
 Eixample (Barcelona) 14f, 71
 Europa und Nordafrika 13
 Girona 116
 Kanarische Inseln 13
 Katalonien 15, **110f**
 La Rambla (Barcelona) 60f
 La Ruta del Modernisme 26f
 Montjuïc (Barcelona) 14f, 85ff
 Spanien 12f
Karthago 41
Karwoche (Setmana Santa) 34
Katalanische Malerei 28f
Katalanische Sprache 18f, **174**
Katalonien 108–129
 Geschichte 40–47
 Hotels 137–141
 Karten 12f, 15, 110f
 Malerei 28f
 Porträt Kataloniens 17–19
 Restaurants 150f
*Kathedrale der Armen* (Mir) 29
Kathedralen
 Barcelona 51, 54, **58f**
 Girona 116f
 La Seu d'Urgell 114
 Lleida 124
 Tarragona 129
 Vic 124
Kaufhäuser und Passagen **154f**
Kfz-Versicherung 186
Kirchen (Barcelona)
 Basílica de Santa Maria del Mar **60**
 Öffnungszeiten 174f
 Sagrada Família 24, 51, 71, 78, **80–83**
 Temple Expiatori del Sagrat Cor 93, 98
Kleidung
 in Restaurants 142
 Shopping **154f**
Klima 21, **34–37**
 Niederschläge 36
 Sonnenschein 35
 Temperaturen 37
Klöster
 Monestir de Montserrat **122f**
 Monestir de Poblet **126f**
 Monestir de Santa Maria (Ripoll) 22, 114
 Monestir de Santa Maria de Pedralbes (Barcelona) **95**
 Monestir de Santes Creus 125
 Sant Joan de les Abadesses 115
 »Zisterzienserdreieck« 125f
Klubs 163
Kolbe, Georg 86
 *Der Morgen* 89
Kolumbus, Christopher 44
 Barcelona Cathedral 58
 Dia de la Hispanitat 36
 Monument a Colom (Barcelona) 50, 60, **69**
 Palau Reial Major (Barcelona) 56
Kommunikation 180f
Konzertsaison (Barcelona) 35
Krankenhäuser 176
Kreditkarten 143, **178**
Kreuzfahrten 182f
Kunst
 Katalanische Malerei **28f**
 Romanische Kunst und Architektur **22f**
 Shopping 155
 *siehe auch* Museen und Sammlungen

# L

Läden und Märkte **154–161**
Lichtenstein, Roy 64
*Lithografie* (Tàpies) 29
Llafranc 121
Lleida 109, **124f**
Llibreria Quera 171
*Lliga de Catalunya* 46
Llimona, Josep 62, 63
Lívia 114
Lloret de Mar 121
 *festes* 35
La Llotja (Barcelona) 63
Llúria, Roger de 43
Lufthansa 182
Lukas (Heiliger) 123
Lull, Ramon 43
Luminsten 29
Luna, Bigas 19

# M

Macià, Francesc 46
Maestro-Karte 178
*Mancomunitat* 46
Madonna von Montserrat, Die 123
Mansana de la Discòrdia (Barcelona) **78**
 Detailkarte 72
La Manuel Alpargatera (Barcelona) 155
Maragall, Pasqual 18, 47
Marès i Deulovol, Frederic **56**, 127
Mariä Empfängnis (Immaculada Concepció) 36
Mariscal, Javier 19, 89
Märkte 155
 Mercat de San Josep (Barcelona) 60
 *siehe auch* Shopping
Martí der Gütige 57, 98
Martín de Cermeño, Juan 64
Martorell, Bernat
 *Verklärung* 59
Martorell i Peña, Francesc 66
Martorell, Joanot 43, 44
Mas i Fontdevila, Arcadi 29
MasterCard 178
Mateu, Pau 57
Matorral
 Blumen des Matorral 20f
 Tierwelt des Matorral 21
Mauren 42, 44
 Tortosa 129
Medizinische Versorgung 176
Meeresmuseum (Barcelona)
 *siehe* Museu Marítim
Mehrwertsteuer
 in Restaurants 143
Mehrwertsteuererstattung 174
Meier, Richard 60
*Meninas, Las* (Picasso) 61
Menschentürme 125
Menü 143, **144f**
Mercat de les Flors (Barcelona) 163
Mercat de Sant Josep (Barcelona) 60
La Mercè (Barcelona) 36
Mercury, Freddy 166
Metro (U-Bahn) 185
Mies van der Rohe, Ludwig
 Pavelló Mies van der Rohe (Barcelona) 89
Mietwagen 186f
Milà, Familie 79
Mir, Joaquim 63
 *Die Kathedrale der Armen* 29
Mirablau (Barcelona) 163
Miró, Joan 19, 29, 86
 Akademie der Schönen Künste (Barcelona) 63
 *Dona i Ocell (Frau und Vogel)* 94
 *Flamme im Raum und nackte Frau* 88
 Fundació Joan Miró (Barcelona) 87, **88**
 Museu de Ceràmica (Barcelona) 95
 Parc de Joan Miró (Barcelona) 94
 Plaça de la Boqueria (Barcelona) 61
Miró, Toni 19
Mitjans, Francesc 94
Mobiltelefone 175, 181
 Roaming 175
Modeboutiquen **154**, 155
Modernisme 19
 Eixample (Barcelona) 71
 Gaudí and Modernisme **24f**
 La Ruta del Modernisme **26f**
 Mansana de la Discòrdia (Barcelona) **78**
Mompou, Federico 19
Moneo, Rafael 99
Montblanc 125
Montjuïc (Barcelona) 14, **84–89**
 Castell de Montjuïc 50, **89**
 Detailkarte 86f
 Stadtteilkarte 85
Montserrat 122f
Monturiol i Estarriol, Narcís 117
Monument a Colom (Barcelona) 50, 60, **69**
La Moreneta 123
*Der Morgen* (Kolbe) 89

Murillo, Bartolomé Esteban 28
Museen und Sammlungen
 (allgemein)
 Eintritt 175
 Öffnungszeiten 174
Museen und Sammlungen
 (einzeln)
 CaixaForum 98
 Casa-Museu Castell Gala Dalí
  (Figueres) 117
 Casa-Museu Salvador Dalí
  (Cadaqués) 120
 Castell de Montjuïc
  (Barcelona) 89
 Centre Bonastruc Ça Porta
  (Girona) 116
 CosmoCaixa 98
 Eco-Museu (Delta de L'Ebre)
  129
 Fundació Antoni Tàpies
  (Barcelona) **78**
 Fundació Joan Miró
  (Barcelona) 87, **88**
 Kathedrale (Barcelona) 59
 Kathedrale (Girona) 117
 Monestir de Montserrat 122
 Museu Arqueològic
  (Barcelona) 87, **88**
 Museu d'Art (Girona) 117
 Museu d'Art Contemporani
  (Barcelona) **62**
 Museu de Arts Decoratives
  (Barcelona) 95
 Museu d'Autòmats
  (Barcelona) 98
 Museu Cau Ferrat (Sitges)
  128
 Museu Comarcal de la Conca
  de Barberà (Montblanc) 125
 Museu Comarcal de la
  Garrotxa (Olot) 115
 Museu de Cera (Barcelona) 61
 Museu de Ceràmica
  (Barcelona) 95
 Museu del Cinema (Girona)
  117
 Museu Diocesà (La Seu
  d'Urgell) 114
 Museu Diocesà i Comarcal
  (Solsona) 124
 Museu Episcopal de Vic 22,
  124
 Museu Etnològic (Barcelona)
  87
 Museu Frederic Marès
  (Barcelona) 55, **56**
 Museu del Futbol Club
  Barcelona (Barcelona) **94**
 Museu del Ganivet (Solsona)
  124
 Museu de Geologia
  (Barcelona) **66**
 Museu d'Història de Catalunya
  (Barcelona) 68f
 Museu d'Història de la Ciutat
  (Barcelona) 55, **56**
 Museu d'Història de la Ciutat
  (Girona) 117
 Museu del Joguet (Figueres)
  117
 Museu de la Romanitat
  (Tarragona) 128–29
 Museu Marítim (Barcelona) **69**
 Museu Municipal (Tossa
  de Mar) 120
 Museu de la Música
  (Barcelona) 99
 Museu Nacional Arqueològic
  (Tarragona) 129
 Museu Nacional d'Art de
  Catalunya (Barcelona) 86, **88**
 Museu Pau Casals
  (Sant Salvador) 128
 Museu Picasso (Barcelona) **64**
 Museu Tèxtil i d'Indumentària
  (Barcelona) 103
 Museu de la Vall d'Aran
  (Vielha) 112
 Museu del Vi (Vilafranca del
  Penedès) 125
 Museu de la Xocolata **65**
 Museu de Zoologia
  (Barcelona) **66**
 Sagrada Família (Barcelona)
  80
 Teatre-Museu Dalí (Figueres)
  117
Musik
 L'Auditori de Barcelona
  (Barcelona) 99, 162f, 166f
 Blues, Rock und Jazz 166f
 Klassische Musik 35, **162**, 163
 Museu de la Música
  (Barcelona) 99
 Palau de la Música Catalana
  (Barcelona) **63**
 Terrassa Jazz Festival 34

# N
Nadal (Weihnachten) 36f
Nagel, Andrés 94
Napoléon I, Kaiser 36, 45
Narcissus (Heiliger) 116
National ATESA 187
Nationalparks
 Wandern **170f**
 Parc Nacional d'Aigüestortes
  **113**
Natur
 Parc Nacional d'Aigüestortes
  113
 Parc Natural del Delta de
  L'Ebre 129
 Tierwelt des Matorral 21
 Schmetterlinge im Vall d'Aran
  112
 Vogelbeobachtung 170
*Noche negra* 47
Nonell, Isidre 63
 *Warten auf die Suppe* 29
Notarzt (Rettung) 176f
Notfälle 176
Notrufnummern 177f

# O
Öffnungszeiten
 Banken 178
 Kirchen 174
 Museen 174
 Restaurants 142
Oliva, Abbot 42, 124
Olot **115**
Oloter Schule 28, 115
Olympische Spiele (1992) 47
 Estadi Olímpic de Montjuïc
  (Barcelona) 89
 Montjuïc (Barcelona) 85
 Port Olímpic (Barcelona) **67**
 Torre de Collserola
  (Barcelona) 95
Oper *siehe* Gran Teatre del
 Liceu; Musik
Ostern 34, 36
Otto Zutz (Barcelona) 163

# P
Palamós 121
Palau Baró de Quadras
 (Barcelona) 26
Palau de la Generalitat
 (Barcelona) 57
 Detailkarte 54
Palau de la Música Catalana
 (Barcelona) **63**, 163
Palau de la Virreina (Barcelona)
 60
Palau Güell (Barcelona) 24f, 60,
 **62**
Palau Macaya (Barcelona) 27
Palau Moja (Barcelona) 61
Palau Nacional (Barcelona) 50,
 86, 88
Palau Reial (Barcelona) **55**
 Detailkarte 55
Palau Reial de Pedralbes
 (Barcelona) **95**
Palau Sant Jordi (Barcelona) 89
Pallarès Grau, Manuel 60
Palmsonntag 34
La Paloma (Barcelona) 163
Paradores **132**, 133
Paragliding 170
*Paral·lel any 1930* (Roger) 12
Parc d'Atraccions (Barcelona) 98
Parc de la Ciutadella
 (Barcelona) 51, **65**
Parc de l'Espanya Industrial
 (Barcelona) **94**
Parc del Laberint d'Horta 98
Parc Güell (Barcelona) **96f**
Parc de Joan Miró (Barcelona) **94**
Parc Nacional d'Aigüestortes
 **113**, 171
Parc Natural del Cadí-Moixeró
 114, 171
Parc Natural del Delta de L'Ebre
 129
Parc Zoològic (Barcelona) **66**
Parken **187**
Parks und Gärten
 Jardí Botànic Mar i Murtra
  (Blanes) 120
 Palau Reial de Pedralbes
  (Barcelona) 95
 Parc de la Ciutadella
  (Barcelona) 51, **65**
 Parc de l'Espanya Industrial
  (Barcelona) **94**
 Parc Güell (Barcelona) **96f**
 Parc de Joan Miró (Barcelona)
  **94**
Pasqua (Ostern) 34
Passagen **154**, 155
Passeig de Gràcia (Barcelona)
 Detailkarte 72
Pass 174
Pavelló Mies van der Rohe
 (Barcelona) **89**
 Detailkarte 86

Pelegrí de Tossa (Tossa de Mar) 37
Peña Ganchegui, Luis 94
Pepper, Beverley 99
Peratallada **120**
Pere IV der Feierliche, König von Aragón 43, 126
Persönliche Sicherheit **176f**
Peter (Heiliger) 123
Petronila von Aragón 42
Picasso, Jacqueline 61
Picasso, Pablo 19, 29
  Akademie der Schönen Künste (Barcelona) 60
  *Homenatge a Picasso* (Barcelona) **63**
  *Las Meninas* 61
  Museu de Ceràmica (Barcelona) 95
  Museu Picasso (Barcelona) **64**
  Pablo Picasso in Barcelona **64**
Piscines Bernat Picornell 171
Pista de Gel del FC Barcelona 171
Pla, Francesc 28
Plaça de la Boqueria (Barcelona) 61
Plaça d'Espanya (Barcelona) 89
Plaça de les Glòries Catalanes (Barcelona) **99**
Plaça Reial (Barcelona) 61
Platja d'Aro 35, 121
  *festes* 37
Poble Espanyol (Barcelona) **89**
  Detailkarte 86
Poblenou **99**
  Spaziergang 106–7
Poblet *siehe* Monestir de Poblet
Polizei 176f
Port Aventura 128
Port Olímpic (Barcelona) 67
Port Vell (Barcelona) 68
Post 181
Prim, General 62
Primo de Rivera, Miguel 46
*Prozession vor Santa Maria del Mar* (Casas) 28
Puig i Cadafalch, Josep
  CaixaForum (Barcelona) 99
  Casa Amatller (Barcelona) 78
  Casa Macaya (Barcelona) 27
  Casa Terrades (Barcelona) 73, **79**
  Modernisme 24
  Museu de la Música 99
  Palau Baró de Quadras (Barcelona) 26
Puigcerdà **114**
Pujol, Jordi 18, 47
Pullmantur 187
Pyrenäen 114

## Q
Quadrat d'Or (Barcelona)
  Detailkarte 72f
Les Quatre Barres 114

## R
Radioprogramme 181
Radio Taxis 187
La Rambla (Barcelona) 51, **60f**
Ramon Berenguer I, Graf von Barcelona 42, 59

Ramon Berenguer III, Graf von Barcelona 42
Ramon Berenguer IV, Graf von Barcelona 42
  Monestir de Poblet 126
  Monestir de Santes Creus 125
Rauchen 143
El Raval (Barcelona) 62
Raventós, Josep 32
Raventós, Ramon 89
Real Madrid 95
Rebull, Joan
  *Drei Zigeuner* 54
Reccared, König der Westgoten 41
Rechtsbeistand 177
Regen 36
Reial Acadèmia de Ciències i Arts (Barcelona) 61
Reis Mags (Heilig Drei König) 36f
Reisedokumente 174
  Pass 174
  Visa 174
Reisen **182–187**
  Auto 186f
  Bus 187
  Fähre 182f
  Flugzeug 182f
  *golondrinas* (Barcelona) 69
  in Katalonien 110
  Taxi 187
  U-Bahn (Metro) 185
  Zug 184f
Reisechecks 178
Reiten 170
*Renaixença* 45f
RENFE 184
Restaurants **142–151**
  Barcelona 146–149
  Behinderte Gäste 143
  Essenszeiten 142
  Etikette 142
  Katalonien 150f
  Preise und Rechnung 143
  Rauchen 143
  Speisekarte 143
  Typische Gerichte 144f
  Weine 143
  *siehe auch* Essen und Trinken
Reus
  Flughafen 182
Revellón 37
Revetlla de Sant Joan 35
Reynés, Josep 62
Ribera, José de 28
Rigalt, Lluís 26
Ripoll 114
Rockmusik 163
Rogent, Elies 64f
Roger, Emili Bosch
  *Paral·lel any 1930* 12
Roig i Soler, Joan 29, 63
Romanische Kunst und Architektur 22f
Romeu, Pere 63
Römische Ruinen 41
  Barri Gòtic (Barcelona) 54
  Empúries 120
  Museu d'Història de la Ciutat 57
  Tarragona 128–9
  Vic 124

Ros i Güell, Antoni 26
Roses 121
Rotes Kreuz 176
Rusiñol, Santiago 29
  *Die Gärten von Aranjuez* 28f
Sitges 128
La Ruta del Modernisme 26f

## S
Sabartes, Jaime 61
Safont, Marc 57
Sagnier, Enric 98
Sagrada Família (Barcelona) 51, 71, 78, **80–83**
  Gaudí und der Modernisme 24
Salardú 112
Salou 128
Sant Carles de la Ràpita 129
Sant Climent de Taüll 22, 113
Sant Cristòfol de Beget 23
Sant Jaume de Frontanyà 22, 114
Sant Joan 36
Sant Joan de les Abadesses 115
Sant Jordi 34
Sant Josep 34
Sant Martí 114
Sant Medir 34
Sant Miquel 36
Sant Pere de Besalú 23
Sant Pere de Camprodon 23
Sant Pere de Galligants 23
Sant Pere de Rodes 23, 117
Sant Sadurní d'Anoia
  *cava* 32f
Santa Cristina (Lloret de Mar) 35
Santa Eulàlia (Barcelona) 37
Santa Maria (Ripoll) 22, 113
Santa Maria (Taüll) 113
Santes Creus 125
Saportella, Francesca 95
Sardana (Tanz) 129
Schlittschuhfahren 170
Schmetterlinge im Vall d'Aran 112
Schwarze Madonna (Montserrat) 123
Schwimmbäder 170
Secretaria General de Juventud 184
Segeln 171
Sert, Josep Lluís
  Fundació Joan Miró (Barcelona) 87, 88
Sert, Josep-Maria 29, 124
  Casa de la Ciutat (Barcelona) 57
  Cathedral (Vic) 124
Servi-COCEMFE 175
Setmana Santa (Karwoche) 34
*Setmana tràgica* (1909) 46
La Seu d'Urgell 110, **114**
Shopping **154–161**
Sicherheit bei Wanderungen 171
Sicherheit und Notfälle 176f
Sisley, Alfred
  *Abenddämmerung am Loing* 63

Sitges 111, **128**
  *festes* 34, 37
  Luministen 29
Skifahren 171
  Baqueira Beret 113
Skorpione 21
Soler, Frederic 62
Solsona 124
Sommer in Katalonien 35
Sonnenschein 35
Spanair 182
Spanien
  Karte 12f
Spanischer Bürgerkrieg
  (1936–39) 47, 129
Spanischer Erbfolgekrieg 44f
Spanischer Unabhängigkeits-
  krieg (1808–14) 45
Spaziergänge **100–107**
  El Born 102f
  Gràcia 104f
  Poblenou 106f
  La Ruta del Modernisme 26f
Speisekarte 143
Spezialitätenläden **154**, 155
Spezialläden 160f
Sport und Aktivurlaub 163,
  **170–71**
Sprache 18f, **174**
Stadtmuseum (Barcelona)
  siehe Museu d'Història
  de la Ciutat
Steuern
  Mehrwertsteuererstattung 174
  Restaurants 143
Strände
  Costa Brava 121
  Costa Daurada 128
Studenten 175
Subirachs, Josep Maria 80, 82
Swiss 182
Synagogen 56

## T

Tanz **162**, 163
  *sardana* 129
Tapas 144, 152f
Tàpies, Antoni 19, 29
  Fundació Antoni Tàpies
    (Barcelona) 72, **78**
  *Homenatge a Picasso*
    (Barcelona) **63**
  *Lithografie* 29
  *Wolke und Stuhl* 72
Tarragona 109, **128f**
Tauchen 171
*Taxi im Regen* (Dalí) 117
Taxis **187**
Teatre del Liceu, Gran
  (Barcelona) 60
Teatre Grec (Barcelona)
  Detailkarte 87
Teatre-Museu Dalí (Figueres) 17
Teatre Nacional de Catalunya
  (Barcelona) 163
Telefonieren 180f
  Notrufnummern 176
Teletiempo 171
Temperaturen 37
Temple Expiatori del Sagrat Cor
  (Barcelona) 93, 98
Tennis 170
Terrassa Jazz Festival 34

Theater **162**, 163
Tibidabo (Barcelona) **98**
  Freizeitpark 163
Tiepolo, Giovanni Battista 88
TMB Information 184
Toiletten, öffentliche 177
Torre Bellesguard (Barcelona)
  98
Torre de Collserola (Barcelona)
  95
Torres de Ávila (Barcelona) 163
Tortosa 129
Tossa de Mar 19, **120**, 121
  *festes* 37
Tots Sants (Allerheiligen) 36
Trasmediterránea 182
Traveller-Cheques 178
  in Restaurants 143
Els Tres Tombs (Barcelona) 37
Trinkgeld 143
Tschaikowsky, Peter I. 166
Turisme de Barcelona 175
Turisme de Catalunya 175
Turisverd 133
Tusquets, Oscar 19

## U

U-Bahn (Metro) 185
Unterhaltung **162–169**
Unterkunft auf dem Land 133
*Usatges* (Verfassung) 42

## V

Vall d'Aran 112
  Schmetterlinge im Vall d'Aran
    **112**
Vall de Boí 113
Vallmitjana, Agapit und Venanci
  123
Valls 35
Van Eyck, Jan 28
Van Gogh, Vincent 64
Vayreda i Vila, Joaquim 28, 115
Velázquez, Diego de 28, 61
  Museu Nacional d'Art de
  Catalunya (Barcelona) 88
Verboom, Prosper 62
Verdaguer, Jacint 45
Verkehrszeichen 186
*Verklärung* (Bernat) 59
Versicherungen 176f
  Auslandsschutzbrief 186
Vespucci, Amerigo 65
Viajes 2000 175
Viatgeteca 175
Vic 124
Vielha 112
Vier Tage in Barcelona 10f
Viladomat, Antoni 28
Vilafranca del Penedès 33, **125**
  *festes* 35
Vilanova
  *festes* 37
Vilaseca i Casanovas, Josep
  62
Villar i Lozano, Francesc de
  Paula 81
Vinçon (Barcelona) 155
Virgen del Carmen (Barcelona)
  98
Visa (Kreditkarte) 178
Vogelbeobachtung 170
Vorwahlnummern 180

## W

Wachsmuseum (Barcelona)
  siehe Museu de Cera
Wagner, Richard 166
Währung 178f
  Geldwechsel 178
*Warten auf die Suppe* (Nonell)
  29
Waldbrandgefahr 177
Wandern 170f
  Sicherheit 177
  siehe auch Spaziergänge
Wandmalereien (Gotik) 28
Wassersport 171
Wein
  *Cava*-Region 32f
  Museu del Vi (Vilafranca
    del Penedès) 125
  in Restaurants 143
Weine Kataloniens 32
Wetter 21, **34–37**
Weihnachten 36f
Weltausstellung (1888) 24, 46
  Arc del Triomf (Barcelona)
    65
  Monument a Colom
    (Barcelona) 69
  Museu de Zoologia
    (Barcelona) 66
  Parc de la Ciutadella
    (Barcelona) 65
Weltausstellung (1929) 46
  Montjuïc 85
  Museu Nacional d'Art de
    Catalunya (Barcelona) 88
  Pavelló Mies van der Rohe
    (Barcelona) 89
  Poble Espanyol (Barcelona)
    89
Westgoten 41f, 114
Winter in Katalonien 37
Wintersport 171
Witiza, König der Westgoten 42
Wissenschaftsmuseum
  (Barcelona) siehe
  CosmoCaixa
*Wolke und Stuhl* (Tàpies) 72

## X

El Xampanyet (Barcelona)
  163
Xarxa d'Albergs de Catalunya
  133

## Y

Young People's Tourist Office
  184

## Z

Zeitschriften 181
Zeitungen 181
  Läden 155
Zeitzone 175
»Zisterzienserdreieck« 125, 126
Zoologisches Museum
  siehe Museu de Zoologia
Zoo
  Parc Zoològic (Barcelona) **66**
Züge 184f
Zurbarán, Francisco 28
  Museu Nacional d'Art de
    Catalunya (Barcelona) 88

# Danksagung und Bildnachweis

Dorling Kindersley bedankt sich bei allen, die bei der Entstehung dieses Buches mitgewirkt haben.

## Hauptautor
Roger Williams verfasste Teile des *Vis-à-Vis Spanien* und hat einige Reiseführer über Barcelona und Katalonien geschrieben. Für den Reiseführer *Vis-à-Vis Provence* war Roger Williams ebenfalls Hauptautor. Er schrieb auch den am Mittelmeer spielenden Roman *Lunch with Elizabeth David*.

## Weitere Autoren
Mary Jane Aladren, Pepita Arias, Emma Dent Coad, Rebecca Doulton, Josefina Fernández, Nick Rider, David Stone, Judy Thomson, Clara Villanueva, Suzanne Wales.

## Design und Assistenz
Ein besonderer Dank gilt Amaia Allende, Queralt Amella Miró (Katalanisches Fremdenverkehrsamt), Gillian Andrews, Imma Espuñes i Amorós, Daniel Campi, Alrica Green, Jessica Hughes, Elly King, Kathryn Lane, Barbara Minton, Alícia Ribas Sos, Lola Carbonell Zaragoza.

## Korrektorat
Stewart J. Wild.

## Register
Hilary Bird.

## Spezialfotografie
Max Alexander, D. Murray/J. Selmes, Dave King, Ian O'Leary, Alessandra Santarelli, Susannah Sayler, Clive Streeter.

## Genehmigung für Fotografien
© Obispado de Vic; © Cabildo de la Catedral de Girona; Teatre Nacional de Catalunya (Barcelona); Institut Municipal del Paisatge Urba i la Qualitat de Vida, Ajuntament de Barcelona.

Der Verlag bedankt sich bei allen Kirchen, Museen, Restaurants, Hotels, Geschäften, Galerien und anderen Institutionen, deren Aufzählung den Rahmen dieses Abschnitts sprengen würde, für ihre Unterstützung.

## Bildnachweis
o = oben; ol = oben links; olm = oben links Mitte; om = oben Mitte; orm = oben rechts Mitte; or = oben rechts; mlo = Mitte links oben; mo = Mitte oben; mro = Mitte rechts oben; ml = Mitte links; m = Mitte; mr = Mitte rechts; mro= Mitte rechts oben; mlu = Mitte links unten; mu = Mitte unten; mru = Mitte rechts unten; ul = unten links; u = unten; um = unten Mitte; uml = unten Mitte links; ur = unten rechts; umr = unten Mitte rechts.

Kunstwerke wurden mit freundlicher Genehmigung folgender Copyright-Inhaber reproduziert:
*Frau und Vogel,* Joan Miró © ADAGP, Paris, und DACS, London, 1999; *Der Morgen,* Georg Kolbe © DACS 1999; IOC/Olympisches Museum; Wandteppich der Fundació Joan Miró 1975 © ADAGP, Paris, und DACS, London; *Taxi im Regen* © Salvador Dalí, Fundació Gala/Salvador Dalí/DACS 1999.

Der Verlag bedankt sich bei folgenden Personen, Firmen und Bildarchiven für die freundliche Genehmigung zur Reproduktion ihrer Fotografien:

Ace Photo Library: Mauritius 19o; Aisa, Barcelona: 14u, 18u, 23ul, *Der heilige Georg und die Prinzessin,* Jaume Huguet 28m, 40, 41m, 44mu, 46m, 46ul, 176um; Alamy Images: Douglas Armand 97mro; Jon Arnold Images 76or; Andrew Bargery 62or, 76ul; Neil Barks 77ol; Peter Barritt 82or; Oliver Bee 76mlu, 77ur; Dalgleish Images 96ul; Iain Davidson Photographic 102oml, 103ol; Chad Ehlers 97ol; Richard Foot 96or; B.J. Gadie 62om; Stephen Sacs Photography 68o; Neil Setchfield 60ur; Aquila Photographics: Adrian Hoskins 112ulo, 112ul; James Pearce 21u; National Atesa: 186mr.

Jaume Balanya: 81mru; Mike Busselle: 111u, 112o.

Cocemfe: 154m; Codorniu: 33o, 33m; Bruce Coleman Collection: Erich Crichton 20or; José Luis González Grande 21or; Norbert Schwirtz 21ol; Colin Varwdell 21mro;

# BILDNACHWEIS

CORBIS: Peter Aprahamian 62ul, 105ur; Carlos Dominguez 11mlu; Owen Franken 124ol, 125m; Dave G. Houser 10mlo; Andrea Jemolo 82mlo; Jose Fuste Raga 11ol; James Sparshatt 82ol; Mark L. Stephenson 83or; Sandro Vannini 82um; Vanni Archive 83ur; COVER, Madrid: Pepe Franco 154m; Matias Nieto 191u.

EUROPÄISCHE KOMMISSION: 179.

FIRO FOTO: 69ml; FREIXENET: 32m, 33u; FUNDACION COLLECTION THYSSEN-BORNEMISZA: *Madonna der Demut,* Fra Angelico 95o; FUNDACIO JOAN MIRO, Barcelona: *Flamme im Raum und nackte Frau,* Joan Miró 1932 © ADAGP, Paris, und DACS, London, 1999 88o.

GODO PHOTO: 129o, José Luis Dorada 125o.

ROBERT HARDING PICTURE LIBRARY: 25or, 59mo, 72mo, 88u, 89u.

THE ILLUSTRATED LONDON NEWS PICTURE LIBRARY: 47o; INDEX, Barcelona: CJJ. 19u, 44o, 47m; IMAGE BANK: 24u, 73u; Andrea Pistolesi 92; IMAGES COLOUR LIBRARY: 24m, 183u; AGE Fotostock 76, 113u, 118–119, 155o, 155m, 170mr; NICK INMAN: 20u, 96ur.

LIFE FILE PHOTOGRAPHIC: Xabier Catalan 25m; Emma Lee 25mro.

MARKA, Mailand: Sergio Pitamitz 62ol; MAS SALVANERA: Ramón Ruscalleda 133o; MARY EVANS PICTURE LIBRARY: 27 (Einklinker); JOHN MILLER: 108; MUSEU NACIONAL D'ART DE CATALUNYA: J. Calveras J. Sagrista 90–91; *La Compañia de Santa Barbara,* Ramon Marti Alsina 1891 45o, MUSEU PICASSO: *Selbstbildnis,* Pablo Ruiz Picasso © DACS 1999 64ul. ABADIA DE MONTSERRAT, Barcelona: 122ur.

NATURAL SCIENCE PHOTOS: C. Dani & I. Jeske 170m; NATURPRESS, Madrid: 17u; Oriol Alamany 34m, 37u; Walter Kvaternik 37m, 26–27, 177u; Carlos Vegas 178o, 180or; Jose A. Martinez 109u.

ORONOZ, Madrid: 41u, 42o, 42m, 45ul, 46o.

PHOTOGRAPHERSDIRECT.COM: Michael Dobson/Echo Imagery 107m, 107ur; Fran Fernandez Photography 102u, 104u, 105m, 106ol, 107ol; Jan van der Hoeven 101o, 103u, 104mlo, 106ur; PICTURES COLOUR LIBRARY: 74–75; PRISMA, Barcelona: 4o, *Paral·lel any 1930,* Roger Bosch 8–9, 9 (Einklinker), 18o, *Prozession vor Santa Maria del Mar,* Carbo Cases 28o, *Die Gärten von Aranjuez,* Rusiñol y Prats 1907 28u, *Warten auf die Suppe,* Isidro Monell y Monturiol 1899 29o, *Die Kathedrale der Armen,* Mir Trinxet 29m, *Lithografie* Tàpiés © ADAGP, Paris, und DACS, London, 1999 29u, 38–39, 45mu, 46mro, 131 (Einklinker), 154u, 163m, 173 (Einklinker), 182mo, 187o; Carles Aymerich 22ul, 36m; A. Bofill 19m; Barbara Call 17o; Jordi Cami 34u; Albert Heras 2–3, 36u; Kuwenal 43o, 43m; Mateu 35m.

RAIMAT: 32mu; RED-HEAD: 52; REX FEATURES: 117mu; ELLEN ROONEY: 1.

M. ANGELES SÁNCHEZ: 35u; SCIENCE PHOTO LIBRARY: Geospace 12; SPECTRUM COLOUR LIBRARY: 24or; STOCKPHOTOS, Madrid: 170u; Campillo 171o.

*Umschlag Vorderseite:* DK IMAGES: Max Alexander ul; GETTY IMAGES: The Image Bank/Shaun Egan Hauptbild. *Umschlag Rückseite:* DK Images: Max Alexander mlu, ul; Alan Keohane ol; Susannah Sayler mlo. *Buchrücken:* DK IMAGES: Max Alexander u; GETTY IMAGES: The Image Bank/Shaun Egan o.

*Vordere Umschlaginnenseite* (im Uhrzeigersinn) John Miller; Image Bank, Andrea Pistolesi; Red-Head; Images Colour Library/Age Fotostock.

Alle anderen Bilder, Fotos und Karten: © Dorling Kindersley, London. Weitere Informationen finden Sie unter **www.dkimages.com**

# Sprachführer

## NOTFÄLLE

| Deutsch | Katalanisch |
|---|---|
| Hilfe! | Auxili! |
| Stopp! | Pareu! |
| Rufen Sie einen Arzt! | Telefoneu un metge! |
| Rufen Sie einen Krankenwagen! | Telefoneu una ambulància! |
| Rufen Sie die Polizei! | Telefoneu la policia! |
| Rufen Sie die Feuerwehr! | Telefoneu els bombers! |
| Wo ist das nächste Telefon? | On és el telèfon més proper? |
| Wo ist das nächste Krankenhaus? | On és l'hospital més proper? |

## GRUNDWORTSCHATZ

| Deutsch | Katalanisch |
|---|---|
| Ja | Si |
| Nein | No |
| Bitte | Si us plau |
| Danke | Gràcies |
| Entschuldigung | Perdoni |
| Hallo | Hola |
| Auf Wiedersehen | Adéu |
| Gute Nacht | Bona nit |
| Vormittag | El matí |
| Nachmittag | La tarda |
| Abend | El vespre |
| Gestern | Ahir |
| Heute | Avui |
| Morgen | Demà |
| Hier | Aquí |
| Dort | Allà |
| Was? | Què? |
| Wann? | Quan? |
| Warum? | Per què? |
| Wo? | On? |

## NÜTZLICHE REDEWENDUNGEN

| Deutsch | Katalanisch |
|---|---|
| Wie geht es? | Com està? |
| Danke, gut. | Molt bé, gràcies. |
| Erfreut, Sie zu sehen. | Molt de gust. |
| Bis bald. | Fins aviat. |
| Das ist gut. | Està bé. |
| Wo ist/sind…? | On és/són…? |
| Wie weit ist es bis…? | Quants metres/kilòmetres hi ha d'aquí a…? |
| Welches ist der Weg nach…? | Per on es va a…? |
| Sprechen Sie Deutsch? | Parla aleman? |
| Ich verstehe nicht. | No l'entenc. |
| Könnten Sie etwas langsamer sprechen, bitte? | Pot parlar més a poc a poc, sius plau? |
| Tut mir leid. | Ho sento. |

## NÜTZLICHE WÖRTER

| Deutsch | Katalanisch |
|---|---|
| groß | gran |
| klein | petit |
| heiß | calent |
| kalt | fred |
| gut | bo/bé |
| schlecht | dolent |
| genug | bastant |
| geöffnet | obert |
| geschlossen | tancat |
| links | esquerra |
| rechts | dreta |
| geradeaus | recte |
| nah | a prop |
| weit | lluny |
| auf/über | a dalt |
| hinunter/unter | a baix |
| früh | aviat |
| spät | tard |
| Eingang | entrada |
| Ausgang | sortida |
| Toilette | lavabos/serveis |
| mehr | més |
| weniger | menys |

## EINKAUFEN

| Deutsch | Katalanisch |
|---|---|
| Wieviel kostet? | Quant costa això? |
| Ich hätte gerne… | M'agradaria… |
| Haben Sie…? | Tenen…? |
| Ich schaue mich nur um, danke. | Només estic mirant, gràcies. |
| Akzeptieren Sie Kreditkarten? | Accepten targes de crèdit? |
| Wann öffnen Sie? | A quina hora obren? |
| Wann schließen Sie? | A quina hora tanquen? |
| Dies hier. | Aquest |
| Das da. | Aquell |
| teuer | car |
| billig | bé de preu/barat |
| Größe (Kleidung) | talla/mida |
| Größe (Schuhe) | número |
| weiß | blanc |
| schwarz | negre |
| rot | vermell |
| gelb | groc |
| grün | verd |
| blau | blau |
| Antiquitätenladen | antiquari/ botiga d'antiguitats |
| Apotheke | la farmàcia |
| Bäckerei | el forn |
| Bank | el banc |
| Buchhandlung | la llibreria |
| Fischgeschäft | la peixateria |
| Friseur | la perruqueria |
| Gemüseladen | la fruiteria |
| Konditorei | la pastisseria |
| Lebensmittelgeschäft | la botiga de queviures |
| Markt | el mercat |
| Metzgerei | la carnisseria |
| Postamt | l'oficina de correus |
| Reisebüro | l'agència de viatges |
| Schuhgeschäft | la sabateria |
| Supermarkt | el supermercat |
| Tabakladen | l'estanc |
| Zeitungskiosk | el quiosc de premsa |

## SEHENSWÜRDIGKEITEN

| Deutsch | Katalanisch |
|---|---|
| Bahnhof | l'estació de tren |
| Bibliothek | la biblioteca |
| Busbahnhof | l'estació d'autobusos |
| Fremdenverkehrsamt | l'oficina de turisme |
| Garten | el jardí |
| Kathedrale | la catedral |
| Kirche | l'església/la basílica |
| Kunstgalerie | la galeria d' art |
| Museum | el museu |
| Rathaus | l'ajuntament |
| Wegen Ferien geschlossen | Tancat per vacances |

## IM HOTEL

| Deutsch | Katalanisch |
|---|---|
| Haben Sie ein freies Zimmer? | ¿Tenen una habitació lliure? |
| Doppelzimmer mit Doppelbett | habitació doble amb llit de matrimoni |
| Doppelzimmer mit zwei Betten | habitació amb dos llits/ amb llits individuals |
| Einzelzimmer | habitació individual |
| Zimmer mit Bad | habitació amb bany |
| Dusche | dutxa |
| Schlüssel | la clau |
| Ich habe reserviert. | Tinc una habitació reservada |

## Im Restaurant

| | |
|---|---|
| Haben Sie einen Tisch für…? | Tenen taula per…? |
| Ich möchte einen Tisch reservieren. | Voldria reservar una taula. |
| Die Rechnung, bitte. | El compte, si us plau. |
| Ich bin Vegetarier/in | Sóc vegetarià/vegetariana |
| Kellnerin | cambrera |
| Kellner | cambrer |
| Speisekarte | la carta |
| Tagesmenü | menú del dia |
| Weinkarte | la carta de vins |
| ein Glas Wasser | un got d'aigua |
| ein Glas Wein | una copa de vi |
| Flasche | una ampolla |
| Messer | un ganivet |
| Gabel | una forquilla |
| Löffel | una cullera |
| Frühstück | el esmorzar |
| Mittagessen | el dinar |
| Abendessen | el sopar |
| Hauptgericht | el primer plat |
| Vorspeise | els entrants |
| Tagesgericht | el plat del dia |
| Kaffee | el cafè |
| blutig | poc fet |
| medium | al punt |
| durchgebraten | molt fet |

## Auf der Speisekarte *(siehe auch S. 30f und 144f)*

| | |
|---|---|
| l'aigua mineral | Mineralwasser |
| sense gas/amb gas | still/sprudelnd |
| al forn | gebacken |
| l'all | Knoblauch |
| l'arròs | Reis |
| les botifarres | Würstchen |
| la carn | Fleisch |
| la ceba | Zwiebel |
| la cervesa | Bier |
| l'embotit | kalter Braten |
| el filet | Filet |
| el formatge | Käse |
| fregit | gebraten |
| la fruita | Obst |
| els fruits secs | Nüsse |
| les gambes | Garnelen |
| el gelat | Eiscreme |
| la llagosta | Hummer |
| la llet | Milch |
| la llimona | Zitrone |
| la llimonada | Limonade |
| la mantega | Butter |
| el marisc | Meeresfrüchte |
| la menestra | Gemüseeintopf |
| l'oli | Öl |
| les olives | Oliven |
| l'ou | Eier |
| el pa | Brot |
| el pastís | Kuchen |
| les patates | Kartoffeln |
| el pebre | Paprika |
| el peix | Fisch |
| el pernil salat serrà | roher Schinken |
| el plàtan | Banane |
| el pollastre | Hühnchen |
| la poma | Apfel |
| el porc | Schwein |
| les postres | Desserts |
| rostit | gegrillt |
| la sal | Salz |
| la salsa | Soße |
| les salsitxes | Würstchen |
| sec | getrocknet |
| la sopa | Suppe |
| el sucre | Zucker |
| la taronja | Orange |
| el te | Tee |
| les torrades | Toast |
| la vedella | Rindfleisch |
| el vi blanc | Weißwein |
| el vi negre | Rotwein |
| el vi rosat | Roséwein |
| el vinagre | Essig |
| el xai/el be | Lamm |
| el xerès | Sherry |
| la xocolata | Schokolade |
| el xoriç | scharfe Würstchen |

## Zahlen

| | |
|---|---|
| 0 | zero |
| 1 | un (mask.) |
| | una (fem.) |
| 2 | dos (mask.) |
| | dues (fem.) |
| 3 | tres |
| 4 | quatre |
| 5 | cinc |
| 6 | sis |
| 7 | set |
| 8 | vuit |
| 9 | nou |
| 10 | deu |
| 11 | onze |
| 12 | doce |
| 13 | tretze |
| 14 | catorze |
| 15 | quinze |
| 16 | setze |
| 17 | disset |
| 18 | divuit |
| 19 | dinou |
| 20 | vint |
| 21 | vint-i-un |
| 22 | vint-i-dos |
| 30 | trenta |
| 31 | trenta-un |
| 40 | quaranta |
| 50 | cinquanta |
| 60 | seixanta |
| 70 | setanta |
| 80 | vuitanta |
| 90 | noranta |
| 100 | cent |
| 101 | cent un |
| 102 | cent dos |
| 200 | dos-cents (mask.) |
| | dues-centes (fem.) |
| 300 | tres-cents |
| 400 | quatre-cents |
| 500 | cinc-cents |
| 600 | sis-cents |
| 700 | set-cents |
| 800 | vuit-cents |
| 900 | nou-cents |
| 1000 | mil |
| 1001 | mil un |

## Zeit

| | |
|---|---|
| eine Minute | un minut |
| eine Stunde | una hora |
| halbe Stunde | mitja hora |
| Montag | dilluns |
| Dienstag | dimarts |
| Mittwoch | dimecres |
| Donnerstag | dijous |
| Freitag | divendres |
| Samstag | dissabte |
| Sonntag | diumenge |

# Schnellbahnen in Barcelona

Die große Karte zeigt Barcelonas U-Bahn-System mit seinen 115 Bahnhöfen auf sechs Linien. Auch die Linien des Vorortzugs FGC sowie der Zahnrad- und Straßenbahnen *(siehe S. 184f)* sind dargestellt. In Barcelona besteht ein Verkehrsverbund aus verschiedenen Verkehrsträgern: Gemeinsame Fahrkarten (z. B. die *T-10-Karte*) erlauben das Umsteigen innerhalb der öffentlichen Verkehrsmittel. Das Touristenticket *Barcelona Card* ist als Ein- bis Fünftageskarte erhältlich und erlaubt unbegrenztes Fahren mit U-Bahn und Bus. Einige Sehenswürdigkeiten und Museen bieten ermäßigte Eintrittspreise bei Vorzeigen des Tickets. Die kleine Karte rechts oben zeigt das katalanische Bahnnetz, das von der spanischen Staatsbahn RENFE unterhalten wird. Die Bahnhöfe liegen in der Nähe der in diesem Reiseführer beschriebenen Sehenswürdigkeiten.